Skills and Techniques for Social Work Practice

사회복지기술론

장미리 · 김현숙 · 맹소영 · 박은미

중앙북스

머리말

 사회복지사는 개인, 가족, 집단, 지역사회를 대상으로 하여 사회복지의 일반적인 지식은 물론 기술과 가치까지도 전달하는 전문적인 수행자라고 할 수 있다. 최근 학문 분야에 관계없이 현장, 실천, 임상 등의 용어가 회자되고 있다. 특히, 실용학문인 사회복지학에서는 더 말할 나위가 없다.
 사회복지실천기술론은 사회복지실천론과 더불어 사회복지실천의 기반으로 사회복지 분야에서 '임상'의 바탕을 이룬다. 또한 실천대상을 통해 사회복지 고유의 목적을 실현해야 할 필요가 있다는 점에서 사회복지사가 다양한 실천현장에서 필요한 지식을 활용하고 적용할 수 있도록 해 주는 매우 중요한 교과목이다.
 사회복지실천현장은 끊임없는 긴장과 변화의 연속이기 때문에 사회복지사 등 관련 기관에 종사하는 분들은 능동적이고 적극적으로 대처해야만 하는 의무와 이를 활용할 수 있는 권리가 있다. 따라서, 사회복지학의 여느 과목과 마찬가지로 사회복지실천기술론은 실천현장에 맞는 이론을 항상 숙지하고, 사회복지사의 역할에 대비해야 한다.
 이 책은 이론과 현장, 그리고 가치를 반영하여, 학습자들이 좀 더 근접할 수 있도록 그 내용을 구성하였다. 구체적으로

(개요)

> 사회복실천기술론은 다양한 실천현장에서 발생하는 상황 속에서 사회복지사에게 알맞은 실천기술을 제공할 수 있는 학습을 하고자 함이다. 따라서, 사회복지사는 이론과 적용을 동시에 완성할 수 있다.

(목표)

1. 개입모델과 대상별 이론 숙지
2. 상황별 임상 시 실천기술 활용
3. 각 이론에 대한 완성도 향상

　이 책을 저작하는 동안, 공동저자들로서는 엄청난 고통과 책임감으로 임해 왔음을 감히 말씀드린다. 특히, 이론과 현장의 불협화음 속에서 이를 조정해야 하는 작업은 결코 쉬운 일이 아니다. 그러면서도 학습자가 있기에 그 임무를 게을리할 수 없다는 것은, 공동저자에게는 숙명처럼 다가온다. 이 책에 대한 평가는 순전히 학습자 여러분의 몫임은 분명하다. 아낌없는 조언을 부탁드리면서, 이 책이 사회복지의 미래를 바라보는 학습자 여러분에게 지침서가 되고, 조금이라도 위로와 희망이 함께할 수 있기를 소망한다. 이 책을 출판하기까지 중앙북스 대표님과 관계 임직원 여러분들의 노고에 위로하며 진심으로 감사드린다.

2024년 9월 새 학기에
대표저자 장미리 박사

차 례

PART Ⅰ.
사회복지실천기술의 이론적 기초_ 15

Chapter 01. 사회복지실천기술의 개요   17
   1. 사회복지실천기술   18
      1) 사회복지실천기술의 개념   18
      2) 사회복지실천기술의 내용   21
      3) 사회복지실천기술의 적용 원칙   24
   2. 사회복지사의 역할   28
      1) 서비스 직접 제공   28
      2) 체계 연결   29
      3) 체계 유지와 강화   31
      4) 체계개발 역할   33
      5) 연구와 조사 활용   34
      6) 기타 중요한 역할   34
   3. 사회복지실천 개입의 실천기술   35
      1) 미시적 차원의 실천기술   35
      2) 중범위 차원의 기술   35
      3) 거시적 차원의 기술   36

Chapter 02. 사회복지실천기술의 철학   39
   1. 사회복지실천의 가치   40
      1) 가치의 정의   40
      2) 가치의 전개과정   42
      3) 가치의 범위   43

2. 사회복지실천의 이념 44
　1) 인도주의와 박애사상 45
　2) 사회진화론 45
　3) 민주주의 47
　4) 개인주의 48
　5) 경험주의 49
　6) 다양화 49
3. 사회복지실천의 윤리 51
　1) 윤리 51
　2) 윤리강령의 실제 53
　3) 윤리강령의 기능 53
4. 사회복지실천기술과의 관계 54

Chapter 03. 사회복지실천기술의 개입모델 59

1. 정신역동모델 61
　1) 자유연상 61
　2) 꿈의 해석 62
　3) 저항의 해석 63
　4) 해석 63
　5) 전이와 역전이 64
　6) 훈습 65
　7) 감정이입 65
2. 심리사회모델의 실천기술 66
　1) 지지하기 기법 67
　2) 직접적 영향 67
　3) 탐색-기술-환기 67
　4) 인간-상황에 대한 고찰 68
　5) 유형-역동에 대한 고찰 70
　6) 발달적 생각 70

3. 인지행동모델의 실천기술 …………………………………… 71
    1) 인지재구조화 …………………………………………………… 71
    2) 주장훈련 ………………………………………………………… 74
    3) 사회기술훈련 …………………………………………………… 77
    4) 체계적 둔감화 ………………………………………………… 78
4. 과제중심모델의 실천기술 …………………………………… 79
    1) 간접적 행동변화 기법 ………………………………………… 79
    2) 직접적 행동변화 기법 ………………………………………… 80
5. 위기개입모델의 실천기술 …………………………………… 81
    1) 개별위기개입 …………………………………………………… 82
    2) 행동위기개입 …………………………………………………… 82
    3) 체계위기개입 …………………………………………………… 83
    4) 생태계위기개입 ………………………………………………… 84
    5) 인지행동적 위기개입 ………………………………………… 85
6. 동기강화모델의 실천기술 …………………………………… 86
    1) 개방형 질문하기 ……………………………………………… 86
    2) 인정하기 ………………………………………………………… 87
    3) 반영하기 ………………………………………………………… 87
    4) 요약하기 ………………………………………………………… 87

PART Ⅱ.
대상 실천기술_ 91

Chapter 04. 개인 대상 실천기술 …………………………………… 93
1. 개인 대상 실천기술의 개념 ………………………………… 94
    1) 개별사회사업의 개념 ………………………………………… 94
    2) 개인 대상 사회복지실천의 개입목표 ……………………… 96
    3) 사회복지의 적용 ……………………………………………… 96
2. 개별사회사업의 모델 ………………………………………… 98

3. 단계별 실천기술 100
　1) 준비단계 100
　2) 초기단계 103
　3) 중간단계 106
　4) 종결단계 107

Chapter 05. 가족 대상 실천기술의 기초　111

1. 가족의 개념 112
　1) 가족의 정의 112
　2) 가족체계 114
　3) 사회복지의 적용 116
2. 가족생활주기 117
　1) 가족생활주기 이론 117
　2) 가족생활주기 단계와 발달과제 118
　3) 가족생활주기에 따른 한국 가족문제 120
3. 가족치료의 주요 모델 121
　1) 정신역동적 가족치료의 실천기술 122
　2) 다세대 가족치료의 실천기술 125
　3) 구조적 가족치료의 실천기술 128
　4) 경험적 가족치료의 실천기술 134
4. 가족사정의 검사도구 139
　1) 가계도 139
　2) 가족도표 142
　3) 생태도 144
　4) 가족화, 동적 가족화 145
　5) 양적 검사도구 145

Chapter 06. 가족 대상 단계별 실천기술　149

1. 준비단계 151
1) 접수 151
2) 접수단계의 기술 152
2. 초기단계 152
1) 초기면담 153
2) 사정 155
3) 계획 162
3. 중간단계 163
1) 중간단계의 목표 164
2) 실천기술 165
4. 종결단계 167
1) 종결의 시기를 판단하는 기준 167
2) 클라이언트와 사회복지사의 정서적 반응 다루기 168
3) 의뢰하기 169
4) 평가하기 169
5) 계획되지 않는 종결 시 대처기술 169

Chapter 07. 집단 대상 실천기술의 기초 173
1. 집단의 개념 174
1) 집단의 정의 174
2) 집단체계 177
3) 집단 대상 사회복지실천의 적용 180
2. 집단사회복지실천의 원칙 181
3. 집단의 유형 187
1) 치료집단 187
2) 과업집단 190
3) 자조집단 191
4. 집단사회복지실천의 접근모델 201

1) 사회목표모델 201
2) 치료모델 202
3) 상호작용모델 203

Chapter 08. 집단 대상 단계별 실천기술   209

1. 준비단계   211
1) 집단구성의 계획(안) 212
2) 집단의 목적과 목표 212
3) 집단의 구성 213
4) 집단의 크기 215
5) 집단의 지속기간과 모임의 빈도 215
6) 집단모임의 장소 216

2. 초기단계   216
1) 사회복지사와 집단구성원 소개 217
2) 집단의 목적 소개 217
3) 집단규칙 정하기 218
4) 신뢰감 조성하기 218
5) 계약 219

3. 중간단계   219
1) 집단 내 관계의 유지와 강화 220
2) 집단규범들 220
3) 의사소통과 갈등 221
4) 목표성취 222
5) 실천기술 222

4. 종결단계   227
1) 종결단계의 특성 227
2) 집단구성원의 과업과 발생 가능한 문제 228
3) 전문사회복지사의 주요 과제 229

Chapter 09. 지역사회 대상 실천기술   235
1. 지역사회의 개념   236
1) 지역사회의 정의   236
2) 지역사회의 체계   239
3) 지역사회복지의 정의   241
2. 지역사회의 기능   243
1) 생산, 분배, 소비의 기능   244
2) 사회화의 기능   244
3) 사회통제의 기능   245
4) 사회통합의 기능   245
5) 상부상조의 기능   246
6) 방어   246
7) 의사소통   247
3. 지역사회의 유형   247
1) 공간적 의미의 지역사회   247
2) 기능적 의미의 지역사회   248
3) 개인적 지역사회   248
4) 새로운 형태의 지역사회   249
4. 지역사회복지실천의 모델   249
1) 지역사회개발모델   249
2) 사회계획모델   250
3) 사회행동모델   250
5. 단계별 실천기술   251
1) 임파워먼트   251
2) 옹호   253
3) 사회행동   254
4) 조직화   256
5) 자원개발과 동원기술   258

PART Ⅲ.
과정 실천기술_ 261

Chapter 10. 면접기술   263
  1. 면접의 개념   264
    1) 면접의 정의   264
    2) 면접의 특성   265
    3) 면접의 구성요소   266
    4) 면접의 원칙   268
  2. 면접의 종류   269
    1) 정보수집 면접   270
    2) 사정을 위한 면접   270
    3) 치료적 면접   271
  3. 면접단계의 실천기술   272
    1) 시작단계   272
    2) 중간단계   273
    3) 종결단계   273
  4. 면접과정의 실천기술   274
    1) 관찰   274
    2) 경청   275
    3) 질문   276
    4) 반영   279
    5) 명료화   280
    6) 직면   280
    7) 해석   281
    8) 요약하기   282
    9) 분위기 조성   283
    10) 초점화   283

Chapter 11 기록기술   287
1. 기록의 개념   288
    1) 기록의 정의   288
    2) 기록의 필요성   290
    3) 기록의 목적   291
2. 기록의 종류   293
    1) 메모하기   293
    2) 녹음, 녹화하기   294
3. 기록의 유형   294
    1) 최소기본기록   294
    2) 과정기록   295
    3) 이야기체기록   295
    4) 문제중심기록   296
    5) 목표중심기록   297
    6) 요약기록   297
    7) 시계열기록   298
4. 기록의 관리   298
5. 기록내용의 실천기술   301
    1) 초기단계   301
    2) 중간단계   303
    3) 종결단계   304
6. 기록 시 고려사항   306

Chapter 12. 평가기술   311
1. 평가의 개념   312
    1) 평가의 정의   312
    2) 평가의 중요성   313
    3) 평가의 기능   315

2. 평가의 유형 316
1) 성과(결과)평가 316
2) 과정평가 319
3) 실무자 평가 320
3. 평가의 측정방법 320
1) 직접관찰법 321
2) 자기보고식 평정척도 321
3) 표준화된 측정도구 321
4. 평가의 한계 322

Chapter 13. 사례연구 325
1. 사례관리의 개념 326
1) 사례관리의 정의 326
2) 사례관리의 목적 328
3) 사례관리의 구성요소 331
2. 사례관리의 모델 334
1) 매과이어의 모델 분류 334
2) 사례관리의 제공자에 따른 모형 335
3) 서비스 수준에 따른 분류 337
3. 사례관리자의 역할 338
1) 통합 조정자의 역할 339
2) 옹호자의 역할 339
3) 공동협력자의 역할 339
4. 사례관리의 실천기술 340
1) 목표 수립하기 340
2) 실행단계 340
3) 단일사례설계 343

참고문헌 347

PART I

사회복지실천기술의 이론적 기초

Chapter 01. 사회복지실천기술의 개요

Chapter 02. 사회복지실천기술의 철학

Chapter 03. 사회복지실천기술의 개입모델

Chapter 01

사회복지실천기술의 개요

개요

사회복지실천기술은 사회복지실천을 가능하게 할 수 있는, 사회복지사가 갖추어야 할 결정적인 업무능력이라는 측면에서 그 중요성을 한층 더 강조하게 된다. 여기에서는 사회복지실천기술의 이론적 기초를 학습하고자 한다.

학습목표

1. 실천기술의 구체적 내용 습득과 토의
2. 실천과 실천기술의 관계 접목
3. 사회복지사의 태도 및 역할 토의

학습내용

1. 사회복지실천기술
2. 사회복지사의 역할
3. 사회복지실천 개입의 실천기술

CHAPTER 01 사회복지실천기술의 개요

1. 사회복지실천기술

1) 사회복지실천기술의 개념

사회복지실천기술을 정의하기 전에 먼저 '기술'의 정의를 살펴보면, '기술(skill)'에 대한 사전적 정의는 어떤 것(업무, 일, 게임, 스포츠 등)을 할 수 있도록 가능하게 하는 지식과 능력이다. 사회복지사가 업무를 수행하기 위해서는 실천을 위한 가치 및 전문지식이 있어야 하는 데, 사회복지실천이 이루어지기 위해서는 사회복지사의 실천기술이 실제로 발휘되어야 가능하다. 실천기술은 사회복지실천을 가능하게 할 수 있는, 사회복지사가 갖추어야 할 결정적인 업무능력이라는 측면에서 그 중요성을 한층 더 강조하게 된다(서혜석 외, 2024: 12).

사회복지실천기술은 사회복지와 실천, 그리고 기술이 합쳐져 만들어진 복합명사이다. 사회복지실천기술은 사회복지라는 큰 분야의 한 부분으로 사회복지의 실천이라는 최종과정에 해당한다. 사회복지는 인간의 욕구 중 어느 부분을 도와주고 어느 부분을 도와주어야 할 것인가라는 문제와, 무엇을 도와줄 것이며 누구를 얼마나 도와주어야 하는지의 문제, 제한된 자원을 어떻게 마련하고 어떤 경로를 통해서 전달할 것인지 등이 전체 내용을 구성하고 있다. 사회복지실천기술은 이러한 모든 과정을 통해서 최종적으로 결정된 서비스를 최일선에서 일하는 사회복지사가 최종적으로 전달하는 일과 관련된 활동이다(황인옥, 2023: 10).

사회복지실천기술에 관한 정의를 살펴보면 다음과 같다(황인옥, 2023: 10 ; 김혜란 외, 2022: 12 ; 최세영, 2022: 14).

첫째, 사회복지실천기술의 정의를 '숙련성' 또는 '수행능력' 등에 초점을 두는 견해이다. 바커(Barker, 2013)에 따르면, 사회복지사의 기술은 대화나 클라이언트의 문제, 욕구, 능력에 대한 사정, 자원개발과 사회구조를 변화하는 데 있어서의 숙련성이다. 스몰리(Smally, 1967)에 따르면, 사회복지사가 특정 프로그램이나 서비스의 목적을 달성하기 위해서 과정(Process)을 진척하는 데 필요한 방법을 사용할 수 있는 능력이다. 쉬퍼 등(Sheafor et al., 1998)에 따르면, 사회복지 실천기술은 지식과 개입기법을 효과적으로 사용할 수 있는 능력이다.

둘째, '행동과업'을 강조하는 견해이다. 헨리(Henry, 1981)에 따르면, 사회복지실천기술은 특정 시간에, 특정 목적을 위해서, 특정 방식으로 사회복지사가 사용하는 일련의 행동 또는 과업이다. 존슨(Johnson & Yanca, 2015)에 따르면, 그는 사회복지실천기술을 관심과 욕구에 맞추어, 지식과 가치를 행동으로 전환하는 사회복지실천의 구성요소로 보고, 특정 목표나 활동을 향한 복잡한 행위체제라고 정의한다. 이러한 정의는 실천기술을 '행동하는 지식'으로 기술한 필립스(Phillips, 1957)와도 잘 부합하고 있다.

셋째, 사회복지실천기술의 특성을 중심으로 하는 견해이다. 크루누아예(Cournoyer, 2016)에 따르면, 사회복지실천기술은 ① 사회복지실천의 지식,

가치, 윤리, 의무로부터 나와야 하며, ② 사회복지사에 필요한 핵심적 자질과 일치해야 하며, ③ 전문적 통합성의 특징을 반영해야 하며, ④ 실천의 단계나 과정의 맥락이 고려된 사회복지실천 목적과 부합하여야 한다. 그가 설명한 사회복지실천기술의 특성은 사회복지실천기술이 어떤 특정 기법 및 방법을 익히는 작업만으로는 이루어질 수 없는 전문적 행위임을 재확인시켜준다.

그러므로 사회복지사는 인간과 사회에 관한 다양한 기초지식을 배경으로 클라이언트와 관계를 맺기 위해 요구되는 대인관계기술과 도움을 제공하기 위한 의사소통기술이 요구된다. 문제해결을 위한 기술로 클라이언트가 찾아 왔을 때, 제시된 문제를 파악하고 요구되는 정보를 찾아내어 개입의 목적과 방법을 파악해 내는 기술이 필요하다.

이러한 기술은 지속적인 개입을 위한 준비틀을 제공하는 것이다. 이렇게 문제의 사정과 개입의 목표를 결정하고 개입을 통해서 문제를 해결해 나가는 기술은 어떤 종류의 실천이든 간에 기본적으로 요구되는 기술이다.

이러한 정의를 바탕으로 한 사회복지실천기술의 특징은 다음과 같다(황인옥, 2023: 10-11).

첫째, 사회복지실천기술은 사회복지실천의 가치와 지식에 근거를 두어야 한다.

둘째, 사회복지실천은 상황에 따라 다른 기술을 적용하기 때문에 특정 상황에 맞는 실천기술을 선택하고 활용하는 능력이 필요하다.

셋째, 사회복지실천기술은 특정 이론에만 근거한 것이 아니기 때문에 다양한 이론이나 방법적 요소를 특정 상황이나 문제에 맞게 적절하게 선택해서 사용할 수 있어야 한다.

넷째, 사회복지실천기술은 지식을 기반으로 해서 개발될 수 있고 학습할 수 있다.

2) 사회복지실천기술의 내용

(1) 실천기술의 기초기술

미국사회복지교육협의회(CSWE, 1994)는 사회복지실천기술을 인지적 기술(cognitive skills)과 상호작용적 기술(interactive skills) 두 가지 유형으로 구분하고 있다. 즉, 인지적 기술은 상황 속의 사람을 생각하고, 사람과 상황에 관련된 이해를 개발하고, 활용해야 할 지식을 명백히 하고, 그리고 중재를 위한 계획을 수립하고 평가하는 데 사용되는 기술이다. 또한 상호작용적 기술은 관계적 기술이라고도 하며, 개인, 가족, 그리고 지역사회와 함께 일하면서 이해를 전달하고, 계획을 수립하고, 행동계획을 평가하는 데 사용되는 기술이다(김용환 외, 2023: 21).

이러한 의미에서 기초적인 사회복지실천기술은 〈표 1-1〉과 같다.
이러한 기술들은 사회복지실천 상황에 따라 각각 세분화하여 사용되기도 하지만, 통합적으로 사용되는 경우가 많다. 또한 이러한 기술들은 사회복지사가 종합적으로 잘 활용할 때 긍정적인 원조관계가 형성되며, 긍정적인 원조관계는 사회복지실천 결과에 많은 영향을 줄 수 있다.

(2) 전문적 지식

사회복지실천의 전문가인 사회복지사에게 필요한 전문지식은 클라이언트에 대한 이해부터 실천과정 및 사회정책에 이르기까지 다양하다. 그 내용은 다음과 같다(Jonhnson et al., 1997).

〈표 1-1〉 사회복지실천기술의 기초기술

구 분	내 용
면담기술	의사소통 및 관여기술(engagement skills)
사정기술	개인과 환경의 상호작용 맥락에서 문제나 어려움을 발견하는 기술
개입기술	문제나 어려움을 해결하는 기술
팀워크기술	다른 전문기관과 협동으로 문제를 해결하는 기술
지지망 구축기술	개입효과의 지속성을 유지함으로써 클라이언트의 자립 유도기술
협상기술	클라이언트의 복지와 관련된 주변 체계화의 협상기술
평가 및 종결 기술	클라이언트와 사회복지사의 협력적 노력결과를 평가하고 클라이언트의 자립생활을 위해 종결하는 기술

자료 : 김혜영 외(2023 : 15-16).

① 인간행동과 발달에 관한 지식

인간의 행동적 특성을 이해하고 환경의 상호적 영향력을 파악하기 위한 인간의 정서적·심리적·사회적 발달단계와 환경의 물리적·사회적·문화적 특성 등과 관련된 지식이다.

② 인간관계와 상호작용에 관한 지식

개인, 가족, 집단, 지역사회 내의 조직이나 기관 간의 관계와 상호작용을 촉진하며, 효과적인 의사소통에 필요한 지식이다.

③ 사회복지실천이론과 모델에 관한 지식

다양한 실천상황에 적합한 전문적 원조관계 및 실천과정의 개입방법과 전략 등을 선택하는 데 필요한 지식이다. 예컨대, 아동의 비적응적 행동을 수정하려고 개입하는 경우 행동수정모델을 적용하고, 적응의 어려움을 겪는 결혼여성이민자, 탈북민, 조손가정 등에서 생활의 안정을 지속해서 원조할 때는 사례관리모델을 적용하고, 그리고 알코올중독을 앓고 있는 부모와 자녀 간의 갈등을 해결하고 가정의 안정을 원조할 때는 심리사회적모델을 적용하여 개입할 수 있을 것이다.

④ 특정 분야나 대상자집단에 관한 지식

특정 클라이언트집단이나 실천상황, 기관 등에 관해 알고 있는 지식이다. 이러한 지식은 사회복지사가 특정 분야(군사회사업, 탈북민 지원사업, 학교사회사업, 다문화가정지원사업 등)의 대상자에 대한 이해와 실천현장의 실무에 도움이 되어 보다 효율적으로 원조할 수 있다.

⑤ 사회정책과 서비스에 관한 지식

도움이 필요한 대상자에게 서비스를 제공하는 전문가와 기관을 포함하여 사회복지서비스전달체계에 관한 지식이다. 또한 사회정책이 변화해 온 역사적 맥락과 개인의 기능에 대한 사회정책의 영향력, 사회복지정책을 발전하기 위한 사회복지사의 역할 등에 관한 지식도 필요한 경우가 있다.

⑥ 사회복지사 자신에 관한 지식

사회복지실천에서 전문가인 사회복지사의 감정이나 가치, 태도, 행동 등은 클라이언트체계를 변화시킬 수 있으므로 책임감을 느끼고, 스스로의 역량을 강화할 수 있어야 한다.

미국사회복지사협회(NASW, 1981)에서는 사회복지실천에 필요한 구체적인 이론과 기술을 포괄적으로 포함하는 사회복지 전문지식을 제시하고 있다. 그, 내용은 다음과 같다.

- 전문가적 목적과 이해를 기초로 타인의 말을 경청하는 기술
- 자료를 찾아 의미 있게 조합하는 능력
- 전문적 원조관계를 형성 발전하며, 자신을 도구로 활용하는 기술
- 언어적 · 비언어적 행동을 관찰, 해석하며 관련 이론이나 진단방법을 활용하는 기술
- 클라이언트를 위한 창의적 해결책을 찾는 기술

- 민감한 정서적 주제를 지지적 방식으로 다루는 기술
- 치료적 관계의 종결 여부를 결정하고 실행하는 기술
- 조사연구의 결과나 전문자료를 해석하는 기술
- 갈등관계에 놓인 양측을 중재하고 협상하는 기술
- 조직 간에 협조서비스를 제공하는 기술
- 기금지원처나 대중에게 사회적 욕구를 알리고 전달하는 기술
- 명확히 말하고 쓰는 기술
- 다른 사람을 교육하는 기술
- 소진되었거나 위기상황에서 지지적으로 반응하는 기술
- 전문적 관계에서 역할모델이 되는 기술
- 복잡한 심리사회적 현상을 해석하는 기술
- 주어진 책임에 따른 업무량을 조직적으로 다루는 기술
- 타인을 돕는 데 필요한 자원을 파악하고 확보하는 기술
- 타인의 능력이나 정서상태를 파악하고 도움이나 자문을 주는 기술
- 집단활동에 참여하고 이끄는 기술
- 스트레스하에서 업무를 수행하는 기술
- 갈등상황이나 논쟁적 성격을 다루는 기술
- 사회이론이나 심리이론을 실천상황에 적용하는 기술
- 문제해결에 필요한 정보를 파악하는 기술
- 기관이나 자신의 실무에 관해 조사연구를 수행하는 기술

3) 사회복지실천기술의 적용 원칙

　클라이언트들은 자신에게 다가온 어려움이나 도전을 해결하기 위해 사회복지사를 찾게 된다. 사회복지사들은 그들에게 정서적이고 실질적인 도움을 주기 위하여 훈련을 받아야만 한다. 사회복지사들은 다양한 시설에서 다양

한 활동을 하고 있다. 정신장애인의 보호시설에서 활동하기도 하고, 성폭력이나 학대를 당하고 경찰이나 시설에 보호된 어린아이들을 돌보기도 한다. 육체적 질병을 앓고 있는 사람들을 관리해 주기도 하고, 폭력을 당한 가정을 돌보기도 한다. 보육센터나 주간보호센터 등에서 활동하기도 한다. 또는 학교에 나가 부모와 자녀 간의 의사소통을 돕기 위해 상담과 교육을 하기도 하고, 자살과 같은 위기에 개입하기도 한다.

진정한 사회복지실천은 상호 노력이 있어야 한다. 이에 대한 사회복지실천기술의 이유는 다음과 같다(조미숙 외, 2020: 46-47).

첫째, 사회복지사와 실천기관에 도움을 요청하는 사람들은 그들 나름대로 욕구, 목표와 생활이 있다. 서비스를 주는 사람의 역할은 클라이언트가 자신의 해결방법을 발견하도록 지원하는 것이다. 이는 그들에게 단순히 어떻게 해야 할지를 지시해 주는 것 이상의 기술이 필요하다. 사회복지사는 물론 권위를 소유하고 있긴 하지만, 다른 누구의 의사결정을 대신해 줄 권리는 없다. 누구나 자신이 속한 법적 및 윤리적 범위 내에서 스스로가 어떻게 살아갈지를 결정할 권리를 가지고 있다. 사회복지사는 각 개인이 자신의 욕구와 관점에 근거하여 스스로 선택할 권리가 있음을 깨달아야만 한다. 타인의 선택이 자신의 선택과 항상 같지는 않다는 점이다.

둘째, 모든 사람은 위엄과 존경을 받을 가치가 있다. 때때로 서비스를 제공하는 역할을 수행하는 사람들은 도움을 찾는 사람들을 친절하게 대하고 존중해야 함을 잊을 때가 있다. 그러나 처지를 바꾸어 생각해 보면, 자신이 위기에 처해 도움이 필요할 때, 다른 사람으로부터, 나쁜 사람으로 또는 단순히 치료대상으로 취급받는 것을 원하지 않을 것이다. 자신이 잠시 다른 사람과의 유용한 연결을 통해 도움을 받지만, 여전히 가치 있고 고귀한 사람으로 대접받기를 원할 것이다. 또한 사려 깊고 동정심이 많고 남의 입장을 배려하며, 스스로의 문제에 관심을 보이며, 따뜻하고 비판적이지 않은 사람을 만나기 원할 것이다. 따라서, 사회복지사는 심지어 화를 내고 우유부단하고 동기가 없어 보이는 클라이언트를 만나더라도 끝까지 존중감을 가지고 그들을 대해야 한다.

이상에서 언급한 두 가지 이유는 사회복지실천기술을 적용하는 데 있어서 매우 중요한 위치이자 좌표 역할을 해야 할 것이다. 사회복지실천기술을 적용하는 데 있어서 기본적인 준거틀은 다음과 같다(조미숙 외, 2020: 46-47).

(1) 인간-첫 번째 언어

개인 또는 집단을 일컬을 때는 항상 휴머니티(humanity)가 조건, 이슈, 문제, 질병 이전에 먼저 고려되어야 한다. 즉, 정신지체여성(mentally retarded woman), 혈우병 환자(hemophiliac), AIDS아동(AIDS babies)이라는 용어보다는 정신지체를 가진 여성(woman with mental retardation), 혈우병이 있는 사람(person with hemophilia), 인체면역결핍바이러스(human immunodeficiency virus, HIV)를 가지고 있는 아동(children living with HIV)과 같은 용어를 사용한다. 낙인은 강력한 사회적·정치적 결과를 가져온다. 따라서, 사회복지사는 그런 용어의 사용에 있어서 사람을 우선으로 하고 그의 특성을 부차적으로 보아야 한다. 이것은 사회복지사에게 중요한 가치이고, 동시에 사회복지사는 언어사용에 있어서도 사회복지의 신념을 표현해야만 한다.

(2) 진실한 자아의 사용

사회복지실천기술이나 과업은 원조관계, 의사소통, 존경과 라포(rapport)를 강조한다. 지금까지 살펴본 바와 같이 진정한 사회복지실천은 사려 깊고 적절한 의사소통을 하며, 진실하게 염려하는 사회복지사와 함께 동반자 관계를 형성한 클라이언트 사이에서만 일어난다. 인간을 대상으로 하는 서비스 분야에서, 관심은 치료만큼 중요하다. 자신은 항상 처지를 바꾸어, 자신이 도움이 필요할 경우 어떻게 대접받기를 원하는지, 자신이 사랑하는 사람이 어떻게 대접받기를 원할 것인지를 늘 기억해야 한다. 그리고 도움을 받는다는 것이 어떻게 느껴질 것인지를 기억해야 한다. 적절하게 행해질 때 사회복지실천기술은 더욱 풍성해질 것이다.

(3) 다양성에 대한 존중

도움을 찾는 사람들 간의 보편성과 다양성은 매우 중요하다. 개인들 사이의 공통적인 욕구나 유형을 파악하는 것은, 사회복지사에게 유용한 정보를 주는 것이 사실이다.

그러나 보편성(commonalities)만 추구하는 것은, 개인, 그룹 또는 문화를 고정관념화할 수 있고, 일반적 차원에 근거하여 이해하려는 한계를 가진다. 다시 말해서 개인 간의 다양성이 규명되고 이해되고 확인되어야 한다는 점이다. 따라서, 도움을 요청하게 될 사람들 간에는 무엇이 공통적이며, 다른지를 제시해 보아야 한다. 다양성에 대한 존중과 이해는 사회복지실천기술에서 매우 중요한 가치로 자리매김하고 있다.

(4) 강점의 발견

개인, 부부, 가족, 그룹 그리고 지역사회의 자원과 강점에 우선적으로 초점을 맞추는 것이 부족한 부분, 장애, 약점에 초점을 맞추는 것보다 문제해결과정을 더욱 활기차게 한다. 사람들이 자신의 강점을 깨달을수록 자신의 강점을 더욱 잘 강화해 나갈 수 있다. 더욱이 강점이 규명되고, 인정되면서 사람들은 자신에 대해 좋은 느낌이 들게 되고, 장애와 약점을 극복할 수 있게 된다. 사회복지사는 사람들이 자신의 강점을 깨닫도록 도와주어야 하며, 내적·외적 자원을 규명하도록 노력해야 한다.

문제나 위기를 가진 사람들은 자신들의 장애나 실패를 깨닫는 데만 익숙해져 있다. 그런 사람들에게 성공과 강점에 대해 인지할 수 있도록 돕는 사람이 바로 사회복지사라고 할 수 있다. 사회복지사는 사람들로 하여금 자신들이 가지고 있으리라고는 전혀 인지하지 못했던 강점을 규명해내야 한다. 강점에 초점을 두는 것이 클라이언트가 만나는 어려움이나 도전을 무시한다는 것은 아니다. 따라서, 문제를 부정하는 것만큼 가능성을 부정하는 것도 잘못된 것이다.

그러므로 강점관점에 따른 사회복지실천은 타인의 삶을 잘못된 것, 부족한 것, 비정상적인 것으로 보는 시도, 즉 부정적 측면에 초점을 두는 것을 수정하려는 시도이다.

2. 사회복지사의 역할

사회복지사의 구체적 역할은 다음과 같다(이태희 외, 2023: 21-22 ; 박종란 외, 2021: 102-108).

1) 서비스 직접 제공

사회복지사는 실천현장에서 변화를 가져오기 위해 클라이언트에게 직접적 서비스를 제공한다. 즉, ① 자존감을 회복하기 위해 지지와 격려 제공, ② 가치나 태도를 변화하기 위한 교육, ③ 정보제공, ④ TV 프로그램이나 영화 등의 매체 활용, ⑤ 집단프로그램을 계획·진행, ⑥ 가족치료나 집단과정에서 참여자들 간 의견 중재 등 다양한 역할을 수행한다.

상담자의 역할, 촉진자(facilitator)의 역할, 정보제공자의 역할, 교육자의 역할, 프로그램 진행자의 역할 등이 직접서비스 제공자의 역할에 포함될 수 있다. 부모기술훈련, 사회기술훈련, 사회적응훈련 등에서 교육자의 역할과 프로그램 진행자의 역할이 수행된다. 또한 문제해결을 위한 변화가 얼마나, 어떤 상태로 이루어지고 있는지를 관찰하는 것도 클라이언트의 변화를 위해 필수적인 기능이다.

사회복지사가 클라이언트와 직접 대면하여 서비스를 제공하는 것을 의미하는 것으로 가능하게 하는 자, 조력자, 교육자 등의 역할을 한다. 그 내용은 다음과 같다.

(1) 조성자

조성자(enabler)로서의 사회복지사 역할은 클라이언트 자신의 감정을 더욱더 잘 이해하고, 행동을 수정하며, 문제상황에 대처하도록 도움으로써, 그들의 사회적 기능을 향상시킨다.

(2) 조력자

조력자로서의 사회복지사 역할은 클라이언트의 위기상황에서 다양한 스트레스에 대처하도록 돕는다. 조력자의 기술은 희망을 전하고, 저항이나 양가감정을 줄여 주며, 감정을 인식하고 관리하며, 개인의 강점이나 사회적 자원을 발굴하고 지지해 주는 것 등이다.

(3) 교육자

교육자로서의 사회복지사 역할은 클라이언트와 다른 체계에 정보를 제공하며, 기술을 가르치는 일을 포함한다. 효과적인 교육자가 되기 위해 사회복지사는 정보를 명확히 전달하고 이해하기 위한 효율적 의사소통이 필요하다.

2) 체계 연결

사회복지사가 실천현장에서 변화를 가져오기 위해 클라이언트에게 그의 주변 환경과의 관계와 관련하여 서비스를 제공한다. 클라이언트는 종종 기존의 사회복지기관이 제공하지 못하는 자원들을 필요로 한다. 그리고 다른 유용한 자원들에 대한 정보가 부족하거나 그것을 이용할 능력이 부족하다. 사회복지사는 사람들을 다른 자원들과 연결하는 역할을 수행한다. 체계와 연결하는 역할과 관련해 사회복지사는 중개자(연결자, broker), 조정자(사례관리자, case manager, coordinator), 중재자(mediator)/심판자(arbitrator), 옹호자(advocator)로서의 역할을 수행할 수 있다.

(1) 중개자

중개자(broker)는 도움이 필요한 클라이언트와 자원 및 서비스를 연결하는 역할이다. 사람을 자원과 연결하게 하기 위해서는 지역사회의 자원에 대해 잘 파악하고 있어야 적절하게 의뢰할 수 있다. 클라이언트에게 식량이나 주거, 법률적 도움이나 다른 필요한 자원을 얻도록 도와주는 역할이다. 연결담당자와 좋은 업무관계를 유지하면서 자원체계의 정책을 잘 파악하고 있는 것이 성공적 의뢰의 필수요소이다.

(2) 옹호자

옹호는 사회복지 전문직이 생겨난 이래 줄곧 수행해 온 역할이다. 특히, 클라이언트집단에 대한 옹호는 자원연결의 측면에서 볼 때, 클라이언트를 대신하여 자원과 서비스를 획득하는 활동과정을 의미한다. 옹호자(advocator)는 클라이언트 개인이나 가족의 권리를 옹호하고 정책적 변화를 모색하기 위한 활동을 하며, 클라이언트들이 적절한 서비스를 받을 수 있는 권리를 확보하거나 유지하도록 해야 한다. 또한 기관 내 프로그램이나 정책을 변화하기 위해 적극적인 역할을 수행한다. 따라서, 옹호자의 역할은 클라이언트를 위해 일을 진행하고 대변하는 것이기 때문에 특히 클라이언트가 필요한 것을 얻을 힘이 거의 없을 때 적절하다.

(3) 중재자

중재자(mediator)는 미시체계, 중범위체계, 거시체계 간의 논쟁이나 갈등을 해결하는 역할을 담당한다. 견해가 다른 개인이나 집단 간의 의사소통을 향상하고 타협하도록 돕는 중재자는 중립을 유지하며, 논쟁에서 어느 한쪽 편도 들지 않는다. 중재자는 자신의 위치를 분명히 하고, 의사를 잘못 전달하는지 인식하며, 관련 당사자가 입장을 명확히 밝히도록 도와주는 역할이다. 중재자는 중립을 유지하며, 서비스전달과정에 존재하는 장애물을 제거하는 역할을 수행해야 한다.

(4) 사례관리자/조정자

사례관리자(case manager)는 클라이언트를 다른 체계에 의뢰할 때 능력, 기술, 지식, 자원 등이 부족하면, 사회복지사가 사례관리자의 역할을 수행해야 한다. 조정자(coordinator)는 클라이언트의 욕구를 평가하고 다른 자원에서 제공된 필수 재화와 서비스전달을 연결·조정하고, 클라이언트가 적절한 방식으로 서비스를 받을 수 있도록 개입한다. 따라서, 조정자의 대표적인 역할을 하는 것이 사례관리자이다.

3) 체계 유지와 강화

사회복지사가 실천현장에서 변화를 가져오기 위해 사회복지기관의 직원으로서 서비스전달의 효율성을 떨어뜨리는 기관 내의 구조, 정책적·기능적 관계를 평가할 책임이 있다. 이는 클라이언트에 대한 간접적 서비스를 제공하는 기능이다.

(1) 팀구성원

사회복지사는 많은 기관 및 공공기관(예, 정신건강, 건강보호, 사회적응

세팅)에서 클라이언트의 문제와 서비스전달에 협력하는 임상팀의 일원으로 활동하게 된다. 팀 구성은 내과의사, 심리학자, 정신과의사, 사회복지사, 간호사, 재활상담가, 교사, 작업치료사, 레크리에이션 치료사 등으로 이루어진다.

(2) 촉진자

촉진자(facilitator)는 집단의 지도자 역할을 담당한다. 사회복지사는 가족치료집단이나 과업집단, 교육집단, 자조집단, 감수성 훈련집단, 그 밖의 다른 목적을 가진 집단에 개입한다. 촉진자 역할은 거시적 실천에도 적용할 수 있다. 이때 사회복지사는 사람을 모으고, 의사전달 통로를 만들고, 활동이나 자원을 전달하며, 전문지식이나 기술에 접할 수 있도록 하여 변화 노력을 촉진해야 하는 책임이 있다.

(3) 조직분석가

조직분석가(organizational analyst)는 서비스전달에 부정적 영향을 미치는 기관의 구조와 정책절차 등을 분석하고 지적하는 역할이다. 이 역할을 수행하기 위해서는 조직이론과 행정이론에 대한 지식을 갖추고 있어야 한다.

(4) 자문가

사회복지사는 자문가(consultant)로서 자문을 제공하고 받는 역할을 모두 수행할 수 있다. 즉, 사회복지사가 전문지식을 가지고 자문제공자로서 해야 할 역할도 하지만, 때로는 약물남용, 아동학대, 성 문제 등과 같은 전문지식이 필요한 문제에 대해서는 그 분야의 전문가로부터 조언을 받아야 한다. 따라서, 자문은 사회복지사나 서비스 제공자가 전문가로서 클라이언트에 대한 지식 · 기술 · 태도 · 문제를 존중하는 태도를 증가하고 발전하며, 수정하고 자유롭게 함으로써 클라이언트에게 더 효과적으로 서비스를 전달할 수 있게 하는 과정이다.

4) 체계개발 역할

사회복지사가 실천현장에서 변화를 가져오기 위해 클라이언트의 욕구 불충족, 예방적인 서비스에 대한 욕구, 서비스 간의 괴리 또는 현재 활용되고 있는 것과는 다른 개입방법에 따른 연구결과에 근거하여, 사회복지기관의 서비스를 확대하거나 개선하는 것과 관련된 역할을 수행할 수도 있다.

(1) 기획가
기획가로서의 사회복지사의 역할은 미충족되거나, 새롭게 대두되는 욕구를 충족하기 위한 프로그램을 계획하는 것이다. 특히, 지역사회에 대한 접근성이 떨어지는 작은 지역사회, 시골지역, 신흥도시에서 보통 지역사회 지도자와 함께 기획하는 역할을 하게 된다. 아동보호 프로그램, 건강관리 프로그램, 여가 프로그램 등이 그 예가 될 수 있다.

(2) 프로그램 개발자
프로그램 개발자로서 사회복지사의 역할은 클라이언트의 욕구에 대응해서 서비스를 개발해야 하며, 교육적인 프로그램(예, 10대 미혼모 대상), 지지집단(예, 성폭력 피해자, 알코올 중독자의 자녀), 기술개발 프로그램(예, 스트레스 관리, 양육, 적극적 자기표현 훈련집단) 등이 포함된다.

(3) 정책 개발자
정책과 절차 개발과정에서 사회복지사가 참여하는 것은, 직접 클라이언트에게 서비스를 제공하는 기관에서 제안된다. 사회복지사는 사회복지실천현장에 있으므로 클라이언트의 욕구를 평가하고, 어떤 정책과 절차가 클라이언트의 관심에 부합되는지를 평가하는 전략적 위치에 놓여 있다. 따라서, 사회복지사가 적극적으로 정책과 관련된 의사결정과정에 참여하는 것이 중요하다.

5) 연구와 조사 활용

사회복지사는 평가 가능한 개입방법을 선택하여 그들의 개입효과를 평가해야 한다. 그리고 클라이언트의 변화과정을 체계적으로 점검하기 위해 공적·사적 세팅 모두에서 평가할 책임이 있다. 특히, 자신의 실천활동을 평가하여 프로그램의 또는 서비스의 장단점을 사정하고 지역사회를 연구하며 조사하는 역할을 한다. 사회복지실천에서 모든 사회복지사는 연구자 또는 조사자로서의 역할을 수행한다.

6) 기타 중요한 역할

역할 구분에는 포함되지 않지만, 사회복지사가 현장에서 수행해야 할 중요한 역할로서 협상자(negotiator)의 역할, 능력고취자(empowerer)의 역할, 집단촉진자(group facilitator)의 역할 등이 있다. 협상자의 역할은 중재자와 마찬가지로 갈등상황에 개입해 상호 만족할 만한 합의점에 도달하도록 원조하지만, 중재자는 어느 한쪽과 편을 이루지 않고 중립을 지키는지만, 협상자는 대개 어느 한쪽에 연계된다.

조성자의 역할은 클라이언트에게 변화가 일어날 수 있는 조건과 환경을 조성할 수 있도록 원조하는 것을 말한다. 클라이언트가 자신들의 욕구와 문제를 규정하고 해결책을 모색하고 적용하는 과정을 보다 효과적으로 다루도록 원조하고, 환경의 변화를 위해 직·간접으로 지원한다. 또한 능력고취자로서 사회복지사는 클라이언트의 개인적, 대인적, 사회경제적 또는 정치적 능력을 강화하는 역할을 수행한다. 능력고취자는 클라이언트의 개인적 능력은 물론 대인적 능력을 획득하도록 원조한다. 나아가 상호 원조집단, 정치적 활동에의 관여 등을 통해 클라이언트의 사회경제적 또는 정치적 능력을 획득하도록 도와준다. 그리고 사회복지사는 집단에 개입해 집단의 사회적 기능 향상을 원조하게 되는데, 집단촉진자로서 집단성원들의 참여를 촉진하고, 의사소통의 초점을 유지하고, 성원 간의 의사소통을 연계하고, 집단 안팎의 갈등을 해결하기 위해 조정·협상·중재 기술을 사용한다.

3. 사회복지실천 개입의 실천기술

사회복지실천기술은 사회복지사가 관여하는 클라이언트체계의 수준에 따라 매우 다양하다. 그 수준은 미시적·중범위·거시적 차원 등으로 나눌 수 있는데, 효과적인 실천을 위해서는 세 가지 영역을 포괄하는 총체적인 지식과 기술이 필요하다. 그 내용은 다음과 같다(김용환 외, 2023: 23-24).

1) 미시적 차원의 실천기술

미시적 수준의 실천은 개인, 부부, 가족을 포함하는 다양한 클라이언트체계를 대상으로 하며, 사회복지사는 클라이언트와 일대일로 만나면서 직접서비스를 제공하는 데, 대인관계기술, 면접기술 등이 있다.

2) 중범위 차원의 기술

중범위 수준의 실천은 클라이언트에게 직접 영향을 미치는 가족, 또래집단, 학교와 직장과 같은 체계를 변화하는 것이다. 이때 사용하는 실천기술은 집단역동을 활용하는 기술, 의사소통기술을 집단에 적용하는 기술 등이 있다.

3) 거시적 차원의 기술

거시적 수준의 실천은 사회계획과 지역사회 조직과정을 포함하며, 사회복지사는 사회문제를 다루기 위해 개인, 집단, 조직으로 구성된 지역사회 행동체계를 원조하는 전문적인 변화매개자 역할을 한다. 이에 사용되는 기술에는 주민조직기술, 지역사회 지도자 및 정책 결정자에게 하는 접근기술, 자금동원기술, 행동주도기술, 해결협상기술, 클라이언트 옹호기술, 대변기술 등이 있다.

연습문제

1. 사회복지실천현장의 지식 유형에 관한 설명으로 옳지 않은 것은?
   ① 이론은 현상을 설명하기 위한 가설이나 개념의 집합체이다.
   ② 관점은 개인과 사회에 관한 주관적 인식의 차이를 보여주는 사고체계이다.
   ③ 실천지혜는 실천 활동의 원칙과 방식을 구조화한 것이다.
   ④ 패러다임은 역사와 사상의 흐름에 영향을 받는 추상적 개념틀이다.
   ⑤ 모델은 실천과정에 직접적으로 필요한 기술적 적용방법을 제시한 것이다.

2. 다음 중 사회복지사 자격취득과 관련하여 국가고시 제도가 시행된 것은 언제인가?
   ① 2000년   ② 2001년   ③ 2002년
   ④ 2003년   ⑤ 2004년

3. 다음 중 다양한 실천현장에서 근무하게 될 신입 사회복지사의 자질로 아닌 것은?
   ① 개인적인 성품이나 인간성
   ② 사회복지 마인드(전문적 윤리와 태도)
   ③ 문서작업 능력
   ④ 프로그램 개발 및 평가
   ⑤ 전문성을 갖추지 못한 인간미

4. 사회복지전문직의 정체성으로 옳지 않은 것은?
   ① 관념적 철학   ② 사회적 인가   ③ 전문가의 힘
   ④ 윤리강령   ⑤ 기본적 지식과 체계적 이론

5. 다음 중 사회복지실천현장 중 1차 현장에 해당되지 않는 것은?
   ① 종합사회복지관   ② 장애인복지시설   ③ 노인복지시설
   ④ 지역아동센터   ⑤ 학교

6. 사회복지사와 클라이언트의 관계를 가장 적절하게 표현한 것은?
   ① 통제적 관계   ② 친밀한 관계   ③ 자연적 관계
   ④ 사회적 관계   ⑤ 인간적 관계

7. 사회복지실천의 지식과 기술을 습득하는 방법으로 옳은 것을 모두 고른 것은?

   > ㉠ 사례회의(case conference)를 개최하여 통합적 지원방법에 대해 논의한다.
   > ㉡ 가족치료모델을 이해하기 위해 해결중심 가족치료 세미나에 참석한다.
   > ㉢ 윤리적 가치갈등의 문제에 대하여 직장동료한테 자문을 구한다.
   > ㉣ 초점집단면접(focus group interview)을 실시하여 이용자 인식을 확인한다.

   ① ㉠, ㉡   ② ㉡, ㉣   ③ ㉠, ㉡, ㉢
   ④ ㉡, ㉢, ㉣   ⑤ ㉠, ㉡, ㉢, ㉣

8. 사회복지실천기술의 전문적 기반에 관한 설명으로 옳지 않은 것은?
   ① 이론과 실천의 준거틀을 적절하게 이용하는 것은 예술적 기반에 해당된다.
   ② 연구자료를 수집하고 분석하는 것은 과학적 기반에 해당된다.
   ③ 사회복지 전문가로서 가지는 가치관은 예술적 기반에 해당된다.
   ④ 감정이입적 의사소통, 진실성, 융통성은 예술적 기반에 해당된다.
   ⑤ 사회복지사에게는 과학성과 예술성의 상호 보완적이고 통합적인 실천 역량이 요구된다.

9. 사회복지사와 클라이언트의 관계를 가장 적절하게 표현한 것은?
   ① 통제적 관계   ② 친밀한 관계   ③ 자연적 관계
   ④ 사회적 관계   ⑤ 인간적 관계

1. ③ 2. ④ 3. ⑤ 4. ① 5. ⑤ 6. ① 7. ⑤ 8. ① 9. ①

Chapter 02

사회복지실천기술의 철학

개요

철학은 가치, 이념, 윤리 등을 포함하여 설명할 수 있다. 사회복지가 사상에서 비롯되었듯이 실천현장에 투입되는 사회복지 전문가는 기본적인 가치와 철학을 가지고 주어진 윤리강령에 따라야 할 것이다. 여기에서는 사회복지실천기술의 철학을 학습하고자 한다.

학습목표

1. 가치, 이념에 대한 이해
2. 사회복지사의 윤리강령 숙지
3. 사회복지실천기술과의 관계 토의

학습내용

1. 사회복지실천의 가치
2. 사회복지실천의 이념
3. 사회복지실천의 윤리
4. 사회복지실천기술과의 관계

CHAPTER 02 사회복지실천기술의 철학

1. 사회복지실천의 가치

1) 가치의 정의

『사회복지학개론』
(장미리 외, 2023)

가치는 귀중함의 정도 또는 중요함의 비중을 구분하는 것과도 연관된다. 또한 가치는 주관적이며, 개인마다 다른 비중을 가지며, 연령과 자신이 살아가는 상황에 따라 변화될 수 있다. 사회구성원들의 완전히 일치되는 가치는 존재하기 힘들지만, 공공정책을 수행하는 데 있어서 사회적 자원을 사회구성원에게 어떻게 배분할 것인가에 대한 합의를 만들어 내는 가치분석과 선택은 매우 중요하다. 예를 들어, 정책목표가 이중적이거나 애매할 경우, 정책목표를 명확히 밝히는 것이 매우 중요하기 때문에 가치는 사회복지정책의 형태나 모형을 결정짓는 중요한 역할을 한다(장미리 외, 2023: 68).

가치(values)는 믿음 또는 신념과 같은 것으로 '좋다/싫다', '바람직하다/나쁘다' 등과 같이 선호하는 것에 대한 견해로서 인간의 삶과 관련된 주관적 선호를 나타내는 것이다. 따라서, 인간의 행동에 있어서 선택의 기준으로 작용하며 인간행동의 방향과 동기를 제공한다 또한 지식, 기술과 더불어 사회복지실천의 3대 중심축의 하나로 사회복지실천이 추구해야 하는 방향성을 제시한다(이태희 외, 2023: 23).

가치는 문화, 집단 또는 개인이 바람직하다고 생각하는 관습, 행동규범과 원칙들을 말한다. 즉, 가치란 인간행동에 영향을 주는 어떠한 바람직한 것, 또는 인간의 지적·감정적·의지적인 욕구를 만족시킬 수 있는 대상이나 그 대상의 성질을 의미한다. 가치가 경험할 수 있는 사물로부터 유래된 것인가, 또는 개인의 감정이 사물에 가치를 부여하는 것인가 하는 문제는 객관적 가치인가 주관적 가치인가를 논하는 가치론의 중요한 쟁점이다. 이는 윤리와 구분되는 것으로 가치가 믿음이라면 윤리는 판단이다.

가치가 좋은 것에 대한 개인의 선호에 기초한 것이라면, 윤리는 옳고 그른 것에 대한 사회적 판단에 기초한 것이다. 따라서, 사회복지사는 가치 중심 전문직이다(Levy, 1976). 사회복지실천현장에서는 이러한 전문직 가치 외에도 개인적 가치와 사회적 가치가 함께 존재하며, 각 형태의 가치기준에 따라 사회복지사들은 가치 갈등을 경험하게 된다. 전문직 가치가 사회적 가치에 근원을 두고 있으나 항상 같지는 않으며, 개인적 가치도 전문직 가치에 늘 동의하는 것은 아니기 때문이다. 이에 사회복지사들은 실천가치의 지침과 실천윤리의 강령을 준비하여 최소한의 갈등 속에서 그 해결책을 찾을 수 있도록 조처한다.

2) 가치의 전개과정

사회복지는 사회정의와 공정성에 뿌리를 둔 규범적(normative) 전문직이며, 따라서 전문직 시작부터 가치 중심적 실천을 해 왔다. 이러한 가치실천의 역사는 영국 자선조직협회(the London charity organization society)의 활동으로 거슬러 올라가 여러 단계를 거쳐 발전해 왔다(Reamer, 2018).

『사회복지 가치와 윤리』
(Reamer, 2018)

1단계 : 자선조직협회 중심의 단계
19세기 말 사회복지실천이 하나의 전문직으로 선언하고 나섰던 때이다. 자선조직협회를 통해 우애방문자들이 빈곤한 사람에게 중산층의 도덕을 강요하던 시기로 클라이언트의 도덕에 중점을 두었다.

2단계 : 인보관운동(Settlement House Movement) 단계
이 단계는 자선조직협회의 가치관에 반기를 든 거주정착운동의 발전으로 시작되었다. 1884년 영국 런던 화이트채플(Whitechapel)의 토인비 홀(Toynbee Hall)을 비롯하여 1886년 이웃조합(Neighborhood Guild), 1889년 미국 시카고(Chicago)의 헐 하우스(Hull House)에서 활발히 운동을 전개하였다.

3단계 : 전문가 중심 단계
1940년대와 1950년대를 중심으로 전개되는데, 지금까지의 클라이언트 중심의 가치체계에서 전문직과 전문가의 가치체계로 그 중심이 옮겨졌다. 클라이언트를 대하는 전문가의 가치관에 의문을 제기하면서 전문직 가치체계에 입각한 실천을 하도록 하는 가치체계의 확립과 윤리적 지침의 마련이 시

작된 시기인 것이다. 이로 인해 1947년 최초의 윤리강령이 준비되었다.

3) 가치의 범위

사회복지실천의 가치는 다른 가치에 우선하여 선행적으로 수용해야 할 가치가 존재한다. 또한 이에 대한 위계적 단계가 있다(Levy, 1973).

(1) 선행 가치
사회복지실천에서 우선으로 수용해야 할 가치는 다음과 같다.
첫째, 사람 우선 가치이다.
둘째, 결과 우선 가치이다.
셋째, 수단 우선 가치이다.

(2) 가치의 단계
가치의 범위는 위계적 단계로도 설명된다. 즉, 다양한 가치를 종적으로 분류하여 도구적 가치, 근사적 가치 그리고 궁극적 가치의 세 단계로 나눌 수 있다.

도구적 가치(instrumental values)는 바람직한 목적에 맞는 바람직한 수단을 구체화한 것으로서 매우 구체적인 가치들로 구성된다. 예컨대, 진실(truth)은 어떤 경우에라도 추구되어야 할 중요 가치이며, 비밀보장, 자기결정, 고지된 동의 등도 좋은 예이다.

근사적 가치(proximate values)는 중간 수준의 가치들로서 단기목표를 위한 지침을 제시한다. 예컨대, 특정 치료를 거부할 수 있는 환자의 거부권리, 치료접근권리, 주택마련권리 등이 있다.

궁극적 가치(ultimate values)는 최고 수준의 가치를 포함하며 장기목표에 대한 일반적 지침을 제공한다. 인권존중, 평등, 비차별 등이 여기에 속한다. 이 궁극적 가치들은 사회복지의 궁극적 목표와 정체성 확립에 기반이 매우 중요한 되는 가치에 해당된다.

(3) 사회복지실천의 핵심 가치

사회복지 전문직이 사회복지를 실천하기 위해 실천의 가치로 삼아야 하는 것에 대한 논의는 여러 차원에서 진행되고 있다. 사회복지실천의 핵심 가치는 다음과 같다.

첫째, 인간 존엄(human dignify)이다.
둘째, 자원접근의 평등(equality)이다.
셋째, 진실성(integrity)이다.
넷째, 능력(competence)이다.

결론적으로 사회복지사는 지식과 기술, 전문성의 범위 안에서 최선을 다해 클라이언트에게 서비스를 제공해야 한다. 이것이 사회복지실천의 가치이다.

2. 사회복지실천의 이념

사회복지실천의 이념은 사회복지발달의 역사적 배경과 시대의 흐름에 따라 많은 영향을 받았으며, 매우 다양하게 변화되었다. 따라서, 사회복지실천의 이념에 대한 이해는 사회복지실천의 맥락 속에서 이해되어야 하며, 그 시대의 정치·경제·문화를 아우르는 전체적인 사회적 배경을 충분히 이해해야 한다.

이러한 사회복지실천에 영향을 미친 이념을 살펴보면 다음과 같다.

1) 인도주의와 박애사상

사회복지실천의 최초 이념은 인도주의(humanitarianism)와 박애사상(philanthropy)이라고 볼 수 있다. 이는 자선조직협회(Charity Organization Society)와 우애방문자(friendly visitors)의 주된 가치관이었다. 기독교의 금욕주의와 긍휼사상을 실천하려는 이상의 사람들이 빈곤한 사람들을 대상으로 인도주의적 구호를 제공하였으며, 이 사상이 후에 사회복지실천의 기본 사상이 되었다.

이는 '타인을 위하여 봉사하는' 정신으로 실천되었다. 즉, 돌봄(care)의 봉사정신은 자기자신보다는 클라이언트를 먼저 생각하는 정신을 낳았고, 이는 이타주의(altruism)로 불리는 사회복지실천의 기본 정신으로 자리 잡게 되었다. 그러나 시대의 변화에 따라 클라이언트를 위한 '무조건적 봉사(caring for)'에서 '클라이언트에 대한 봉사활동(caring about)'으로 개념이 변화하였다(Morris, 1977). 즉, 자선조직단체와 우애방문자의 역할이 무조건적 봉사를 주로 했다면, 현대의 사회복지사는 클라이언트에 대한 선택적 봉사를 한다.

2) 사회진화론

1859년 다윈(Charles Robert Darwin, 1809~1882)의 저서 『종의 기원(On the Origin of Species by Means of Natural Selection or the Preservation of Favoured Races in the Struggle for Life)』으로부터 유래된 사회진화론(social Darwinism)은 사회과학적 요소에 자연과학적 요소가 가미되어 파생된 것으로, 자연법칙에서 통용되는 진화론을 사회법칙의 진화론에 접목시킨 것이다. 즉, 동·식물생태계에서 강한 것만이 살아남는다는 적자생존의 자연주의 법칙과 마찬가지로, 인간사회에서도 부유한 사람

『종의 기원』
(2021)

들은 부지런하고 도덕적으로 우월한 존재이므로 부유층으로 살아남지만, 빈곤한 사람들은 선천적으로 게으르고 비도덕적이며 열등한 존재이므로 가난하게 살 수밖에 없다는 것이다(Dolgoff et al., 1997).

이러한 적자생존을 근간으로 하는 사회진화론의 원칙이 일반사회에도 적용됨에 따라 사회는 계층화되어 '사회적합계층(best fit class)'은 살아남게 되고, 그렇지 못한 '사회부적합계층(unfit class)'은 사회적으로 도태되어 자연스럽게 소멸된다는 것이다.

사회복지실천에서 이러한 사회진화론적 논리는 사회통제(social control)의 측면에서 사회의 적합한 계층을 위하여 사회부적합계층은 사라져야 한다는 논리와 일맥상통한다. 실제로 앞에서 살펴본 바와 같이, '우애방문자(friendly visitor)'는 그 당시 빈곤한 극빈자와 장애인을 사회적으로 열등한 존재로 간주하였고, 이들이 빈곤한 원인을 도덕적인 결함과 게으르고 나태한 것으로부터 기인한 것으로 보아 도덕적인 교화를 실시함으로써 빈곤문제를 해결하고자 한 것은, 우애방문자 활동의 근본이념이 사회진화론을 바탕으로 이루어졌다는 것을 의미한다. 실질적으로 우애방문자의 활동을 바탕으로 빈민을 '가치 있는 빈민'과 '가치 없는 빈민(invaluable poorer)'으로 구분하기에 이르렀다. 이에 따라, 이들에게 제공되는 서비스의 양에도 차이가 있었고, '가치 없는 빈민'에게는 최소한의 도움만을 제공하는 결과를 초래하였다. 즉, '가치 없는 빈민'은 사회부적합계층으로 분류되어 사회적합계층을 위해 사회적으로 도태되어야 마땅한 존재로 취급되었다(최덕경 외, 2015: 29-63).

다윈의 이론은 당시 이례적으로 거의 모든 훌륭한 학자들과 철학자들의 저서에 수용되고 활용되어 학문의 발전을 촉진하고 또 큰 성과를 가져와 학문의 진보에 커다란 기여를 하였다.

3) 민주주의

민주주의(democracy)는 평등(equality)을 표방하는 이념이다. 사회진화론에서의 생존계층화와는 달리 모든 인간의 평등함을 인정하고 클라이언트는 평등한 대우를 받을 수 있는 권리가 있음을 표방하였다. 이러한 민주주의의 등장으로 클라이언트들을 위한 무조건적인 봉사정신은 약화하고 클라이언트에 대한 선택적인 봉사철학이 강화되었다.

민주주의는 인도주의와 사회진화론에서 우월한 자인 봉사제공자가 열등자인 클라이언트들에게 제공한 봉사 및 시혜를 무조건 받도록 강요를 하던 것에서 벗어나, 주는 자와 받는 자의 권리를 평등하게 인정하여, 받는 자인 클라이언트가 시혜의 여부를 결정하는 데 적극적으로 참여하도록 하는 사회적 움직임이었다.

이는 현대에 들어서면서 클라이언트의 자기결정권의 가치적인 측면에도 커다란 영향을 미치게 된다. 클라이언트에게도 사회복지사와 똑같이 동등하게 권리를 주면서 모든 결정에 대한 선택권을 주게 된다. 평등을 위한 사회변화를 추구하는 민주주의 사회복지실천은 인보관운동의 활동에서 두드러진 양상을 나타낸다. 빈곤계층도 자기자신 나름대로 가치관을 따르고 있으며, 이를 동등하게 인정을 해 주는 것에서부터 시작하는 인보관운동의 이념은 사회가 이를 인정을 해 주도록 사회개혁으로 이어졌다.

인보관운동은 당시 사회문제(예, 산업화, 도시화, 빈곤, 이민 등)에 대처하기 위하여 자선조직협회보다 약 15년 뒤에 시작하게 되었으나, 문제의 접근관점은 판이했으며, 당시 자유주의와 급진주의 사상에 기반하여 환경적인 요소가 바로 사회문제의 근원이라고 보았다. 따라서, 문제에 접근하는 방식은 빈민들을 개조하는 것이 아닌 기존의 사회질서를 바꿔야 한다는 사회개혁적인 면을 강조한다. 즉, 모든 인간이 평등하듯 클라이언트도 동등한 처우를 받을 권리, 빈곤에서 탈피한 동등한 기회를 받을 수 있는 권리를 가지고 있다. 따라서, 빈곤에 대한 책임은 이러한 권리들을 보장해 주지 못하는 사회에 있으며, 사회의 변화를 통하여 이를 가능하게 해야 한다. 이는 사회민주주의(social democracy)를 채택하는 결과를 낳았으며, 특히 스웨덴, 덴마크, 영국 등은 이 이념을 수용한 국가들이다(Whitaker & Federico, 1997).

4) 개인주의

개인주의(individualism)와 함께 자유방임주의가 등장하였다. 이는 작은 정부를 표방하는 형태로 나타났으며, 이와 함께 경제뿐 아니라 사회복지마저도, 자유시장에 맡기는 자유방임적 정책이 확산되었다. 이 사상은 사회복지실천에도 영향을 미쳐 사회복지실천의 사상적 줄기에 한 획을 그었다(양옥경 외, 2018: 46-47).

개인주의 사상은 두 가지 형태로 나타나는데, 하나는 개인권리의 존중이며, 다른 하나는 수혜자격의 축소이다. 개인의 권리와 의무가 강조되면서 빈곤의 문제도 다시 빈곤한 자의 책임으로 돌아갔다. 빈곤한 사회복지 수혜자는 빈곤하게 살 수밖에 없어야 한다는 '최소한의 수혜자격 원칙'이 등장하여(Whitaker & Federico, 1997) 수혜자들이 저임금 노동자보다 더 낮은 수준의 보조를 받도록 하는 정책이 도입되었다. 미국에서는 이러한 관점이 사회진화론과 맞물려 더욱 큰 힘을 발휘하였다.

한편, 사회복지실천에서는 클라이언트의 개인적 특성, 즉 개별화를 중시하는 것에 초점을 맞추었다. 물론 개별화는 사회복지실천의 역사에서 보자면, 상당히 초기의 문헌에서도 찾아볼 수 있는 개념이었다. 하지만 그 실천적 측면에서 보았을 때, 시기적으로 적용 가능성이 훨씬 쉬워졌으며, 적용수준의 허용도 높아졌다.

5) 경험주의

근대 경험주의(empiricism)의 선구를 이룬 것은, 17세기 영국의 베이컨(Francis Bacon, 1561~1626)과 로크(John Locke, 1632 ~1704) 등이다. 베이컨은 참다운 학문은 경험에서 출발해야 한다고 했으며, 현실세계에 대한 경험적 지식을 절대시하였다.

경험주의는 인식과 지식의 근원을 경험에서 찾는다. 사회복지실천은 경험주의에 기반을 둔 과학성을 중요하게 생각하는 데, 사회복지실천에서의 과학성이란 논

존 로크

리적이고 체계적인 탐구과정을 통해 확실성이 입증된 지식과 이론, 방법 등을 기초로 사회복지실천이 이루어지는 것을 의미한다. 사회복지사는 선의(goodwill)나 자신의 주관적인 선호 때문이 아니라, 원조 전문가로서 인간과 사회에 대한 과학적 지식 및 경험적으로 입증된 자료 등을 근거로 체계적인 실천을 수행한다. 이처럼 사회복지사는 과학자로서 객관적 관찰과 실험적 조사를 통해 경험적으로 입증된 이론과 방법을 적용할 뿐만 아니라, 실천의 효과성과 효율성에 관한 증거를 체계적으로 확인, 분석, 평가하는 증거기반실천을 수행하는 것이 바람직하다(조학래, 2019: 27).

6) 다양화

오늘날 세계는 교통과 통신 등의 발달과 자유무역주의의 발전으로 국경을 초월한 교류가 활발해지고, 과거 소수 강국의 지배체제에서 벗어나 다양한 체계를 수용하는 다양화(diversitism)의 경향이 나타나게 되었다. 현재 미국은 소수 백인의 지배체제에서 벗어나 중남미, 아시아, 아프리카, 동부유럽 국가들로부터 이민 온 다양한 민족들의 인구집단을 인정하고 그들의 욕구,

문화적 배경 등을 고려한 정책들이 발전하게 되었다.

사회복지실천에서도 인종, 나이, 성별, 민족적 배경, 성적 지향 등에 따라 사회적·심리적·정치적·경제적 현실이 매우 다르다는 것을 인식해왔다. 따라서, 각각의 문화, 종교, 인종, 성적 지향 등의 강점을 인식하고, 다양한 인구집단의 풍부한 문화적 배경, 역사, 견해 등을 반드시 이해하고 민감해야 함을 깨닫게 되었다(Maguoire, 2001).

사회복지사는 다양한 계층과 특별한 욕구를 이해하고 수용하여야 하며, 다양한 문제 인식과 함께 다양한 접근방식에 대해 열린 자세를 가져야만 한다. 이러한 다양성에 기반을 둔 사회복지실천은 개별화를 추구하는 동시에 권한부여(empowerment model)에 대한 관심으로 발전하였다. 권한부여모델은 클라이언트 자신이 열등한 존재가 아니라, 스스로 변화할 수 있는 잠재능력을 가진 가치 있는 존재임을 인식하게 하여 스스로 발전할 수 있는 여건을 만들어 주는 것이다. 클라이언트도 사회복지사와 같은 권한을 갖고 실천과정에 임한다는 것을 인정하는 이념적 변화를 초래하게 된 것이다(이경준 외, 2018: 30).

현장에서 경험하게 되는 사회복지실천의 철학에 대한 사회복지사의 바람직한 태도는 다음과 같다(길귀숙 외, 2018: 26).

첫째, 특정 사상이 사회복지실천현장에 강요되어서는 안 된다. 주입된 사상의 경우, 주입하는 쪽은 주체가 될 수 있지만, 받아들이는 쪽은 반드시 사회복지사 자신의 견해와 성향에 따라 수용되어야 한다.

둘째, 우리나라의 사회복지실천과 현실에 맞는 사상이 널리 알려져야 한다. 선진국의 경우, 사회복지의 여러 이데올로기가 정립되어 있으나, 우리 현실은 그렇지 못하다. 우리의 사회복지실천가들이 정립한 사상을 널리 알릴 필요가 있으며, 이를 위해 이 분야에 관한 특별한 연구가 있어야 할 것이다.

셋째, 사회복지실천현장에서 특정 종교를 일방적으로 강조하거나 배척하는 행위는 지양되어야 한다. 이는 사회복지실천사상이 강압적으로 주입되어서는 안 된다고 하는 맥락과 일치한다. 따라서, 사회복지기관이나 시설의 운영체가 직원을 채용할 때 같은 종교인만을 받아들이거나 지나치게 특정 종교를 고집하지 않아야 한다.

넷째, 사회복지실천가는 특정 사상에 얽매이는 것보다는 오히려 사상을 바탕으로 자유자재로 활동할 수 있어야 한다. 즉, 자신의 사상만을 고집하고 상대의 사상을 무시하는 다툼에서 벗어나 상대의 사상과 교류할 수 있어야 한다. 따라서, 사회복지사는 클라이언트를 포함한 모든 이들과 끊임없이 나눔을 실천해야 한다.

3. 사회복지실천의 윤리

1) 윤리

사회복지실천에서 고려해야만 하는 것으로 윤리(ethics)가 있다. 여기서 말하는 윤리는 직업윤리를 의미한다. 즉, 전문적 행위로서 '해서 옳은 일과 하지 말아야 할 일'의 판단기준을 지칭하는 말이다.

일반적으로 윤리는 '도덕(morality)'과 비슷하게 해석되기 쉽다. 도덕과 윤리를 구분해 보면, 도덕은 인간으로서 바람직한 생각, 좋게 생각되는 행위를 그 사회나 시대가 가지고 있는 사회적 규범에 비추어 결정하는 것이다. 그에 반해, 윤리는 인간의 양심에 기초하여 그가 놓인 사회나 시대의 특수성을 넘어 보편적으로 인간으로서 올바른 행위나 정의의 가치관을 지칭한다. 윤리는 사람에게 무엇이 옳은지 그른지를 결정하면서 어떤 지침이 되는 원칙을 발견해 내는 데 초점을 둔다.

오늘날 윤리의 중요성이 대두된 것은, 과학기술과 사회의 발전에 의한 영향이 크다. 특히, 의학과 공학의 발달로 생명연장이 가능해지고 장기이식,

유전공학 등을 실현하면서 클라이언트의 욕구도 다양해졌다. 예컨대, 인공수정, 안락사, 성을 감별한 후 유산하는 등 윤리적 결정을 해야 하는 다양한 상황이 생겼다. 그와 함께 사회가 성숙하면서 사회복지대상자의 권리를 인정하자는 사회분위기로 다양한 형태의 윤리적 갈등이 발생하였고, 이를 해결하기 위해 윤리적 지침이 필요하게 되었다.

레비(Levy, 1976)는 사회복지실천윤리에 대해 사회복지실천윤리는 다양한 배경을 지닌 사회복지사들이 복잡한 실천 분야에서 직면할 수 있는 다양한 윤리적 쟁점에 대하여 올바른 판단을 내릴 수 있도록 하는 '체계적 준거틀(frame of reference)'이라고 하였다.

가치와 윤리의 비교는 〈표 2-1〉 다음과 같다.

〈표 2-1〉 가치와 윤리의 비교

구분	가치	윤리
특징	• 믿음, 신념 같은 것 • 어떤 행동이 좋고 바람직한가와 관련, 객관적으로는 증명할 수 없고 주관적으로 선호하는 것 • 인간의 적절한 행동을 선택하는 데 지침이나 기준이 됨(방향 제시)	• 무엇이 옳고, 그른가에 관한 판단 • 가치 기반 위에 구현된 행동지침 • 가치에서 나오기 때문에 가치와 조화를 이루어야 함.
관심	• 선하고 바람직한 것에 관심	• 올바르고 정확한 것에 대한 관심
표현	• 인간의 생각 속에서만 그치기도 함.	• 행동으로 나타나는 것
기준	• 하나의 신념으로 과학적 근거가 없음 · 규범적 기준이 필요하지 않음.	• 행동에 대한 사회적 태도로 규범적인 것
개입	• 인간관계가 개입되지 않기도 함.	• 인간관계의 상호작용 속에서만 해당됨

자료 : 김보기(2021b: 57) 재인용.

2) 윤리강령의 실제

우리나라의 사회복지사 윤리강령의 역사를 살펴보면, 한국사회복지사협회는 1982년 1월 15일 윤리강령을 제정하였고, 1988년 3월 26일 1차 개정을 거쳐 2023년 4월 11일 5차 개정하였다(한국사회복지사협회 홈페이지, 2024).

사회복지사 윤리강령 전문은 다음과 같다

사회복지사는 인본주의·평등주의 사상에 기초하여, 모든 인간의 존엄성과 가치를 존중하고 천부의 자유권과 생존권의 보장활동에 헌신한다.

특히 사회적·경제적 약자들의 편에 서서 사회정의와 평등·자유와 민주주의 가치를 실현하는 데 앞장선다. 또한 도움이 필요한 사람들의 사회적 지위와 기능을 향상하기 위해 저들과 함께 일하며, 사회제도 개선과 관련된 제반 활동에 주도적으로 참여한다. 사회복지사는 개인의 주체성과 자기결정권을 보장하는 데 최선을 다하고, 어떠한 여건에서도 개인이 부당하게 희생되는 일이 없도록 한다.

이러한 사명을 실천하기 위하여 전문적 지식과 기술을 개발하고, 사회적 가치를 실현하는 전문가로서의 능력과 품위를 유지하기 위해 노력한다. 이에 우리는 클라이언트·동료·기관 그리고 지역사회 및 전체 사회와 관련된 사회복지사의 행위와 활동을 판단·평가하며 인도하는 윤리기준을 다음과 같이 선언하고, 이를 준수할 것을 다짐한다.

3) 윤리강령의 기능

윤리강령은 전문가가 지켜야 할 전문적 행동기준과 원칙을 기술해 놓은 것으로 전문가들이 공통으로 합의한 내용을 담았다. 따라서, 법적인 제재력을 갖지는 못하지만, 사회윤리적 제재력을 갖는다. 이와 같은 윤리강령은 전문가들이 자신의 전문직 가치기준에 맞게 실천할 수 있는 판단기준을 제시하며, 해당 전문직 실천대상자들에게 그 전문직이 지켜야 할 기본윤리행위를 알리고, 전문직의 비윤리적 행위에 관해 판단할 수 있는 기준을 제시하는 기능이 있다. 윤리강령의 기능은 다음과 같다(양옥경 외, 2018: 67-68).

첫째, 사회복지실천현장에서 윤리적 갈등이 생겼을 때 지침과 원칙을 제공한다.
둘째, 자기규제를 통해 클라이언트를 보호한다.
셋째, 스스로 자기규제를 가짐으로써 사회복지 전문직의 전문성을 확보하고, 외부통제로부터 전문직을 보호한다.
넷째, 일반 대중에게 전문가로서의 사회복지 기본 업무 및 자세를 알리는 일차적 수단으로서 기능한다.
다섯째, 선언적 선서를 통해 사회복지 전문가의 윤리적 민감화를 고양하고, 윤리적으로 무장시킨다.

4. 사회복지실천기술과의 관계

클라이언트의 사회적 기능을 회복·향상하기 위해 원조하는 데는 여러 가지 요소들이 작용하지만, 클라이언트와의 관계를 어떻게 설정할 것인가, 어떻게 참여를 유도할 것인가, 클라이언트의 상황과 환경에 대해 어떻게 이해하고, 강점과 능력을 어떻게 찾아서 활용할 것인가, 어떠한 개입이론이나 모델을 활용할 것인가, 평가는 어떻게 할 것인가와 같은 다양한 사회복지실천기술들에 대한 고려가 있어야 할 것이다. 이러한 사회복지실천기술들이 적절하게 활용되기 위해서는 클라이언트에게 영향을 미치는 사회적·환경적 요인에 관한 지식, 클라이언트집단의 일반적·예외적인 경향에 관한 지식, 인간행동과 발달에 대한 지식, 실천이론이나 모델에 관한 지식 등 사회복지실천지식들에 기초해야 할 것이고, 인간존엄, 생명존중, 자기결정권 등의 사회복지실천 가치와 윤리에 토대를 두어야 한다(도광조, 2018: 11-12).
사회복지실천은 사회복지에 대한 전문지식, 가치, 기술의 통합체이다. 사회복지실천기술은 사회복지실천지식, 가치를 토대로 통합적으로 수행되는 행위이다. 이론과 가치에 근거하여 이루어질 수 있는 구체적인 실천활동이다. 특히, 사회복지실천의 가치에 근거하지 않는다면, 사회복지실천의 전문성이 확보되기 어려울 것이다.

인간에 대한 서비스를 제공하는 사회복지사는 다양한 종류의 지식과 기술, 기법과 전략들을 자유자재로 이용할 수 있어야 하고, 지식과 기술을 적용할 때에 가치는 실천의 어느 단계에서도 분리할 수 없다. 가치가 없다면 사회복지사는 가치 지향적인 인간 서비스 전문가(human service professional)라기보다는 기술자(technician)가 될 수도 있다. 예컨대, 밤에 잠을 잘 자지 못하는 아이에 대해 여러 상담 및 의료현장에서 여러 가지 전문상담기법을 적용해 보았지만, 해결하지 못하고 지쳐 있는 아이에게 사회복지사가 아이 스스로 해결책을 질문("네가 생각하기에 잠을 잘 잘 수 있으려면 어떻게 하면 좋겠니?")하고, 아이가 답하는 그대로("침대에 인형을 많이 놓고 자면 잠이 잘 올 것 같아요.") 시행해 보도록 함으로써 잠을 잘 잘 수 있게 되었다는 사례에서 보듯이, 전문상담기법을 적용하는 것도 중요하지만, 클라이언트 스스로 해결책을 찾도록 하는 가치(인간존엄의 가치, 자기결정의 가치)에 기반을 두어야 한다는 점을 배울 수 있다.

사회복지실천기술은 지식과 가치를 실천하는 것과 관련된다. 사회복지실천기술은 관심과 욕구에 맞춰 지식과 가치를 행동으로 전환하는 사회복지실천의 구성요소이며, 특정의 목표나 활동을 향한 복잡한 행위체계이다(Johnson & Yanca, 2015). 사회복지사가 실천기술을 활용한다는 것은, 추상적인 의미의 사회복지 가치와 지식을 구체적 실천과정 안에서 드러내는 능력이라고 볼 수 있으며(Bartlett, 2003), 실천가의 창의력이 충분히 발휘될 때 빛을 발하게 된다. 사회복지 가치와 지식은 사회복지사의 실천기술을 통해 실제에 구현된다.

사회복지실천기술은 지식과 가치를 전문적 입장에서 통합한 것이어야 하고, 변화하는 존재로서의 인간(개인)과 환경을 다루어야 하므로 사회복지실천기술을 활용하여 실천하는 사회복지사에게는 끊임없는 자기성찰이 요구된다는 것이다. 특히, 현대사회의 혼돈된 가치상황에서 자신의 가치가 어떠한지, 사회적 가치와 전문적 가치에 충돌하고 있지는 않은지에 대한 자기이해 및 자기성장이 필요하다.

사회복지실천기술은 사회복지실천에 대한 지식과 가치를 통합해 행동으로 바꾸는 실천의 구성요소이고, 다양한 특성을 가진 클라이언트에 대해 적절한 개입을 시도하는 사회복지사의 노력이며 능력이기 때문에 사회복지사는 끊임없이 자기에 대해 이해할 필요가 있고, 자기성장이 요구된다. 사회복지실천기술 활용에 사회복지사의 자세를 특별히 강조하는 이유가 여기에 있다.

연습문제

1. 가치와 윤리에 관한 설명으로 옳지 않은 것은?
   ① 가치는 좋고 바람직한 것에 대한 믿음이다.
   ② 윤리는 옳고 그름을 판단하는 도덕적 지침이다.
   ③ 가치와 윤리는 불변의 특징을 지닌다.
   ④ 가치는 신념과 관련이 있고 윤리는 행동과 관련이 있다.
   ⑤ 사회복지사 윤리강령은 법적 구속력을 가지지 않는 특징이 있다.

2. 사회복지실천의 이념적 배경 중 사회통제와 관련이 깊은 것은?
   ① 인도주의   ② 박애정신   ③ 개인주의
   ④ 사회진화론   ⑤ 다양화

3. 사회복지실천 이념에 관한 설명으로 옳지 않은 것은?
   ① 사회진화론에 근거한 사회복지실천은 인보관 활동에서 찾아볼 수 있다.
   ② 다양화 경향은 다양한 계층과 문제를 인정하는 계기가 되었다.
   ③ 우애방문자들은 취약계층에게 인도주의적 서비스를 제공하고자 했다.
   ④ 시민의식의 확산으로 주는 자 중심에서 받는 자 중심의 서비스로 전환
   ⑤ 개인주의 사상은 엄격한 자격요건하에서 최소한의 서비스만 제공하는 경향을 낳기도 했다.

4. 사회복지실천의 이념적 배경으로 옳지 않은 것은?
   ① 인도주의는 빈곤이나 장애를 클라이언트의 책임으로 돌렸다.
   ② 이타주의는 타인을 위하여 봉사하는 정신으로 실천되었다.
   ③ 개인주의는 수혜자격의 축소를 가져왔다.
   ④ 민주주의는 클라이언트의 자기결정권의 강조를 가져왔다.
   ⑤ 사회진화론은 사회통제의 기능을 갖는다.

5. 사회복지사의 가치갈등이나 윤리적 딜레마에 관한 설명으로 옳지 않은 것은?
   ① 윤리기준은 지속적으로 변화된다.
   ② 가치갈등에 대응하는 첫 단계는 가치갈등의 존재를 인식하는 것이다.
   ③ 윤리적 결정에 따른 결과의 모호성으로 윤리적 딜레마가 발생할 수 있다.
   ④ 기관의 목표가 클라이언트 이익에 위배될 때 가치상충으로 윤리적 딜레마가 발생할 수 있다.
   ⑤ 윤리적 결정을 위해 로웬버그와 돌고프(F. Loewenberg & R. Dolgoff)의 일반 결정모델을 활용할 수 있다.

6. 윤리강령의 기능이 아닌 것은?
   ① 사회복지사들의 윤리적 민감성을 고양시켜 윤리적 실천을 제고한다.
   ② 실천현장에서 윤리적 갈등이 생겼을 때 지침을 제공한다.
   ③ 사회복지사 스스로 자기규제를 함으로써 전문성을 확보한다.
   ④ 사회복지사의 비윤리적 실천으로부터 클라이언트를 보호한다.
   ⑤ 전문직의 행동기준과 원칙을 제시하여 법적 제재의 힘을 갖는다.

7. 사회복지 전문직의 가치체계를 모두 고른 것은?

   ㉠ 사회적 형평성의 원리
   ㉡ 개인의 복지의 대한 사회와 개인 공동의 책임
   ㉢ 개인의 존엄성과 독특성의 대한 존중
   ㉣ 자기결정의 원리

   ① ㉠, ㉡
   ② ㉢, ㉣
   ③ ㉠, ㉢, ㉣
   ④ ㉡, ㉢, ㉣
   ⑤ ㉠, ㉡, ㉢, ㉣

정답 1. ③ 2. ④ 3. ① 4. ① 5. ④ 6. ⑤ 7. ⑤

Chapter 03

사회복지실천기술의 개입모델

개요

사회복지실천 이론과 모델은 클라이언트의 문제에 대한 인식과 사회문제에 대한 분석을 서로 다른 시각에서 제공하는 다수의 이론들과 모델을 포함한다. 사회복지실천 현장에서 일하는 사회복지사는 본인이 의식하든지 의식하지 못하든지 어떤 모델에 입각하여 활동을 하고 있다. 여기에서는 개입모델의 실천기술을 학습하고자 한다.

학습목표

1. 각 모델의 이론에 대한 완성도 향상
2. 각 개입모델의 실천기술 숙지
3. 모델별 실천기술의 적용

학습내용

1. 정신역동모델
2. 심리사회모델
3. 인지행동모델
4. 과제중심모델
5. 위기개입모델
6. 동기강화모델

CHAPTER
03 사회복지실천기술의 개입모델

    사회복지실천 이론과 모델은 클라이언트의 문제에 대한 인식과 사회문제에 대한 분석을 서로 다른 시각에서 제공하는 다수의 이론들과 모델을 포함한다. 사회복지실천현장에서 일하는 사회복지사는 본인이 의식하든지 의식하지 못하든지 어떤 모델에 따라 활동을 하고 있다. 따라서, 사회복지사가 사회복지실천현장에서 전문적 원조를 적절히 제공하기 위해서는 이상적으로 모든 실천모델을 잘 알고 있어서, 사회복지사가 아는 모델에 클라이언트의 문제를 대입하는 것이 아니라, 클라이언트의 문제해결에 가장 적절하고 효과적인 모델을 선택하여 클라이언트의 문제해결과정에 전문적이고 과학적인 도움을 제공할 수 있어야 한다.
    여러 가지 사회복지실천모델 중에서도 클라이언트의 생활문제해결을 위해 가장 보편적으로 활용되고 있는 모델이면서도, 효과적이고 접근이 용이한 모델은 다음과 같다.

1. 정신역동모델

정신역동모델(psycodynamic model)은 프로이트(Sigmund Freud, 1856~1939)에 의해 발전된 특수 형태의 심리치료로, 정신분석치료의 목표는 클라이언트가 과거의 경험에서 갖게 된 불안한 감정이나 무의식적 사고의 원인을 깨달아서 자신의 본능적 욕구나 충동을 억제할 수 있도록 자아의 통제력을 강화하는 것이다. 정신역동모델은 클라이언트가 과거의 경험에서 갖게 된 불안한 감정이나 무의식적 갈등을 의식화하여 이러한 것들이 어떻게 현재 자신의 행동에 영향을 주고 있는지를 통찰하도록 돕는 것을 목표로 한다.

지그문트 프로이트

주로 자유연상, 꿈의 해석, 전이, 훈습 등의 기법을 이용한다. 그 내용은 다음과 같다(홍봉수 외, 2023: 90-93 ; 장미리 외, 2022: 44, 정서영 외, 2020: 70-76).

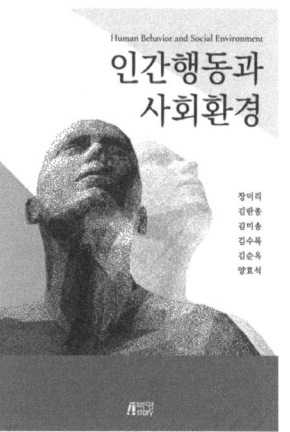
『인간행동과 사회환경』
(장미리 외, 2202)

1) 자유연상

자유연상(free association)은 클라이언트의 마음속에 떠오르는 것을 자유롭게 말하게 하는 개입기술이다. 클라이언트가 편안히 쉬는 자세를 하고 눈을 감게 한 다음, 특정한 자극을 주지 않고 마음에 떠오르는 것을 차례차례 말하게 한다. 마음에 떠오르는 생각들에 대해 일어나는 모든 비판을 중지하도록 지침을 준다. 떠오르는 모든 것들을 있는 그대로 말하는 것이 자유연상에 중요하며, 별로 중요하지 않다고 또는 연관이 없다고 생각되더라도, 억제해 버리지 말고 이야기하는 것이 중요함을 설명해 준다. 자유연상기법을 통해 클라이언트들은 자기 꿈의 밑에 깔린 의미에 도달하게 되며, 무의식 또는 무의식적 갈등에 접근할 수 있다.

치료에 대한 저항이 나타날 때마다 치료자는 그에 타당한 해석을 한다. 초기의 기억 탐색, 중요한 경험과 느낌 재생, 인간관계의 재활성화에 초점을 두며, 치료시간은 1회 40분, 1주 1회, 약 2년 치료를 진행한다.

2) 꿈의 해석

수면 중에는 자아방어가 약화하므로 억압된 욕망과 감정이 의식 표면에 떠오르게 된다. 꿈의 분석은 이러한 꿈의 속성을 이용하여 무의식적 자료를 발굴하고 정리함으로써, 클라이언트가 자신의 내면세계와 문제영역에 대해 통찰을 얻도록 도와주는 중요한 절차이다. 꿈은 억압된 소원들로 구성된 것으로 무의식의 세계로 통하는 길이다.

꿈의 내용은 첫째, 가장되어 있고, 숨겨져 있으며, 상징적이고 무의식적인 동기로 구성되어 있고, 너무나 고통스럽고 위협적이기 때문에 보다 용납될 수 있는 내용으로 변형되어 꿈으로 나타나는 잠재적 내용과, 둘째, 꿈속에 나타나는 꿈의 내용인 현시적 내용이다. 꿈은 '무의식의 내용을 알 수 있는 왕도(royal road)'라고 하며, 전체 수면의 2%를 차지하는 꿈의 해석은 삶을 방해하는 잠재의식의 요인들을 찾아내는 것이다. 우리가 경험하는 발현몽에서는 직접 중요한 심리적 의미를 파악하기 힘들고 꿈의 해석은 잠재몽의 내용을 밝혀나가는 것이다. 잠재몽은 잠자는 사람을 깨우려고 위협하는 무의식에 있는 소망, 욕구, 관념이 꿈의 진정한 내용이며, 수면 중에 통제를 이완시킴으로써, 전에 억압되었던 자료들, 즉 본능적 요구, 유아기 기억, 환상, 신체적 감각 주입, 생활의 전반적 상황, 그날 있었던 일(생각. 감정) 등이 꿈속에 나타나는 것이다.

3) 저항의 해석

저항(resistance)은 불안으로부터 자신을 방어하는 경향을 말한다. 정신분석 초기에 클라이언트는 억압된 감정이나 생각을 회상할 수 없거나 또는 그 표현을 주저하는 경향을 보인다. 사회복지사는 클라이언트의 주의를 집중하게 하고, 저항 가운데서도 가장 분명한 저항현상을 해석한다. 저항 해석의 목적은 클라이언트가 저항의 이유를 각성하고 저항을 처리하여 치료과정에 협조할 수 있도록 도우려는 것이다. 저항은 치료과정에서 무의식을 의식화하는 것을 방해하는 환자의 모든 태도, 행동 및 언어를 총칭하며, 저항은 즉시 규명·해석되어야 하고, 환자 스스로 어떤 상황에서든 그 대처방법을 결정하고 배우며 익혀나가야 한다. 수용적이고 무비판적인 치료태도는, 저항을 감소하고 환자의 생각과 감정을 표출하게 하는 방법이다.

4) 해석

해석(interpretation)은 치료관계에서 나타나는 클라이언트 행동의 의미를 설명하고 때로는 가르치기도 하는 것으로, 행동에 대한 단순한 설명이 아닌 자아가 더 깊은 무의식의 자료를 탐색할 수 있도록, 즉 자기통찰을 하도록 도와주는 기능을 한다. 자유연상, 꿈, 저항, 전이를 분석할 때 사용되는 기본 절차로서, 자아가 무의식적 재료를 의식화하는 것을 촉진함으로써 클라이언트는 무의식적 재료에 대한 통찰을 갖게 된다. 올바른 해석이 이루어지기까지 걸리는 준비기간과 해석(interpretation)을 통해 통찰에 이르고, 이것을 행동화하기까지 이 모든 과정을 통틀어 '해석과정'이라고 한다. 이러한 해석과정은 클라이언트를 어떤 특정 사실이나 경험에 직면(confrontation)하게 하고, 직면한 사실이나 사건, 의미 등의 초점을 잡아 명료화(clarification)하고, 지금까지 유추한 사실을 클라이언트에게 말로 전달하며, 클라이언트가 억압된 것을 받아들이고 분석과정에서 해석된 것을 통합하고 그 과정에서 생겨난 저항을 극복하는 훈습(working-through)으로 구성된다. 적절한 해석을 하기 위해 치료자는 클라이언트의 준비상태를 민감하게 지각하고 있어야 한다. 왜냐하면, 해석의 영향력이나 그 변화의 힘은 클라이언트의 준비 정도에 따라 달라질 수 있기 때문이다. 해석을 위한 규칙으로는

첫째, 클라이언트가 저항 또는 방어적 태도를 보일 때 그 이면의 숨겨진 원인을 해석하기 전에 클라이언트의 방어나 저항행동 그 자체를 지적하고 설명해 주어야 한다.

둘째, 클라이언트가 표현한 감정의 대상적인 이면을 이해할 수 있어야 한다.

5) 전이와 역전이

정신역동모델의 개입과정에서 전이(transference)와 역전이 현상에 대한 해석이나 활용이 매우 중요하다. 정신역동모델에서는 클라이언트들이 과거의 관계에 속하는 것으로 보이는 행동, 사고, 감정 등을 치료자 사이에서 반복할 것이라고 본다. 전이는 클라이언트가 치료상황 밖의 세상에서 인간관계를 어떻게 수립하며 해석하고 있는가에 관해 매우 중요한 실마리를 제공해 준다. 사회복지사를 비롯한 치료자들은 중립적인 태도와 반영적 태도로, 클라이언트의 전이를 유발하고 전이를 다루어 주어야 한다.

역전이(counter-transference)는 전이의 반대적 상황으로, 전이에 대한 치료자의 정서적 반응을 말한다. 즉, 치료자가 억압된 무의식적 갈등이나 동기를 클라이언트와의 관계에서 표출하는 것이다. 역전이는 긍정적인 면과 부정적인 면이 있는데, 클라이언트의 사고나 감정을 모니터할 수 있게 되므로 개입에 중요한 역할을 하기도 하지만, 일반적으로 정신분석의 과정을 방

해하는 부정적 측면도 많이 있기 때문에 치료자가 역전이를 쫓아 행동해서는 안 된다.

6) 훈습

클라이언트가 인지한 저항을 좀 더 숙지하고 반복강박의 지배로부터 해방해 주는 심리적 작업인데, 이 작업을 하지 않으면 통찰은 지적인 단계에 머물고, 경험적인 확신으로까지 도달하지 못한다. 훈습(work-through)의 목표는 전이현상이나 생활문제의 갈등, 과거문제의 갈등 등에 대한 클라이언트의 이해 및 관점의 수준을 확장해 자신의 문제나 상황을 좀 더 통합적인 관점으로 이해하게 하는 것이다. 사회복지사는 아직 충분히 통합되지 않았지만, 점점 의식화되어 가는 자료를 클라이언트가 계속 탐색하고 이해할 수 있도록 반복적으로 상황을 설명하고 이해시킨다. 사회복지사는 클라이언트가 가장 잘 이해하도록 문제에 대해 조리 있는 설명을 반복적으로 전달하여 통찰이 발달하고 자아통합이 확대되도록 도와주어야 한다. 똑같은 말이나 해석을 되풀이하는 것은, 클라이언트를 지루하게 하고 개입의 효과를 떨어뜨린다. 프로이트는 치료자가 클라이언트의 저항을 지적하고 해석해 주는 것만으로는 저항을 포기하게끔 할 수는 없다고 했는데, 해석을 진정으로 받아들이고 동화한다는 것은 클라이언트에게 상당한 시간이 걸리는 힘든 과제이며, 치료자로서도 상당한 인내가 필요한 작업이다. 훈습을 철저학습이라고도 한다.

7) 감정이입

감정이입(empathy)은 정신분석학적 치료자가 개입할 때 가족구성원이 개방적이고 감정이입적 이해를 표현하며, 그들의 경험에 대한 숨겨진 의미와 혼란스러운 면을 명백히 하는 해석을 내리게 한다. 감정이입적 경청은 치료자가 클라이언트의 생각과 느낌을 함께 공유할 수 있도록 주의를 기울여 들어주는 것이다. 감정이입적 경청을 할 때 클라이언트의 감정을 공유할 수 있으며, 효과적인 치료적 상황을 가져올 수 있게 된다.

2. 심리사회모델의 실천기술

『케이스워크』
(1999)

심리사회모델(Psychosocial Model)은 1920년대 후반, 개별사회사업(case work)을 최초로 체계화한 리치몬드(Mary Ellen Richmond, 1861~1928)에 기원을 두고 있으며, 1930년대 한킨스(Frank Hamilton Hankins, 1877~1970)에 의해 '심리사회(psycho-social)'라는 용어가 처음으로 언급되었고, 1964년 홀리스(Florence Hollis)의 저서 『케이스워크: 심리사회치료(Casework: a Psychosocial Therapy)』를 통해 '심리사회'라는 개념이 사회복지실천을 위한 하나의 접근방법으로 발전, 집대성되고 체계화되었다.

심리사회모델은 사회복지실천에 개입하기 위해 클라이언트의 수용이나 클라이언트의 자기결정, 그리고 클라이언트와 사회복지사 간의 관계형성 등 심리적인 요인을 중요시하게 된다. 또한 심리사회적 요인에 의한 클라이언트와 사회복지사 간의 의사소통기술에 따른 관계(라포)형성 등이 중요시된다(김용환 외, 2023: 94).

이러한 심리사회모델의 실천기술은 다음과 같다(김혜영 외 2023: 41-45; 오봉욱 외, 2020: 49-52).

1) 지지하기 기법

지지하기(sustainment)는 사회복지사가 클라이언트를 수용하고 원조하려는 생각과 문제해결능력에 대한 확신을 표현함으로써 클라이언트의 불안감을 줄이고 자기존중감은 증진하기 위한 과정으로, 심리사회모델에 따른 사회복지사의 활동 가운데 가장 기본적이고 핵심적인 실천기법이라고 할 수 있다. 특히, 클라이언트가 죄책감과 수치감을 느끼거나 두려워하고 분노를 느끼면, 사회복지사는 지지 기법을 적극적으로 사용함으로써 클라이언트를 이해하고 있음을 보여 주어야 한다. 지지과정은 언어적 의사소통뿐만 아니라, 따뜻한 표정, 어깨를 두드리는 등의 비언어적 방법을 포함하며, 클라이언트의 당면한 문제에 대해 실질적인 도움 등을 제공함으로써, 사회복지사가 클라이언트를 수용하고 지지함을 나타낼 수 있다.

2) 직접적 영향

직접적 영향(direct influence)은 클라이언트의 행동을 향상하기 위하여 조언이나 제안 등을 통해 사회복지사의 생각한 바를 이루기 위한 과정이다. 클라이언트가 자기 생각에 따라 문제해결을 위한 결정에 도달하는 것이 바람직하지만, 때로는 사회복지사가 결정에 직접 영향을 미칠 수 있다. 사회복지사의 영향은 다양한 방법으로 이루어지는데, 의견을 제시하는 것에서부터 제안, 클라이언트가 가진 생각의 강조, 강력한 주장, 직접적 개입 등의 방법을 포함한다.

3) 탐색-기술-환기

탐색(exploration)과 기술(description)은 클라이언트의 문제와 관련하여 클라이언트, 클라이언트의 환경 또는 클라이언트와 환경의 상호작용에 관한 사실을 진술하고 설명하도록 원조하는 것이며, 환기(ventilation)는 사실과 관련된 감정을 끄집어냄으로써 카타르시스를 경험하도록 원조하는 것이다. 탐색-기술-환기는 서로 연관되어 있는데, 사실을 기술하거나 설명하는 과정에서 자연히 감정이 표현되기 때문이다.

심리사회모델은 특히 분노 상실감, 죄책감, 불안 등의 감정에 주의를 기울인다. 이런 감정들은 말로 표현되었을 때 강도가 현격히 줄어들 수 있는데, 무엇보다 타이밍이 중요하다. 즉, 방어하지 않고 편안하게 자신의 감정을 표현할 수 있는 준비가 되었을 때야 비로소 환기를 경험할 수 있다. 때로는 클라이언트가 환기를 경험하는 것 자체로 문제가 해결되는 경우도 있다.

4) 인간-상황에 대한 고찰

인간-상황에 대한 고찰(person-situation reflection)은 현재 또는 최근 사건에 대한 고찰로서 다음의 여섯 가지를 포함한다. (1)과 (2)는 클라이언트의 외부환경, (3), (4), (5)는 클라이언트의 주관적인 내부 상황과 관련된다. 마지막 (6)은 원조상황과 관련된다.

(1) 다른 사람들, 건강, 상황

인간은 정보의 부족이나 편견, 두려움 등에 의해 자신이 처한 상황과 가족이나 친구들, 동료들, 이웃 사람들의 감정과 행동을 정확히 이해하지 못하는 경우가 있다. 사회복지사는 클라이언트의 상황에 대해 직접 설명하기도 하지만, 질문이나 언급을 통해 클라이언트가 스스로 깨닫도록 도와준다.

(2) 클라이언트의 행동이 자신과 다른 사람들에게 미치는 영향

사회복지사는 클라이언트가 미처 깨닫지 못했거나 간과한 결과에 대해 주의를 기울인다. 예컨대, 친구들이 보는 앞에서 청소년 자녀를 때린 아버지는 자녀가 친구들의 인정을 받기 위해서는 아버지와 대항해야만 하는 결과를 가져오게 된 상황을 이해할 필요가 있다. 이 역시 클라이언트의 행동과 결과의 관계를 사회복지사가 설명하기보다는, 질문이나 언급을 통해 클라이언트가 인과관계를 직접 깨닫도록 지도한다.

(3) 클라이언트 행동의 성격

클라이언트가 자신의 숨겨진 반응, 사고, 감정의 성격에 대해 내부지향적인 이해를 하도록 원조한다. 예컨대, 어머니가 자녀에 대해 분노의 감정이 있지만, 깨닫지 못하는 경우, 또는 깨닫기는 하지만 부인하는 경우가 있다. 사회복지사는 클라이언트가 자신의 감정에 대해 스스로 통찰할 수 있도록 원조한다.

(4) 클라이언트 행동의 원천

클라이언트가 다른 사람들과의 상호작용이나 상황적 자극에 대해 나타낸 반응행동의 원인을 이해하도록 원조한다. 예컨대, 아내의 취업을 반대하는 남편은 아내가 가정을 돌보는 것을 자신에 대한 사랑의 상징으로 생각해 왔으며, 아내가 취업한다는 것은 자신을 다시는 사랑하지 않는다는 의미로 생각할 수 있기 때문이다.

(5) 클라이언트의 자기 평가

클라이언트의 도덕과 양심, 자기이미지, 가치 등에 관한 자기평가를 원조한다. 예컨대, 사회복지사는 클라이언트가 현재 가지고 있는 자기이미지가 현실에 근거가 있는지 질문하거나, 클라이언트가 가지고 있는 가치를 명확하게 할 수 있도록 지도한다.

(6) 사회복지사와 개입과정

사회복지사 개입ㆍ기관의 규칙 등에 대한 클라이언트의 반응과 이해 정도를 탐색하여 원조과정의 효과를 최대화한다. 클라이언트는 과거 인생경험에 의해 개입에 대한 적대감, 두려움, 또는 의존욕구를 가지고 있을 수 있다. 또한 사회복지사에 대한 클라이언트의 반응은 클라이언트의 대인관계 유형을 이해하기 위한 주요 자료가 될 수 있다.

5) 유형-역동에 대한 고찰

사회복지사는 클라이언트의 성격 또는 행동의 유형과 원초아ㆍ자아ㆍ초자아의 심리 내적 역동에 관한 고찰(pattern-dynamic reflection)을 해야 한다. 또한 사회복지사는 클라이언트가 사용하는 방어기제를 분석하고 클라이언트가 가지고 있는 내부 대상에 대해 생각하며, 분리와 개별화 정도 등에 대해 생각한다.

6) 발달적 생각

발달적 생각(developmental reflection)은 '인간상황에 대한 고찰'과는 달리, 성인기 이전의 생애경험과 이런 경험이 현재 기능에 미치는 영향에 대해 생각하는 것을 의미한다. 예컨대, 남편의 무관심에 대해 지나치게 분노하는 아내에게 어린 시절 자신에게 관심을 별로 주지 않았던 아버지에 대한 감정과 현재 남편에게 느끼는 감정에서 유사점을 깨닫도록 원조할 수 있다.

3. 인지행동모델의 실천기술

인지행동모델은 개입과정에서 행동수정기법을 주로 사용하되 기본적으로 인지적 접근을 중심틀로 하는 형태를 가진다. 인지행동모델은 구조화된 접근과 체계적인 개입과정으로 인해 클라이언트와 사회복지사 모두에게 쉽게 받아들여지는 모델이며, 사례에 적용 가능성이 높아서 사회복지사에게 매우 유용한 실천기술을 제공한다.

사회복지사는 인지행동적 접근을 통해 개입의 효과를 비교적 단기간에 알 수 있을뿐더러, 단일설계방법 등으로 개입의 효과에 대한 객관적 평가가 가능하다. 따라서, 인지행동모델은 최근 사회복지사에게 중요한 개념으로 주목받고 있는 증거기반실천(Evidence-Based Practice, EBP) 방법의 하나로서 유용하다(Cooper & Lesser, 2008). 인지행동모델에는 클라이언트 특성 및 문제행동의 정도에 따라 여러 기법이 있지만, 여기에서는 대표적인 몇 가지를 살펴보고자 한다(서혜석 외, 2024: 42-46; 서보준 외, 2023: 145-147).

1) 인지재구조화

인지재구조화(cognitive restructuring)는 클라이언트가 자신의 기능에 부정적인 영향을 미치는 역기능적 사고와 관념을 인식할 수 있도록 돕고, 이를 현실에 맞는 신념과 행동으로 대치하여 기능을 향상시킬 수 있도록 하는 기술이다. 인지재구조화를 적용하기에 효과적인 문제는, 낮은 자아존중감, 대인관계에 대한 왜곡된 인식, 지식과 타인의 삶에 대한 비현실적 기대, 비이성적 두려움, 불안과 우울, 분노와 충동의 부적절한 통제, 자기주장의 결여 등이 있다. 인지재구조화는 모델링, 행동시연, 이완훈련, 자기주장훈련, 약물치료, 체계적 둔감화와 같은 기술과 함께 사용되는데, 이는 단독으로 사용될 때보다 더 효과적이기 때문이다. 인지재구조화 기법의 실시단계는 다음과 같다(Hepworth et al., 2018).

1단계 : 인지 기능에 대해 이해

사회복지사는 클라이언트에게 인간의 인지가 정서와 행동에 영향을 미친 다는 사실을 이해시킨다. 다음 예를 보면 동일한 상황에 대하여 생각하는 방식에 따라 정서와 행동 양상에 차이가 있음을 알 수 있다.

> **상황 : 가정폭력으로 이혼을 고려하는 여성**
>
> 생각하는 방식 1 : '이혼은 내 인생의 끝을 의미해. 앞으로 어떻게 살아가지? 이혼녀라는 사회적 시선을 견디기 힘들 거야. 이혼하느니 참고 사는 게 나을지도 몰라. 아이들은 또 어떻게 하고….'
> 생각하는 방식 2 : '평생 이렇게 살 수는 없어. 당장 심적으로나 경제적으로 힘들어도 멀리 보면 이혼하는 게 나을지도 몰라. 나에게도 아이들에게도 더 나은 선택일 수 있어.'

자료 : 장수미 외(2017: 67).

2단계 : 역기능적 신념과 사고 패턴 파악

생각이 정서적 반응을 초래한다는 사실을 클라이언트가 받아들이면 그다음 단계로 클라이언트가 자신의 역기능적 사고와 신념을 검토하도록 돕는다. 이 과정을 통해서 클라이언트는 미처 알지 못했던 자신의 자동적 사고와 신념이 행동을 결정하고 있음을 알게 된다. 만성 알코올중독으로 낮은 자존감과 자기 패배적 사고를 하는 클라이언트의 예를 살펴보자.

> 식사 전 : '나는 왕따야. 솔직히, 다른 아이들한테 끼고 싶은지 나도 잘 모르겠어. 끼어들면 보나 마나 가만히 앉아 있을 거고 그 아이들이 나를 소외시킨다고 느낄 거야.'
> 식사 중 : '항상 그렇지 뭐. 나는 대화에 끼지도 못했어.'
> 식사 후 : '또다시 망쳤어. 나는 끝장이야. 노력해 봤자 아무 소용없어.'

자료: Hepworth et al.(2018).

알코올중독 클라이언트의 경우, 자기 패배적 사고로 인해 다시 음주하는 악순환적 형태를 보이므로 역기능적 신념에 대한 개입이 필수적이다. 사회복지사는 클라이언트가 보이는 자기진술의 합리성을 논박함으로써 역기능적 신념체계와 사고 패턴을 변화시킨다.

3단계 : 역기능적 사고의 발생 상황 규명

역기능적인 사고가 언제 어떤 상황에서 누구와 함께 있을 때 주로 발생하는지를 밝혀냄으로써, 특정 상황에서 클라이언트가 기능적으로 대처할 수 있도록 돕는다. 〈표 3-1〉과 같이 역기능적 사고기록양식을 클라이언트에게 작성하도록 과제를 주면 문제 파악이 용이해진다.

〈표 3-1〉 역기능적 사고 기록양식 예시

날짜	구체적 상황 불쾌한 감정을 유발하는 실제 사건	정서 당시 정서상태를 1~100으로 점수화	역기능적 사고 (자동적 사고) 정서에 선행하는 자동적 사고를 기록	합리적 반응 역기능적 사고에 대한 합리적 반응
9/8	남자친구가 전화해서 일 때문에 저녁에 만날 수 없다고 말함.	슬픔90	'나를 좋아하지 않나봐. 그래, 나를 좋아하는 사람은 아무도 없어.'	'오늘은 어렵지만 다음 주말에 함께 가자고 하는 걸 보면 나를 좋아하는 거겠지… 혹시 그가 나를 좋아하지 않더라도 그것이 아무도 나를 좋아하지 않는 것을 의미하는 건 아니지.'

자료: 김혜영 외 (2023: 70).

4단계 : 자기 패배적 진술을 기능적 진술로 대체

역기능적 사고, 신념, 이미지 등이 규명되고, 이러한 인지가 불안, 초조, 긴장, 분노 등의 부정적 정서반응을 가져옴을 인식하게 되면 클라이언트 스스로 새로운 대처방법을 학습하고자 할 것이다. 이때 사회복지사는 클라이언트의 부정적 정서반응과 자기 패배적 행동을 효과적이고 합리적인 자기진술로 대체하도록 돕는다.

2) 주장훈련

주장훈련(assertiveness training)은 클라이언트의 자기주장 능력을 증진하는 기술로서, 자기 생각이나 감정, 권리를 적절하게 표현하거나 전달하는 데 어려움을 겪는 클라이언트를 대상으로 한다. 먼저, 사회복지사는 클라이언트가 공격적(aggressive)·주장적(assertive)·수동적(passive) 표현의 차이를 정확히 구별할 수 있도록 돕는다. 이를 위해 연습할 수 있는 활동으로 다음 각 장면에서의 반응이 공격적·주장적·수동적인지 클라이언트에게 질문해 본다. 실제로 해 보면 생각보다 많은 클라이언트가 각 상황에서 적절한 의사소통 방식이 무엇인지 혼란스러워함을 알 수 있다.
의사소통방식은 〈표 3-2〉와 같다.

〈표 3-2〉 의사소통방식

* 알맞은 곳에 √하시오.

장 면	반 응	공격적	주장적	수동적
집 앞 공터에서 아이들이 시끄럽게 떠들어 책을 볼 수가 없다.	"야 여기가 놀이터인 줄 아냐. 집에 가서 떠들어, 빨리 못가?"			
사촌동생이 아끼는 등산 장비를 빌려 달라고 한다. 한 번 빌려 가면 잘 안 돌려주므로 빌려주고 싶지 않다.	"빌려주면 좋겠는데, 지금 장비가 어디 있는지 모르겠네."			
일요일에 일정이 있는데, 어머니가 할머니를 시골 큰댁에 모셔다드리라고 한다.	"어머니, 다음 주 월요일에 시험이 있어서, 이번 주말에는 도서관에서 공부해야 할 것 같아요."			

자료: 장수미 외(2017: 69).

각 장면에 대한 공격적·주장적·수동적 표현의 차이를 이해하게 되면, 다음 단계로 클라이언트가 직접적이며 명확한 진술방법을 연습함으로써 주장적 표현을 하도록 한다. 주장훈련의 단계는 〈표 3-3〉과 같다.

〈표 3-3〉 주장훈련 6단계

단계	내용
1단계	사전 평가하기 • 클라이언트의 공격적 · 주장적 · 수동적 행동 평가
2단계	주장적 행동이 어려운 문제상황 설정하기
3단계	변화를 위한 시나리오(LADDER) 작성하기 • **L**ook : 자신의 권리, 소망, 요구를 살피라. • **A**rrange : 문제(어려움)에 관해 이야기할 시간과 장소를 정하라. • **D**efine : 문제를 구체적으로 정의하라. • **D**escribe : 나-전달법(I-message)을 활용해 자신의 감정을 전달하라. • **E**xpress : 자신의 요구를 알기 쉽고 확고하게 표현하라. • **R**einforce : 원하는 것을 얻을 가능성을 강화하라.
4단계	주장적 신체언어 전달하기 • 시선 접촉 • 바른 자세 유지하기 • 명확하고 분명한 목소리로 단호하게 말하기 • 강조할 때는 몸짓이나 표정 사용하기
5단계	듣는 법 배우기 • 들을 준비하기 • 경청하기 • 상대방의 말을 명료화하기 • 상대방의 감정을 인정해 주기
6단계	실현 가능한 타협점에 도달하기 • 이번에는 내 방식으로, 다음에는 당신 방식으로 하자. • 당신이 나를 위해 ~한다면 난 당신을 위해 ~할 것이다.

자료 ; 장수미 외(2017: 70).

주장훈련은 모델링(modeling)을 활용한다. 모델링은 사회복지사 또는 자원봉사자, 집단구성원 등이 클라이언트가 취할 행동을 시범적으로 보여 주고, 클라이언트가 따라 할 수 있도록 격려하는 것이다. 구체적인 단계는 ① 변화가 필요한 구체적인 행동을 파악하고, ② 모델을 제시하고, ③ 역할극을 통해 클라이언트가 모델의 행동을 따라 해보고, ④ 사회복지사이나 집단 구성원이 피드백을 제시함으로써 바람직한 행동을 강화하는 형태로 이루어진다. 예컨대, 권위적인 아버지에게 자기주장을 하기 어려운 딸의 경우 모델링기법을 활용하여 행동 습득을 유도한다. 이때 아버지와 딸의 역할을 바꾸어 역할 전환을 해 봄으로써, 문제를 좀 더 구체적으로 파악하고 상대방의 어려움을 생각해 보도록 할 수 있다.

3) 사회기술훈련

사회기술훈련은 클라이언트에게 현재의 환경 속에서 기대되는 역할수행이나 관계문제, 그리고 생활주기상의 문제에 효과적으로 기능하는 필요한 기술을 학습하도록 돕는 과정이다. 사회적 부적응행동의 예방적 접근에 효과가 있으며, 자존감 손상문제나 대인관계기술 결핍, 사회적 역할수행문제 등과 관련된 사회적 역기능문제에 대한 치료적 접근에 도움이 된다. 사회기술훈련에는 다양한 기법이 활용되는데, 모델링, 역할연습, 행동시연, 강화, 코칭, 문제해결기술에 대한 교육, 숙제부여 등을 포함하며, 주로 집단프로그램으로 이루어진다.

사회기술훈련을 하는 데 필요한 요소는 다음과 같다.
① 클라이언트에게 사회기술훈련이 왜 필요한지에 대해 이해하는 것이 필요하다.
② 문제가 발생하는 상황을 자세하게 파악한다.
③ 특정 행동의 복잡한 유형을 세분하여 이해하고 훈련하는 것이 필요하다.
④ 역할연습을 한다.
⑤ 역할연기를 할 때 즉각적으로 긍정적 강화를 한다.
⑥ 클라이언트가 새롭게 배워야 할 행동이 있을 경우, 모델링을 통해 시범을 보여 주어 특정 기술을 배우게 한다.

⑦ 모델링과 역할연기를 통해 학습한 행동을 클라이언트가 반복적으로 연습해야 한다.
⑧ 사회기술훈련 끝에 실제 생활에서 적응할 수 있는 과제를 부여한다.

4) 체계적 둔감화

체계적 둔감화(systematic desensitization)는 불안을 일으키는 자극을 가장 약한 정도에서 가장 강한 자극으로 옮겨가며, 점차 자극에 대한 반응 강도를 감소시켜 나가는 기법이다. 체계적 둔감화 기법은 객관적 위협이나 위험이 없는데도 심한 불안을 느끼는 클라이언트를 대상으로 한다. 각종 불안증, 공포증, 말더듬이, 성적 불안증, 여러 가지 신경증적 증상을 가진 클라이언트에게 적용할 수 있다. 사람은 누구나 새롭고 낯선 상황에 직면했을 때 불안하고 긴장하게 된다. 예컨대, 처음으로 많은 사람 앞에서 발표해야 할 때 가슴이 떨리고 눈앞이 캄캄해지는 경험을 할 수 있다. 대부분 사람은 같은 상황을 몇 번 경험해 보면 점차 익숙해지고 처음보다 덜 떨게 된다. 하지만 그런 상황에 부닥칠수록 더 불안해지고 생각하는 것만으로도 불안이 커지는 사람도 있다.

체계적 둔감화 기법의 적용은 일반적으로 다음의 세 단계로 이루어진다.

1단계는 근육의 이완훈련으로 시작한다.

2단계에서는 클라이언트에게 불안을 일으키는 상황을 모두 열거하게 한 후, 가장 심하게 불안을 일으키는 상황을 가장 위에 두고 가장 낮은 불안을 일으키는 상황을 가장 밑에 두어 불안을 느끼는 정도에 따라 그 순서대로 불안의 위계를 작성한다.

3단계에서는 근육을 이완하도록 한 후 가장 약한 불안을 초래하는 상황에서부터 차례로 상상하도록 하여 불안 유발자극을 제시한 다음 근육이완에 의해 불안을 제거하는 것이다.

4. 과제중심모델의 실천기술

과제(과업)중심모델(task-centered model)은 1970년대 초 시카고대학교(The University of Chicago)의 리드와 엡스타인(William James Reid & Laura Epstein)이 1972년 그들의 저서 『과업중심실천(Task-Centered Practice)』에서 개발한 모델로서, 펄먼(H. Perlman, 2017)의 문제해결접근의 요소, 스턋(E. Studt, 1968)의 클라이언트 과제에 대한 개념 및 케이스워크 기법 등의 영향을 받았다. 이 모델은 그동안의 심리치료에서 장기간이 필요했던 정신분석이나 정신역동 치료방법에서 벗어나, 현재 갈등에 초점을 맞추어 시간 제한적인 단기치료에 관한 관심이 고조되면서, 더욱 집중적인 구조화된 개입형태를 바라는 경향에서 과제중심모델이 등장하게 되었다. 또한 이 모델은 장기치료가 반드시 단기치료보다 우세하지 않다는 점과, 이론보다는 경험적 자료를 통해 개입의 기초를 마련하려는 움직임 등으로 등장하게 되었다(황인옥, 2023: 113-114).

과제중심모델의 개입기법은 크게 간접적 행동변화 기법과 직접적 행동변화기법으로 구분된다. 그 내용은 다음과 같다(황인옥, 2023: 122-123).

1) 간접적 행동변화 기법

(1) 의사소통기술
과제중심 접근은 단기 계약 기간에 클라이언트가 선택한 목표를 성취할 수 있도록 원조하는 서비스이다. 따라서, 클라이언트가 무엇을 추구하고 바라고 있는가를 클라이언트와 함께 언어화하는 것이 이 모델에서 가장 중요하다.

(2) 탐색
탐색은 모든 대인관계 치료모델에서 사용하는 기본적인 기법으로서, 클라이언트로부터 자료 및 정보를 끌어내려는 실천가들의 노력을 말한다. 탐색은 두 가지 목적을 가지는데, 하나는 클라이언트에 관한 정보를 얻어내는 것이고, 또 하나는 의사소통의 내용을 문제와 관련지어 초점화하는 것이다.

(3) 구조화

클라이언트와의 상호작용 구조와 방향에 대한 사회복지사의 의사소통으로 구성된다. 구조화의 첫 단계는 치료 시작 시기에 시행했던 치료의 성격과 목적, 치료의 조직화와 관련된 문제, 과제, 시간제한 등 클라이언트에게 다시 들려주는 작업으로부터 시작된다. 구조화의 두 번째 단계는 클라이언트를 위한 특별치료계획을 구체화하는 사회복지사의 노력으로 구성된다. 세 번째 단계는 사회복지사가 클라이언트의 의사소통에 대한 명확한 지침을 제공하는 것 등과 같이 조작적 과제들을 구조화하는 작업으로 구성된다.

(4) 상황분석

문제의 상황은 문제를 유지하는 원인과 문제를 다룰 때 동원될 수 있는 자원으로 구성된다. 상황요인은 물리적, 인지적, 가족, 지역사회 체계가 포함된 다차원적 틀 속에서 이루어지며, 표적문제와 관련하여 검토된다. 상황분석에서 실천가는 클라이언트가 자원을 찾아 활용할 뿐만 아니라, 장애물을 확인하여 해결하도록 돕는다.

2) 직접적 행동변화 기법

직접적 기법으로는 인식증진, 지시, 격려가 활용된다. 탐색과 구조화는 잠재적·간접적인 행동변화를 가져오지만, 직접적인 기법은 클라이언트의 인지, 태도, 감정, 행동수정에 분명히 영향을 준다.

(1) 인식증진

과제중심모델의 인식의 증진은 심리치료의 해석, 명료화, 직면, 반성 등과 같은 수준의 기법에 해당된다. 인식증진은 클라이언트가 과제를 수행할 수 있도록 지원하는 데 큰 도움을 준다.

(2) 격려

클라이언트가 세운 계획이나 실행하려는 계획, 수행한 행동에 대해 찬성을 표하거나, 긍정적 반응을 표현하는 것을 말한다. 격려는 과제 클라이언트의 행동을 강화하고 자극하기 위해 사회복지사가 클라이언트의 행동에 대해 선택적으로 활용한다.

(3) 지시

사회복지사가 과제와 관련된 가능한 행동에 대해 클라이언트에게 조언, 충고하는 것을 말한다. 지시는 격려와 달리 클라이언트가 생각하지 못했던 가능한 행동을 제안하거나 클라이언트가 생각하고 있는 내용에 대한 조언으로 이루어진다. 지시는 단기치료에 많이 사용되며, 오직 클라이언트 과제의 진보를 촉진할 목적으로 사용된다.

5. 위기개입모델의 실천기술

위기는 곤경에 처한 사람이 성장 또는 더욱 악화될 가능성을 지닌 변환의 시기를 말한다. 즉, 위기는 위험하지만, 동시에 기회의 전환점이라는 뜻을 내포한다. 위기는 구체적이고 확인될 수 있는 사건에 의해 야기된다. 한 가지 사건에 의해 발생하기도 하고, 사건이 누적되어 발생하기도 한다. 개인이 상황이나 사건을 지각하는 방법에 따라 그 사건을 위기로 경험하는지 안 하는지를 결정해 준다. 물론 어떤 사건들은 매우 외상적(성폭력, 잔인한 죽음의 목격, 유괴 등)이기 때문에 이와 같은 사건을 경험한 사람들은 대부분 위기를 겪는다. 반면, 이혼, 새로운 곳으로의 이주, 자동차 사고 등의 사건이나 경험들은 개인이 상황을 어떻게 해석하느냐의 여부에 따라서 위기의 반응을 초래하기도 하고, 초래하지 않을 수도 있다. 때때로 사회복지사는 위기(자살 위협 포함)에 대처해야 한다(이태희 외, 2023: 131-132). 따라서, 사회복지사는 위기에 대처하는 필수적인 실천기술을 활용하여야 한다.

위기개입의 유형은 개별위기개입, 행동위기개입, 체계 위기개입, 생태계위기개입, 인지행동적 위기개입 등 다섯 가지로 범주화할 수 있다. 그 내용은 다음과 같다(조미숙 외, 2020: 169-173).

1) 개별위기개입

개별위기개입모델에서는 위기를 기본적으로 개인의 불균형 상태를 유발하는 스트레스로 본다. 위기에서 해체의 강도와 폭은 개인의 과거기능수준과 생활상황에 대처하는 그의 일반적 능력에 의해 좌우된다. 따라서, 위기에 관한 이 개념에서 취급하는 주요 변수는 개인의 성격이다. 이 모델에서 치료의 최저목표는 개인을 위기 이전의 기능수준으로 회복하는 것이다. 치료는 구체적으로 퇴행을 저지하고 지지를 제공하는 데 목표를 둔다. 또한 치료는 통찰력을 가지게 하고 문제를 해결하는 방법을 습득하게 함으로써 유사한 스트레스에 대한 저항력을 강화하는 데 목표를 둔다.

2) 행동위기개입

행동위기개입모델의 지지자들에 따르면, 위기는 일상적인 대처방법으로 처리할 수 없는 새로운 자극으로 유발된다. 또한 성공적인 위기해결을 위하여 구체적인 위기와 관련된 과업이 숙달되어야 한다. 행동위기개입모델은 의학적 또는 병리학 지향적인 틀을 활용하는 개별모델과는 달리 일차적으로 교육적(과업숙달) 틀 내에서 위기해결을 시도한다.

개입은 실패의 가능성과 성격해체의 가능성을 저하하기 위하여 구체적인 과업에 숙달하면서 개인을 돕는 것을 목표로 한다. 이 모델의 치료는 위기 발생 후(2차적 예방)나 위기발생 이전(1차적 예방)에 시도될 수 있다. 2차적 차원에서의 예방은 구체적으로 현재 위기상황을 만족스럽게 해결하는 관점에서 이루어진다. 개입은 자극을 유발하는 주요 위기의 본질은 사정하고, 성공적으로 완성될 과업을 서술하며, 이와 같은 과업을 성취하면서 실제적 원조를 포함한다. 1차적 예방은 위기자극의 유발을 예방하거나, 개인의 위기자극의 영향을 감소하는 데 주안점을 둔다. 일차적 예방 프로그램은 지역의 모든 주민이나 특정 위험에 처한 집단에 대하여 광범위하게 적용된다.

3) 체계위기개입

위기개입의 체계모델은 개인 및 위기자극이 존재하고 있는 사회적 맥락을 강조한다.
이렇게 강조하는 것은 다음과 같은 두 가지 이유 때문이다.
첫째, 스트레스적 사건에 대한 개인의 지각은 사건이 유발하는 사회적 맥락에 의하여 좌우된다.
둘째, 위기를 성공적으로 해결하는 개인의 능력은 지지적인 사회적 맥락 여하에 달린 것으로 본다.

체계적 개입의 더욱 큰 목표는 체계 내에서 장차 위기상황을 더욱 효과적으로 처리하기 위한 수단을 가지도록 하는 것이다. 그리고 체계개입은 체계 내의 상호작용유형을 개발하는 데 초점을 둔다. 이같이 스트레스적 사건을 더욱 효과적으로 처리할 수 있도록 지지적인 사회적 맥락을 개발하는 것이다.

4) 생태계위기개입

(1) 전자매체의 영향
전자매체는 자연재난 등에 신속하고 효과적으로 대처하는 데 도움이 될 수 있는 다양한 정보체계에 접할 수 있도록 해 준다. 그리고 광범위한 전자시스템을 통하여 위기개입에 필요한 정보를 수집할 수 있다.

(2) 체계의 상호 의존성
사람들은 생태의 한 부분으로 영향을 주고받는다. 한 지역의 약물남용의 만연 그리고 한 도시의 붕괴는 그 영향이 그곳에 그치는 것이 아니라, 다른 지역에도 영향을 미칠 수 있다. 이러한 지역에서 생활하지 않는 사람은 그 문제로부터 영향을 받지 않기를 바라며, 사회적·재정적 비용을 지급하기를 원치 않는다. 그러나 그 비용의 지불을 연기하면 할수록 장래에 더욱더 큰 비용을 지급할 수도 있다.

(3) 거시체계적 접근
미해결된 위기는 클라이언트의 개인적·사회적·재정적·환경적 자원을 파괴할 뿐만 아니라, 개인이 속하고 있는 생태체계 전체에 영향을 미친다. 생태체계이론에 따르면, 재난을 겪는 사람들의 정서적 외상만을 취급해서는 부족하고 전체체계의 안정과 회복을 위한 노력이 있어야 한다.

위기개입을 위한 체계접근법은 개인의 위기사건이 유발되고 있는 사회적 맥락을 강조한다. 이 접근법에서 위기에 대한 계통적 설명을 하면서 사회환경의 중요성을 강조하는 점은, 정신역동적인 측면과 개인의 초점을 두는 전통적 모델과는 아주 대조적이다. 이는 생태계접근법이 개인의 내면적인 면을 무시한다는 것은 아니다. 이 접근법은 위기의 발생과 해결에서 개인과 가족의 영향을 소홀히 하는 것이 아니라, 개인과 환경의 주요변수의 상호관련성에 관심을 기울인다. 즉, 위기이론가들은 개인의 인지적 체계뿐만 아니라, 사회관계와 문화 및 사회적 요인들을 다 같이 강조한다.

5) 인지행동적 위기개입

인지행동적 접근법의 특성은 다음과 같다.

첫째, 정신 내면적인 것으로, 먼저 개인의 자율적 사고와 도식에 초점을 둔다. 이 부분의 치료 활동은 개인의 신념체계, 자아에 대한 가정, 세계, 경험 그리고 미래와 일반적인 지각을 다룬다. 치료의 두 번째 초점은 대인관계이며, 타인과 관련된 개인의 스타일을 다룬다. 치료의 세 번째 초점은 외적인 것으로 행동변화가 더 나은 대처에 영향을 미치는 것이다.

둘째, 치료자가 치료를 가이드함에 있어서 활동적으로 되고 지시적으로 되도록 격려하기 때문에 모델의 지시성이 중요시된다. 치료자의 직무는 재진술하고, 다시 계통적 설명을 하는 것 이상의 역할을 한다.

셋째, 치료의 공식화가 중요하다. 이것은 치료가 어느 방향으로 진행되는지에 대한 아이디어를 가지고 치료가 어떻게 진행되는지 아는 데 있어 클라이언트와 치료자에게 도움이 되는 개별문제 목록을 설정하게 한다. 이 구조는 위기에 처한 클라이언트에게는 필수적이다.

넷째, 위기개입을 위하여 치료의 단기적인 본질이 요구된다. 일반적으로 인지치료는 12~20세션으로 구성되며, 20주 이상 진행되지 않지만, 위기상황의 치료는 더욱 신속히 할 필요가 있지만, 반드시 20주에 한정할 필요는 없다.

다섯째, 협동해 나가는 것이다. 치료자와 클라이언트는 하나의 팀으로 함께 활동해야 한다. 협동은 항상 동일 비율이 아니고, 위기에 직면한 클라이언트와는 적절하게 배분한다. 역기능적인 클라이언트일수록 치료에 있어 에너지가 덜 활용될 수 있다. 치료의 초점은 그들의 에너지를 최대한으로 활용하도록 하며, 더욱 많은 에너지를 창출하게 한다.

여섯째, 인지치료모델은 치료의 역동적 모델이라는 것이다. 필요에 있어서 역동적·인지적 접근법은 강화된 지식을 통하여 이해를 증진하고, 사고, 신념, 태도에 대한 이해를 증진하기 위하여 개인의 인지표현을 중요시한다.

일곱째, 인지치료는 정신교육적인 치료모델이다. 인지적 치료는 치유모델과는 반대되는 것으로서 기술의 구축 또는 치료의 대처 모델이다.

여덟째, 인지모델은 사회적·대인관계적 모델이다. 우리는 사회적 공백상태에 존재해 있지 않다. 클라이언트와 중요한 타인, 친구, 직장동료 등과의 관계는 모두 도식적으로 기반을 이루고 있으며, 치료의 중요한 초점이 된다.

6. 동기강화모델의 실천기술

동기강화상담은 1982년 노르웨이에서 약물중독 심리치료사들의 슈퍼바이저 역할을 하던 밀러(William Miller)에 의해 개발된 것으로, 내담자 중심적인 변화를 위한 체계적인 사회복지 개입 접근법이다.

기본적인 동기강화모델의 개입기술기법은 OARS인 개방형 질문하기, 인정하기(Affirmations), 반영하기(Reflections), 요약하기(Summaries)가 있다. 그 내용은 다음과 같다(조미숙 외, 2020: 196-197).

1) 개방형 질문하기

개방형 질문하기(Open-ended Questions)는 사회복지사가 아닌 클라이언트의 시각에서 클라이언트의 어려움에 대한 정보를 수집하는 데 도움이 되는 질문형태로 질문하는 것을 말한다. 사회복지사는 열린 질문 또는 개방된 질문을 통해 클라이언트가 자신의 상황을 클라이언트의 생각이 잘 반영되도록 대답할 수 있도록 하는 질문을 하여 클라이언트의 시각에서 정보를 수집하여야 한다.

2) 인정하기

인정하기(Affirmations)는 클라이언트의 강점, 과거의 행동이나 태도 중에서 긍정적인 측면, 좋아진 점, 개선된 점에 대해 인정함으로써 지지하는 것을 말한다. 이를 통해 오랜 어려움 속 클라이언트의 자존감을 높일 수 있고, 사회복지사와 클라이언트의 관계형성에 도움을 줄 수 있다. 이를 긍정하기라고도 한다.

3) 반영하기

반영하기(Reflections)는 사회복지사가 클라이언트의 말을 바꾸어서 한 번 더 말하거나, 클라이언트의 상황 속에서의 생각이나 감정상태에 대해 말을 하므로 사회복지사가 클라이언트의 말을 집중해서 듣고 있고, 공감과 이해를 하고 있음을 보여 주는 것을 말한다. 반영하기는 동기강화모델의 가장 핵심적인 기술이다.

4) 요약하기

요약하기(Summaries) 는 상담하는 동안 나눈 대화내용을 상담이 진행되는 동안 간헐적으로, 또 마지막에 요약하여 전달하는 것이다. 이로 인해, 클라이언트는 자신의 문제에 대해 객관적으로 인식할 수 있고, 사회복지사가 자신의 말을 잘 이해하고 있다는 것을 확인할 수도 있다.

기초기술(OARS)을 통하여 단기간 상담을 진행하면서 사회복지사는 클라이언트에게 스스로 변화진술을 끌어내야 한다. 위의 네 가지 기초기술만을 이용한다면, 클라이언트가 문제에 고착될 가능성이 있으므로 마지막으로 변화진술 끌어내기를 하는 것이 양가감정을 해결하는 데 좋다. 클라이언트 스스로 변화에 대한 스스로 능력, 계획, 이유 등에 대해서 말하도록 하면, 클라이언트의 변화에 대한 의지를 끌어낼 수 있다. 또한 사회복지사는 클라이언트의 변화 진술을 통해 클라이언트의 향후 계획과 방향성에 대해 알 수 있으며, 이를 더 잘 도와줄 수 있다.

여기서 핵심적인 개입기법은 '변화 대화(change talk)'이다. 이는 치료자가 아닌 내담자 스스로가 변화에 대한 욕망, 능력, 이유, 필요성 등에 관해 이야기하는 것을 말한다.

변화 대화를 통해 내담자는 불일치감을 느끼게 되어 스스로 변화해야 한다고 느끼며, 이에 내면의 불일치감을 일치감으로 바꾸려는 변화동기가 유발된다. 이러한 변화 대화에는 현상유지의 단점 말하기, 변화의 장점 말하기, 변화 가능성에 대한 낙관적인 자세에 대해 스스로가 생각하고 표현하기, 변화하고자 하는 의도와 열망, 의지력, 실천의욕에 대해 표현하는 것이 포함된다.

위와 같은 원리와 기법을 통해 클라이언트는 숙고·준비·실행 단계를 거치며, 강화된 동기를 유지하게 된다. 클라이언트의 내재적 힘을 믿고, 클라이언트 중심 개입모델인 동기강화모델은 다른 모델들과 통합하여 적용될 수 있고, 단시간에도 큰 효과성을 띠는 증거기반 실천모델인 만큼 사회복지실천현장에서 유용하게 사용될 모델이다. 그러나 클라이언트와 사회복지사 간의 준비수준이 서로 맞지 않는 경우, 효과를 기대하기 어렵다는 것이 단점으로 작용한다. 또한 모델의 적용방식이 클라이언트 위주이기 때문에 저항행동이 심할 경우에도 효과를 기대하기 어렵다. 따라서, 사회복지사는 이 모델의 적용기술을 익힐 필요가 있다.

연습문제

1. 정신역동모델의 개입기술에 관한 설명으로 옳지 않은 것은?
   ① 직면-핵심이 되는 문제에 초점을 맞춘다.
   ② 훈습-저항이나 전이에 대한 이해를 반복해서 심화, 확장하도록 한다.
   ③ 자유연상-의식에 떠오르는 것이면 모든 것을 이야기 하도록 한다.
   ④ 해석-클라이언트의 통찰력 향상을 위해 상담자의 직관에 근거하여 설명하는 것이다.
   ⑤ 꿈의 분석-꿈을 통해 나타나는 무의식적인 소망과 욕구를 해석하여 통찰력을 갖도록 한다.

2. 심리사회모델에 관한 설명으로 옳은 것은?
   ① 정신분석이론, 자아심리학, 대상관계이론에 영향을 미쳤다.
   ② 클라이언트의 현재와 미래에 초점을 둔다.
   ③ 클라이언트의 수용과 자기결정을 강조한다.
   ④ 외현화 및 인지 구조화기술을 사용한다.
   ⑤ 인간의 내적 갈등보다는 환경을 강조한다는 비판을 받는다.

3. 인지행동모델에 관한 설명으로 옳은 것은?
   ① 탈이론적이다.
   ② 비구조화된 접근을 강조한다.
   ③ 주관적 경험과 인식을 중시한다.
   ④ 클라이언트가 수동적으로 참여한다.
   ⑤ 클라이언트의 무의식적 언행에 초점을 맞춘다.

4. 위기개입모델에 관한 설명으로 옳지 않은 것은?
   ① 클라이언트에게 실용적 정보를 제공하고 지지체계를 개발하도록 한다.
   ② 단기개입 서비스를 제공한다.
   ③ 구체적이고 관찰 가능한 문제에 조점을 둔다.
   ④ 위기 발달은 촉발요인이 발생한 후에 취약단계로 넘어간다.
   ⑤ 사회복지사는 다른 개입모델에 비해 적극적이고 직접적인 역할을 수행한다.

5. 해결중심모델에서 사용하는 질문기법과 그에 관한 예로 옳은 것은?
   ① 관계성 질문 : 재혼하신 아버지는 이 문제를 어떻게 생각하실까요?
   ② 기적질문 : 처음 상담했을 때와 지금의 스트레스 수준을 비교한다면 지금은 몇 점인가요?
   ③ 대처질문 : 어떻게 하면 그 문제가 발생하지 않을 것 같나요?
   ④ 예외질문 : 당신은 그 어려운 상황에서 어떻게 견딜 수 있었나요?
   ⑤ 척도질문 : 처음 상담을 약속했을 때와 지금은 무엇이 어떻게 달라졌는지 말씀해 주세요.

6. 인지적 오류(왜곡)에 관한 예로 옳지 않은 것은?
   ① 임의적 추론 : 내가 뚱뚱해서 지나가는 사람들이 나만 쳐다봐.
   ② 개인화 : 그때 내가 전화만 받았다면 동생이 사고를 당하지 않았을 텐데. 나 때문이야.
   ③ 이분법적 사고 : 이 일을 완벽하게 하지 못하면 실패한 것이야.
   ④ 과잉일반화 : 시험보는 날인데 아침에 미역국을 먹었으니 나는 떨어질거야.
   ⑤ 선택적 요약 : 지난번 과제에 나쁜 점수를 받았어. 이건 내가 것을 의미해.

7. 동기강화모델의 개입과정이 아닌 것은?
   ① 참여   ② 환기   ③ 계획
   ④ 다세대 간 연합   ⑤ 순환적 인과성

정답 1. ④ 2. ③ 3. ③ 4. ④ 5. ① 6. ④ 7. ⑤

PART II

대상 실천기술

Chapter 04. 개인 대상 실천기술

Chapter 05. 가족 대상 실천기술의 기초

Chapter 06. 가족 대상 단계별 실천기술

Chapter 07. 집단 대상 실천기술의 기초

Chapter 08. 집단 대상 단계별 실천기술

Chapter 09. 지역사회 대상 실천기술

Chapter 04

개인 대상 실천기술

개요

사회복지실천의 개입방법은 클라이언트체계의 수준에 따라 개인을 대상으로 하는 실천, 집단을 대상으로 하는 실천, 그리고 지역사회를 대상으로 하는 실천을 말한다. 여기에서는 개인 대상 실천기술을 학습하고자 한다.

학습목표

1. 개인 대상 실천기술의 개념 파악
2. 사회복지사의 역할 및 과제
3. 개인, 가족, 집단에 대한 상호이해

학습내용

1. 개인 대상 실천기술의 개념
2. 개별사회사업의 모델
3. 단계별 실천기술

CHAPTER 04

개인 대상 실천기술

1. 개인 대상 실천기술의 개념

1) 개별사회사업의 개념

1) 개인 대상 사회복지실천의 정의

전통적으로 사회복지실천의 개입방법은 클라이언트체계의 수준에 따라 개인을 대상으로 하는 실천, 집단을 대상으로 하는 실천, 그리고 지역사회를 대상으로 하는 실천으로 분류해 왔다. 개인과의 일대일 관계를 통해 이루어지는 접근방법은 개별지도 또는 개별사회사업으로 불렸으며, 대부분의 사회복지실천 현장에서 가장 빈번하게 활용하는 접근방법으로 알려져 왔다(김혜란 외, 2022: 166).

사회복지실천 대상으로서의 개인은 종전의 개별사회사업실천 대상을 의미한다. 전통적으로 'casework'라고 불리는 개별사회사업은 직접실천 중에서도 가장 오래된 사회사업실천방법이다. 개별실천은 개인적·사회적 문제에 직면해 있는 개인을 일대일로 만나 문제해결을 원조하는 활동으로, 클라이언트가 주변 환경에 적응하도록 도움을 제공하거나, 개인에 영향을 미치는 사회경제적 결핍상태를 완화해 주기 위한 활동이다. 개인 대상 사회복지실천은 원래 개별적인 효과를 나타내려는 지원방법을 의미하는 개념으로, 사회복지기관과 시설에서 개인이나 가족이 사회생활에서 직면하는 문제에 대해 개별적인 접근을 통해 원조하는 데 사용하고 있다.

개별사회사업의 정의는 다음과 같다.

리치몬드(Richmond, 2015a)에 따르면, 개별사회사업은 개인과 그 사회환경 간에 조정을 통해서 개인을 발달하는 과정이다.

바우저(Bowers, 1949)에 따르면, 개별사회사업은 클라이언트와 그가 속한 환경 전체 또는 일부분에서 더욱 나은 적응을 해 나가도록 개인이 가진 능력과 지역사회의 자원을 동원하기 위해서 인간관계에 대한 과학적 지식 및 대인관계의 기능을 활용하는 기술이다.

펄만(Perlman, 2011)에 따르면, 개별사회사업은 사람들이 사회적으로 기능하면서 그들의 문제를 보다 효과적으로 대처해 나가도록 개인을 도와주는 복지기관에서 활용되는 한 과정이다.

결론적으로 개인의 능력을 향상하고, 지역사회의 자원에 초점을 두고 개인의 더 나은 적응을 지원하는 사회복지실천을 개별사회복지실천으로 정의하고 있다.

개별사회복지실천은 개인이 가진 문제에 관심을 두고 사회복지사와 클라이언트의 긴밀한 관계 속에서 개입이 이루어지게 되는 사회복지실천의 방법이다. 개별 클라이언트를 대상으로 하는 사회복지실천의 특징은 다음과 같다(홍봉수 외, 2023: 197-198).

첫째, 개별 클라이언트체계를 중심으로 이루어진다.

둘째, 클라이언트와 사회복지사의 전문적 관계를 강조한다.
셋째, 개인의 문제해결을 위해 다양한 개입모델을 활용한다.

2) 개인 대상 사회복지실천의 개입목표

개인 대상 사회복지실천기술의 궁극적 목적은 클라이언트의 삶의 질을 향상하기 위한 것이다. 이러한 목적을 달성하기 위해서 구체적으로 실행해야 하는 개입의 목표는 구체적이고 단순하며 세분되어야 한다. 개입의 목표는 개입의 방향을 설정하는 역할을 하므로 분명해야 한다. 일반적으로 개인 대상 사회복지실천기술의 목표는 개입을 통해서 변화되기를 바라는 것을 말한다. 그 내용은 다음과 같다.

① 주변 환경이 좀 더 클라이언트의 욕구에 반응하도록 변화하는 것
② 자신과 타인에게 또는 환경에 부정적인 행동을 변화하는 것
③ 관계 변화로 다른 사람과의 관계를 변화하거나, 그 사람에 대한 자신의 인식을 변화하는 것
④ 기능적인 사회적 역할수행에 필요한 기술을 익히는 것
⑤ 필요한 자원이나 정보를 구하는 것
⑥ 중대한 결정을 내리는 것

3) 사회복지의 적용

개인 대상 사회복지실천은 개인적이고 사회적인 문제를 해결할 수 있도록 돕는 데 그 목적이 있다. 즉, 개별사회사업은 개인이 사회에 적응할 수 있도록 돕는 것과, 개인의 특수한 욕구에 따라 서비스를 받을 수 있도록 돕는 것을 모두 포함한다(Zastrow, 2015).

개인의 더욱 나은 적응과 변화를 위해 개인의 능력이나 지역사회자원을 활

용할 수 있도록 돕는 것은, 개별사회사업의 궁극적 목적이다. 개별사회사업의 정의와 그 개념을 이해하고 목적과 특성에 따른 실천적 의미를 파악하기 위해서는 근본적으로 개인 대상 체계에 대한 사회복지의 실천적 구성요소들에 대한 고찰이 필요하다. 또한 그러한 구성요소들의 이해가 전제되어야 개인 대상 실천접근을 위할 필요성과 합리성이 파악된다(김보기 외, 2021b: 99).

이와 관련하여 개별사회사업의 구성요소를 통해 개인 대상 사회복지실천의 개념화를 시도한 대표적 학자인 펄만(Helen Harris Perlman)은 1957년 그의 저서 『사회적 케이스워크: 문제해결과정(Social casework: A problem solving process)』에서, 개별사회사업의 기본적 구성요소로서 '문제(Problem)'를 가진 '사람(People)'이 일정 '장소(Place)'에서 전문적 '과정(Process)'을 통해 원조받는, 이른바 4P를 제시한 바 있다(Perlman, 1957). 이어서 그는 기존의 4P에 전문가(Professional)와 제공자원(Provisions)을 더 추가하여

『사회적 케이스워크』
(1957)

6P(Perlman, 1986)를 제시하면서 구성요소의 체계를 설명하였다. 즉, 사회복지실천은 개인정서적·사회적 문제를 가진 개인이 기관을 통해 전문적인 원조를 받는 과정으로써, 전문지식과 기술을 갖춘 전문가가 지역사회의 각종 자원을 제공하고 조정하는 활동을 펼치는 것으로 정의할 수 있다(이경준 외, 2018: 130).

그러므로 개별사회사업의 실천은 전문적이고 과학적인 원조를 제공하는 데 요구되는 지식과 기술, 특히 대면관계를 통한 접근과 효과성을 제고하기 위한 기초로서의 면접과 의사소통기술에서부터 클라이언트와의 원조관계 형성(개별화, 의도적 감정표현, 통제된 정서적 관여, 수용, 비심판적 태도, 자기결정, 비밀보장 등), 문제 파악과 욕구 사정, 기록 등을 통해 접근한다.

2. 개별사회사업의 모델

개별사회사업의 모델개별사회사업 방법의 주요 모델은 사회복지사와 클라이언트가 일대일로 사례과정을 이끌어 가는 것이 특징이다. 로버츠와 니(Robert W. Roberts & Robert H. Nee)가 1970년 그들의 저서 『사회적 케이스워크 이론(Theories of Social Casework)』에서 주장하는 개별사회사업의 모델은 다음과 같다(Roberts & Nee, 1970).

(1) 심리사회접근모델

심리사회접근모델의 관점은 체계이론에 근거하고 있다. 이 접근에서 시도하는 진단과 치료는 인간과 그의 외부환경과 상호작용에 중점을 두고 있다. 아울러 이 모델에서는 개입이 클라이언트의 욕구에 의해 달라져야 한다는 점을 강조하고 있다. 따라서, 사회복지사는 클라이언트의 복지향상을 위해 합의한 내용에 따라 클라이언트를 수용해야 하고, 클라이언트의 욕구를 우선하는 '타인 중심' 관계여야 하며, 편견을 버리고 클라이언트를 과학적 형체로 이해해야 한다.

(2) 기능주의모델

기능주의모델은 인간의 본질에 관한 이해, 사회복지실천의 목적에 관한 이해, 과정의 개념에 관한 이해를 강조한다. 기능주의적 접근은 성장심리학에 근거하기 때문에 변화를 사회복지사 중심이 아닌 클라이언트 중심으로 보았다. 또한 이 모델에 따르면, 사회복지실천의 목적은 클라이언트에게 주어진 건강한 개인적·사회적 조건을 위해 영향을 주는 것이고, 사회복지실천기관을 통해 전체 과정을 돕는 과정임을 강조하였다.

(3) 문제해결모델

문제해결과정은 클라이언트의 곤경을 해결하기 위해 사람이나 대상 및 환경을 조작하는 것이 아니고, 활동적인 사회복지사와 클라이언트와 주변 환경 간 이루어지는 교류를 발전적으로 증진하여 나가는 것을 의미한다. 치료에 중점을 두지 않고 주변의 자원을 적극적으로 활용하여 문제해결의 기능을 강화하는 데 전력한다. 이 모델에서 강조하는 요점 중 하나는 문제를 느끼고 문제를 안고 다니며, 문제를 경험하고 있는 자는 바로 도움을 얻고자 하는 클라이언트라는 사실이다. 문제해결모델은 클라이언트가 지니는 문제의 해결은 클라이언트를 통하고, 클라이언트와 함께 클라이언트의 힘을 빌려 가능하다는 점을 강조한다.

(4) 행동수정모델

행동수정모델은 행동수정에 관한 지식과 실천의 대두와 함께 개별사회복지사들이 이 분야에 관심을 두면서 자연스럽게 개발된 것이다. 클라이언트의 특정 행동을 변화하거나 지속하기 위해 개별사회복지사들이 행동수정모델을 활용하게 되었다. 예컨대, 아동들에게 과제나 일상을 모범적으로 하면 스티커를 주고, 일정 수의 스티커를 가져오면 스케치북을 주는 것이 바로 이 모델을 적용한 것이다. 이 모델에서는 클라이언트의 부적절한 행동이나 사고를 변화하기 위해 행동주의 이론에서 강조하고 있는 학습이론의 원리를 토대로 하고 있다.

(5) 위기개입모델

개별사회사업의 실제에서 위기이론과 이 이론의 적용에 갑자기 관심을 두게 된 것은 1960년대 이후이다. 이론적으로 위기개입은 정신분석이론을 비롯하여 인간행동의 여러 이론을 기초로 하고 있다. 위기개입의 목표는 클라이언트가 당면하고 있는 위기를 해소하는 데 있다. 클라이언트가 직면하고 있는 위기를 심리적으로 해소하고, 그래서 적어도 클라이언트가 위기기간 이전에 보존하고 있었던 기능 수행의 수준까지 회복하는 것이다.

3. 단계별 실천기술

1) 준비단계

(1) 접수

접수(intake)란 문제를 가진 사람이 사회복지기관을 찾아왔을 때, 사회복지사가 그의 문제와 욕구를 확인하여 그것이 기관의 정책과 서비스에 부합되는지를 판단하는 과정이다. 접수를 통해 그 기관에서 적합한 서비스를 줄 수 있다고 판단될 때, 사회복지사를 찾아온 사람은 클라이언트가 되어 그다음 실천과정을 거쳐 적절한 서비스를 받게 된다. 접수과정은 클라이언트를 클라이언트로 할 수 있는지를 판단하는 첫 단계로서 앞으로 진행될 전문적 관계의 과정을 결정하는 중요한 만남이다. 일반적으로 접수 시 사회복지사에게 주어지는 시간은 매우 짧으므로 이에 대비한 여러 가지 기술 습득이 필요하다. 그 내용은 다음과 같다(홍봉수 외, 2023: 198-199).

① 접수의 목적

접수단계에서 달성해야 할 목적은 클라이언트가 직면하고 있는 문제를 기관의 도움을 이용하여 해결해 나갈 수 있는가의 적격성(eligibility) 여부를 결정하는 데 있다. 접수단계의 목적을 구체적으로 살펴보면 다음과 같다.

첫째, 클라이언트가 기관을 찾지 않으면 안 되는 상황을 명확히 이해하고 파악하는 것이다.

둘째, 클라이언트가 자기의 문제를 어떻게 보며, 그것에 관하여 어떻게 느끼고 있으며, 그리고 어떻게 생각하는가, 또 장래에 대해 어떤 희망과 계획을 하고 있는가 등을 파악하는 것이다.

셋째, 문제에 관하여 기관이 무엇을 할 수 있는가를 생각하고, 기관의 기능으로 클라이언트의 욕구에 따른 도움을 줄 수 있는지의 여부를 결정하는 것이다.

넷째, 기관이 클라이언트가 자신의 문제를 해결하기 위하여 제공하는 도움을 이용할 능력을 갖추고 있는지에 관해 예비적 평가를 하는 것이다.

다섯째, 기관의 기능, 서비스를 제공하는 방법 등을 설명하는 것이다.

그러므로 접수단계는 기관의 서비스와 기능에 대한 설명을 명백히 하여 적합한 사례인가를 결정하고, 기관의 클라이언트로서 도움을 받기로 잠정적인 결정을 한다. 그리고 부적합한 사례에 대해서는 클라이언트와의 면접으로 그의 문제해결에 적합한 시설이나 기관을 소개하고 의뢰(referral)한다. 이때 단순히 사무적으로 처리할 것이 아니라, 의료의 의미를 서로 이야기하여 확실한 동기를 부여해야 한다.

② 접수단계의 기술

전통적인 문제해결과정에서 클라이언트와의 첫 대면은 향후 원조과정의 지속 여부와 방향을 결정하는 중요한 일이라고 할 수 있다. 따라서, 사회복지사는 클라이언트 스스로가 사회복지실천 상담이 긍정적이며 생산적이라는 확신을 하게 하는 기술이 필요하다.

사회복지사는 개인적으로나 전문적으로 접수단계에 필요한 기술을 활용함으로써, 서비스의 효과적인 전달이 초기부터 가능하도록 해야 한다. 상담자인 사회복지사와 클라이언트의 상호 간의 소개와 함께 상담의 목적과 방향, 클라이언트의 기대와 기관의 정책과 규정, 윤리원칙에 대한 검토를 통해 클라이언트에게 제공되는 서비스에 대한 이해와 더불어 적극적 참여를 끌어내야 한다.

③ 접수단계의 과제
ⓐ 관계형성

관계형성은 기관을 찾는 클라이언트들이 일반적으로 새로운 환경에 대한 두려움과 양가감정을 해소하기 위해 사회복지사와 상호 긍정적인 친화관계, 즉 라포(rapport)를 형성하는 것이다. 라포가 형성됨으로써 효과적인 의사소통을 할 수 있다. 사회복지사는 클라이언트의 문제에 대한 이해와 진실한 관심을 표명함으로써 클라이언트가 수용감과 존중감을 전달받을 수 있도록 해야 한다. 이를 위하여 사회복지사는 클라이언트를 가장 효율적으로 대할 수 있는 전문적 자질을 갖추어야 하는데, 이는 관계의 원칙을 잘 지킴으로써 클라이언트와의 신뢰적 관계를 형성할 수 있게 된다. 또한 관계형성이 어려운 클라이언트에게는 인내심과 깊은 관심, 의미를 부여해 주어야 한다. 관계형성은 개입과정 초기에 집중적으로 이루어지기는 하지만 개입기간 내내 진행되는 지속적인 과정이다. 초기 접수과정에서 사회복지사의 효과적 관계형성기술로써 경청, 침묵의 허용, 감정이입, 클라이언트의 저항 다루기 등이 있다.

ⓑ 문제확인

클라이언트의 문제가 무엇인지를 확인하는 것이다. 문제확인에서는 문제의 성질, 문제의 중요성, 문제의 원인, 클라이언트의 문제해결 노력과 방법, 기관에 요구하는 해결책, 클라이언트의 문제해결방법과 기관의 성격 등을 확인하는 단계이다. 이때 클라이언트의 실제 문제가 무엇인지 정확하게 파악하고, 기관에서 그에 관한 서비스를 제공할 수 있는지 평가하여야 한다.

ⓒ 원조과정에 대한 안내

클라이언트에게 서비스 제공을 결정한 후에는 서비스 제공에 대한 규칙과 조건, 그리고 서비스 제공 과정에서 사회복지사와 클라이언트가 각기 수행해야 할 역할 등에 대하여 설명해 준다. 제공해야 할 사항은 서비스에 관련된 세부사항, 즉 시간, 장소, 빈도, 모임 횟수, 프로그램 진행시간 등이 포함된다.

ⓓ **의뢰**

클라이언트가 서비스에 대한 정보를 얻게 되면, 사회복지사는 서비스의 수혜 여부를 결정하게 된다. 의뢰(referral)는 클라이언트의 문제와 욕구를 기관에서 해결할 수 없을 경우 또는 문제해결에 더 적합한 기관이 있으면, 다른 기관으로 클라이언트를 보내는 것이다. 그러나 의뢰하는 과정에서도 반드시 클라이언트의 동의가 필요하며, 사후 의뢰된 기관에서 클라이언트가 서비스를 적절히 받고 있는지 확인이 필요하다.

2) 초기단계

(1) 조사

조사(survey)는 어떤 일이나 사실 또는 사물의 내용 따위를 명확하게 알기 위하여 자세히 살펴보거나 밝히는 것으로, 개인실천에 있어서 사정(assesment) 또는 진단(diagnosis)을 하는 데 필요한 기본 자료를 수집하는 것이다. 어떤 의미에서는 좁은 의미의 조사단계가 시작되는 것으로 초기단계는 조사의 첫 단계로 생각될 수 있다.

조사는 클라이언트의 문제를 최대한 이해하기 위해 될 수 있는 한 많은 자료를 모아야 하고, 클라이언트의 특성에 따라 자료수집이 다를 수 있다. 어떤 의미에서는 클라이언트를 이해하기 위해 클라이언트의 현재 상황과 문제에 영향을 미치고 있는 여러 가지 요인들을 파악하고, 이러한 파악을 하기 위하여 사실을 수집하는 조사는 꼭 필요한 것이다.

(2) 자료수집

자료수집(data collection)은 클라이언트와 클라이언트가 가진 문제를 이해하는 데 필요한 사실을 모으는 과정으로, 실천의 전 과정에 걸쳐 이루어지는 지속적인 과정이다. 자료수집 시 클라이언트의 언어적 표현과 비언어적 행동이 일치하지 않을 경우, 비언어적 행동에 더 주의를 기울여야 한다. 그리고 클라이언트와 사회복지사의 상호작용 유형은 클라이언트와 제3자의 상호작용 유형을 짐작할 수 있게 한다. 수집된 자료는 클라이언트를 둘러싼 주변체계에 대한 정보도 포함해야 한다(황인옥, 2023: 160).

(3) 사정

사정(assessment)은 클라이언트의 문제와 원인이 무엇인지, 그리고 문제를 완화·해소하기 위하여 무엇이 변화될 수 있는지를 탐사하는 사회복지실천과정의 핵심적 단계이다. 따라서, 사정은 클라이언트의 욕구나 문제해결을 위한 자원을 조사하여 사회복지사의 개입계획을 세우기 위한 토대를 제공하는 것이다. 즉, 사정은 클라이언트의 욕구를 파악한 후, 이 욕구에 따라 사회복지사가 실천 가능한 프로그램을 결정하게 된다.

클라이언트들의 문제는 클라이언트 개인이나 가족 및 집단만이 포함되는 것이 아니라, 사람들이 생활하는 보다 큰 지역사회나 각종 체계들을 포함한다. 따라서, 사정은 개입의 전 과정에 걸쳐 행해지며, 사정의 내용으로 크게 욕구 및 문제의 발견, 정보의 발견, 문제형성 등이 있다.

사정은 자료를 수집하여 분석하고 종합하는 과정으로, 개입과정 전체의 가장 핵심적인 부분이라고 할 수 있다. 사정을 통해 목표를 설정하여 개입하게 되므로, 개입의 효과는 사정의 정확성에 달려 있다고 볼 수 있다.

(4) 계획

계획과정은 수집된 자료를 근거로 하여 사회복지사와 클라이언트가 상호 협의에 의하여 다루어야 할 문제를 정의하고 목적을 구체화하고 문제로부터 목적으로 옮겨가기 위하여 계획된 중재방법을 제공하는 과정이다. 계획단계에서 가장 중요한 과업은 목표를 설정하는 것이다. 목표설정(goal selection)은 클라이언트의 능력을 고려하여 현실적이고 실현 가능한 구체적인 것으로 책정되어야 한다. 즉, 목표를 설정할 때는 앞의 사정과정에 나타난 욕구나 문제를 근거로 설정하여야 한다(김혜란 외, 2022: 177-178).

사회복지실천과정에서 목표설정이 중요한 이유는, 사회복지사와 클라이언트에게 개입과정의 방향을 명확히 제시해 주어 방황 없이 진행할 수 있도록 도와주고, 개입이 끝난 후 그 결과를 효과적으로 평가할 수 있게 해 주기 때문이다. 목표를 설정할 때의 지침으로 목표는 반드시 클라이언트가 바라는 것, 측정 가능한 것, 달성 가능한 것, 사회복지사의 지식과 기술에 상응하는 것, 긍정적인 것, 기관의 기능과 일치해야 한다. 수집된 정보를 바탕으로 사정을 통해서 적절한 개입목표를 정해야 한다. 적절한 목표를 설정하는 것은 능률적인 개입과 개입의 효과를 높이는 데 필수적이다.

목표가 설정되었을지라도 다양한 목표가 설정될 수 있으므로 목표에 우선순위를 정하는 것이 바람직하다(홍봉수 외, 2023: 209).

첫째, 클라이언트에게 가장 시급한 문제
둘째, 가장 단기간에 성취하여 만족감을 느낄 수 있는 것
셋째, 클라이언트가 목표달성에 전력을 다할 동기가 있는 것
넷째, 기관의 기능에 적합하고, 사회복지사의 능력에 준해 달성 가능한 것

(5) 계약

계약(contract)은 목표를 달성하기 위한 구체적인 계획에 대해 사회복지사와 클라이언트가 서로 동의하는 것을 말한다. 계약은 클라이언트에게 구체성과 참여감을 주기 때문에 문제와 과업을 수행하려는 클라이언트의 동기를 배양하고 강화할 수 있고, 클라이언트가 자신의 활동을 통해서 합의된 목적과 목표에 도달하는 것은 자아존중감을 향상하고 상황에 영향을 미칠 수 있다는 자신감을 느끼게 한다.

계약은 원조과정의 첫 단계로 구체적 활동이지만, 전 과정을 통해 계속된

다. 또한 계약은 단기 또는 장기적으로 이루어질 수 있다. 계약의 핵심은 클라이언트와 사회복지사 간의 지속적인 책임소재를 분명히 하는 것이다. 따라서, 클라이언트는 서비스를 통한 수동적 수혜자가 아니라, 전 과정에 능동적으로 참여하려는 자세를 가져야 한다(홍봉수 외, 2023: 209).

3) 중간단계

(1) 목표설정

초기단계가 끝나고 나면 변화를 위한 목표가 설정되어야 한다. 목표는 다시 궁극적으로 달성해야 하는 최종 목표와 이를 실천하기 위한 세부 목표가 세워져야 한다. 클라이언트의 문제는 복합적이기 때문에 개입목표를 설정하기 위해서는 사정과정에서 다양하게 드러난 문제 중에서 가장 중요하고 시급히 해결해야 할 문제를 선정하여 개입목표를 설정한다. 이러한 목적을 달성하기 위해서 실행해야 하는 개입목표는 구체적이고 단순하며 세분되어야 한다

(2) 실천기술

초기 활동을 마친 후 사회복지사와 클라이언트는 중간단계로 들어가게 된다. 이 단계는 사회복지사와 클라이언트가 초기단계에서 설정한 목표를 달성하고 문제를 해결하기 위한 구체적인 행동을 실천하는 단계이다. 중간단계는 변화를 일으키기 위한 직접적인 과정이면서 사회복지실천과정의 핵심적인 단계이다.

중간단계의 기술이란 문제해결을 위한 접근이 필요한 실천과정의 기술을 말한다. 여기에는 문제해결이나 적응, 성장발달을 위한 클라이언트의 능력을 향상하고 회복하는 기술, 사회적 기능을 향상할 수 있는 자원, 서비스, 기회 등을 제공할 수 있는 지역사회체계로 사람들을 연결하는 기술 등이 포

함된다.

사회복지사가 클라이언트에게 영향력을 행사하며, 의도적인 변화를 일으키는 과정이고, 결과적으로 클라이언트는 자신이 직면한 문제를 해결하거나 자신의 능력과 잠재력을 개발하는 것이 핵심적인 내용이다.

구체적 개입기술은 모델링, 인지적 재구조화(cognitive restructuring), 연습(rehearsal) 등의 상담기술이나 조언, 교육 등의 기술이 포함된다. 이러한 개입기술은 전문가로서의 지식과 신념, 경험 등이 필요하며, 특정한 개입방법을 선택하는 데 따르는 명확한 근거와 전문가적인 판단이 중요하다.

4) 종결단계

종결단계(termination phase)는 사회복지실천과정의 최종 단계이다. 종결작업은 클라이언트의 사회적 기능을 강화하는 동시에, 사회복지사와 클라이언트가 개입의 전 과정을 통해 같이 발전시켜 온 성과를 이해하는 과정이기도 하다. 사회복지사는 클라이언트가 종결을 준비할 수 있도록 개입의 후반에서부터 종결 준비를 해야 한다. 클라이언트는 안정적이고 우호적인 관계가 끝난다는 데에 기쁨과 서운함, 두려움, 불안 등 다양한 감정을 경험하게 된다.

종결단계는 목표달성에 따라 또는 목표달성의 여부와 상관없이 사회복지사와 클라이언트의 전문적 원조관계를 끝내는 과정을 말한다. 그러나 종결단계는 갑작스러운 종결을 피하여야 하며, 점차적으로 클라이언트가 종결을 준비할 수 있도록 과정이 마련되어야 한다. 종결은 클라이언트의 목표가 달성되었거나, 클라이언트의 변화를 기대할 수 없거나, 다른 기관에 의뢰할 때, 클라이언트가 개입을 거부할 때 이루어진다.

그러므로 사회복지사는 이러한 클라이언트의 정서적 반응을 이해해야 하며, 잘 감지하여 적절한 보살피기를 해 주어야 한다.

연습문제

1. 사회복지실천 과정에서 접수(intake)단계의 과제로 적절하지 않은 것은?
   ① 원조관계의 수립
   ② 개입목표의 설정
   ③ 클라이언트의 동기화
   ④ 클라이언트의 문제 확인
   ⑤ 클라이언트의 저항감 해소

2. 종결 유형에 따른 사회복지사의 반응으로 옳은 것은?
   ① 사회복지사의 이동으로 인한 종결 – 원망을 듣지 않기 위해 사례를 조기 종결한다.
   ② 클라이언트의 일방적 종결 – 끝까지 개입을 지속할 것을 강요한다.
   ③ 시간제한이 없는 종결 – 종결 시기는 클라이언트만이 결정할 수 있다.
   ④ 시간제한이 있는 종결 – 시간이 중요하기 때문에 목표에 대한 평가를 필요로 하지 않는다.
   ⑤ 일정 기간만 제공되는 서비스의 종결 – 서비스의 특성을 설명하고 필요한 경우 다른 기관에 의뢰한다.

3. 사정에 관한 설명으로 옳지 않은 것은?
   ① 의료모델에서 나온 용어이다.
   ② 개입을 위해 문제상황을 파악한다.
   ③ 클라이언트의 강점과 자원을 확인한다.
   ④ 이웃이 제공한 의견도 사정 자료로 활용한다.
   ⑤ 사회복지사와 클라이언트 간 쌍방적 활동이다.

4. 사회복지실천 과정의 목적과 목표에 관한 설명으로 옳지 않은 것은?
   ① 목표는 사회복지사의 전문적 판단으로 설정해야 한다.
   ② 목표는 클라이언트가 바라는 바와 연결되어야 한다.
   ③ 목적은 장기적이고 긍정적인 결과의 형태로 제시되어야 한다.
   ④ 목표가 여러 개일 경우에는 클라이언트에게 가장 시급한 것을 최우선 순위로 설정한다.
   ⑤ 목적은 사회복지실천을 통해 변화되기 원하는 방향의 형태로 진술되어야 한다.

5. 개인 대상 사회복지실천기술에 관한 내용의 연결이 옳지 않은 것은?
   ① 재보증 : 클라이언트의 불안감이나 불확실한 감정을 줄이고 편안한 감정을 가질 수 있도록 돕는 기법
   ② 명료화 : 클라이언트가 말한 내용을 사회복지사가 잘 이해했는지 확인하는 기법
   ③ 환기 : 클라이언트의 부정적 감정이 문제해결에 방해가 될 경우 감정의 강도를 약화하는 기법
   ④ 인정 : 클라이언트가 어떤 행동을 하거나 중단한 이후 이에 대해 긍정적으로 평가해 주는 기법
   ⑤ 도전 : 클라이언트가 부여하는 의미를 수정해서 클라이언트의 시각을 변화하는 기법

정답 1. ③ 2.. ⑤ 3. ① 4. ① 5. ⑤

Chapter 05

가족 대상 실천기술의 기초

개요

가족복지실천은 가족구성원 개개인은 물론 가족 전체를 한 단위로 하면서 보호, 보장, 강화를 도모하는 조직적 제반 활동이다. 가족복지실천의 주요 대상이 될 수 있는 가족은 한부모가족, 배우자학대가족, 비행청소년가족, 장애인가족, 알코올중독자가족, 치매노인가족 등이 포함된다. 여기에서는 가족 대상 실천기술을 학습하고자 한다.

학습목표

1. 가족의 개념 파악
2. 사회복지사의 역할 및 과제
3. 개인, 가족, 집단에 대한 상호이해

학습내용

1. 가족의 개념
2. 가족생활주기
3. 가족치료의 주요 모델
4. 가족사정의 검사도구

CHAPTER
05　가족 대상 실천기술의 기초

1. 가족의 개념

1) 가족의 정의

　가족은 사회의 가장 기본적인 단위이며, 인간의 생리적·정서적·경제적 욕구를 충족시켜 주는 1차 집단이다. 가족은 보호와 애정, 경제적 부양, 자녀의 양육과 사회화, 종족보존, 교육 등 다양한 기능을 수행한다. 오늘날 가족은 핵가족에서 소가족화로 되어 가고 있으며, 가족의 구조도 한부모가족, 노인가족, 조손가족, 독신가족, 다문화가족, 공동체가족 등 다양한 형태로 나타나고 있다(장미리 외, 2022: 350).
　일반적으로 가족은 결혼이나, 혈연, 입양의 관계로 결합되어 가족이라는 정체감과 유대감을 가지는 상호의존적인 사람들로 정의된다(고명수 외, 2018: 195). 가족에 대한 정의는 역사와 정치, 문화, 사회에의 환경에 따라 변화되었으며, 개인의 인생관 등 여러 여건에 의해서도 다양한 정의를 내릴 수 있다. 전통적 개념으로는, 부부 중심의 혈연 또는 법적 관계를 통한 자녀가 함께 있는 의미로 정의되고, 근대적 개념으로는, 혈연과 법적 관계에 기초한 생산 및 재생산기능을 초월하여 정서적으로 연대 성향이 강한 특성으로 정의할 수 있다. 후기 근대 가족 개념은, 전형적인 가족 이데올로기를 뛰어넘어 남성 가장이 생계를 유지하는 가정에 대해 문제를 제기함으로써 양성평등적인 가족 내 역할과 기능을 수행하는 사회적 구성체로 설명하고 있다.

가족이란 원칙적으로 남녀의 성 결합을 전제로 하는 혼인과 혈연으로 이루어진 집단을 말한다. 성 결합이 없는 부부는 있을 수 없고, 혈연관계 이외에 양자의 경우처럼 가족을 구성하는 경우도 있지만, 이것은 예외적인 것은 아니다. 동물의 세계에서 조류 가운데는 암컷과 수컷이 거의 항구적으로 짝을 지어 새끼를 낳고, 얼마 동안은 어린 새끼를 함께 양육하며, 가족의 형태로서 생활하는 몇몇 종이 있으나, 이 밖에 척추동물(vertebrate)이나 포유동물(mammal)에서는 유인원(antropoidape)을 제외하고는 가족의 구성을 찾아볼 수 없다(현승일, 2012: 120).

가족의 두 가지 주요 기능을 1차적 사회화 기능과 인격형성이라고 규정한다. 즉, 1차적 사회화(primary socialization)란 출생에 따라 소속된 사회의 문화적 규범을 학습하는 과정을 말한다. 이 과정이 아동의 초기 유년기에 집중적으로 이루어지기 때문에 가족은 인간의 인격발달에 가장 중요한 환경을 제공한다. 인격형성(personality stabilization)이란 성인 가족구성원을 정서적으로 도울 때 발휘되는 역할을 일컫는다. 성인 남녀 간의 혼인이란 성인 인격체끼리 서로를 지지해 주고 정서적으로 건강해지도록 배려해 주는 사회적 버팀목인 것이다.

파슨스(Talcott Parsons, 1902~1979)는 핵가족(nuclear family)을 산업사회의 요구에 가장 잘 부응할 수 있는 가족단위로 규정했다. 그에 따르면, 남편은 생계부양자(breadwinner)로서 '도구적(instrumental)' 역할을

탈콧 파슨스

수행하고, 아내는 가족구성원의 '애정적(affective)', '정서적(emotional)' 역할 담당자라고 전제하고 있다(Giddens, 2021: 595). 따라서, 파슨스의 이론은 오늘날 낡은 이론임이 틀림없으나, 사회에서 가족이 담당하는 역할을 설명했다는 점에서 어느 정도 기여한 바가 있다.

결론적으로 가족은 여전히 배우자 간의 정서적 · 사회적 · 경제적 유대 및 생식과 성관계, 아동 · 노인 · 장애인 부양, 아동의 사회화 교육, 가족구성원의 보호, 가족구성원의 정서적 보호와 오락, 재화와 용역의 교환 등 주요한 기능을 수행하고 있다.

2) 가족체계

가족은 사회를 형성하는 구성요소로서 가족구성원에게 정서적 안정과 지원을 제공하며, 구성원 간의 상호작용을 통해서 서로에게 영향을 미치는 하나의 사회체계이다. 즉, 가족은 부부관계, 부모-자녀관계, 형제자매관계를 통해서 서로에게 영향을 주고 영향을 받기도 하면서 가족 전체의 기능에 기여하는 상호 연결된 체계인 것이다.

가족에서 하위체계는 세대, 성, 흥미, 취향 등에 따라 형성되어 부부, 부모, 형제자매, 여성, 남성 등의 여러 하위체계가 있고, 가족구성원 개개인은 동시에 여러 개의 하위체계에 속하여 각각의 역할과 권력을 가지게 된다. 그리고 이들 하위체계 사이에 그리고 가족 외부의 상위체계와 상호 의존적 관계를 갖는다.

가족의 가장 대표적인 하위체계는 부부, 부모 및 형제자매 하위체계이다. 부부하위체계는 부부 각자에게 친밀감, 지지, 헌신 경험과 개인적 성장의 기회를 좌우하고, 자녀에게 결혼생활모델과 성역할 및 상호작용 패턴을 보여 준다. 만일 부부하위체계에 역기능이 발생하면 부모 및 형제자매 하위체계도 영향을 받게 된다.

부모하위체계는 자녀양육과 지도, 훈육에 대한 책임을 갖고 자녀의 발달에 큰 영향을 미치며, 자녀하위체계보다 더 많은 권력을 갖는 세대 간 위계구조가 존재한다. 동시에, 자녀의 행동과 발달 정도, 세대차의 극복 정도에 따라 부모의 정서적 만족과 갈등, 그리고 가족의 안정성이 영향을 받는다. 형제자매하위체계는 아동의 또래관계에서의 애착과 경쟁과 협상, 협동 등의 대인기술과 사회성발달에 영향을 미치고, 이를 토대로 가족 외의 대인관계에도 영향을 미치게 된다. 이외에 조부모, 부녀, 모자, 부자, 모녀, 손자녀 등의 하위체계도 가족체계에 존재하며, 부부, 부모, 형제자매 등의 하위체계들과 영향을 주고받는 방식에 따라 가족의 구조적 특성과 기능이 달라진다.

한편, 가족은 집단, 조직, 지역사회, 국가 등과 같은 상위체계와의 상호작용을 통해서 영향을 받으면서 유지하고 발전한다. 가족체계가 상위체계와의 관계에서 개방적일수록 다른 사회체계의 변화에 쉽게 적응할 수 있으며, 자원을 효율적으로 활용할 수 있다.

사회의 기본적 집단으로서 가족은 개인이 성장하고 발달하는 데 가장 친밀하고 영향력 있는 사회환경이다. 체계로서의 가족의 특성은 다음과 같다(Rhodes, 1980).

첫째, 가족구성원은 가족 내에서 상호의존상태에 있는 다양한 위치를 가진다. 위치, 지위, 행동, 또는 한 구성원의 역할에서의 변화는 다른 구성원들의 행동변화를 가져온다.

둘째, 가족과 가족 외부체계를 구분하는 경계의 두께는 그 엄격함과 침투성의 정도에 따라 다양하다.

셋째, 가족은 시간이 지나면서 반복되는 상호작용 패턴을 나타내는 적응과 균형을 추구하는 단위이다.

넷째, 가족은 더 큰 사회체계를 대표하는 외부체계의 요구 그리고 가족구성원들의 내적 욕구와 요구를 모두 충족시켜야 하는 과업수행 단위이다. 개인적 욕구와 사회적 욕구 간의 상호성이 가족구성원의 사회화인 것이다.

그러므로 사회체계적 관점에서 가족의 중요한 과업은, 가족구성원으로 하여금 그들이 속해 있는 사회가 바람직한 것으로 규정하고, 사회구성원들이 공유하고 있는 가치관이나 신념을 내면화하는 사회화와 사회통제라고 할 수 있다. 이러한 과업을 수행함으로써 가족은 개인발달에 큰 영향을 미치는 사회환경이 되는 것이다.

3) 사회복지의 적용

사회복지실천에서 가족에 대한 접근은 모든 가족이 사회적 체계라는 사고에 근거한다. 이러한 관점은 그동안 개인의 문제로 받아들여졌던 문제들을 관계와 사회적 상호작용이라는 측면에서 파악할 수 있게 한다. 가족은 가족구성원 개개인뿐만 아니라, 집단, 조직, 지역사회 등 그들이 상호작용하는 광범위한 환경체계에까지 영향을 미치므로 사회복지사는 가족의 문제를 다룰 때 '어떤 일이, 왜 일어나는가'가 아니라, '무슨 일이 일어나고 있는가'에 관심을 두고 개입해야 한다. 더불어 사회복지사는 실천의 대상인 가족이 갖는 다양한 유형과 특징에 대해서 충분히 파악하고, 가족이 직면한 복잡한 문제와 상황을 체계적인 관점에서 사정할 수 있어야 한다. 이를 바탕으로, 가족의 문제를 효과적으로 해결할 수 있는 전문적인 지식과 기술을 충분히 갖추는 동시에, 성적·인지적 관점에서 사회적으로 형성된 성역할과 가족역동성을 가족구성원이 이해하도록 도우며, 가족구성원들이 효과적인 선택을 할 수 있도록 가족의 역량을 강화해야 한다.

가족복지실천은 가족구성원 개개인은 물론 가족 전체를 한 단위로 하면서 보호, 보장, 강화를 도모하는 조직적 제반 활동이다. 가족은 사회복지실천의 기본 단위로서 가족 중심 사회복지실천은 지속해서 발달하여 왔다. 가족이라는 복합성, 포괄성 때문에 가족복지실천은 다른 분야인 아동, 노인, 장애인, 여성문제 등의 분야와 겹치게 된다. 그런데 특정 대상을 취급하는 다른 분야와 달리 가족복지는 가족구성원 개개인은 물론 가족 전체를 취급하는 것이 특징이라고 할 수 있다. 가족복지실천의 주요 대상이 될 수 있는 가족은 한부모가족, 배우자학대가족, 비행청소년가족, 장애인가족, 알코올중독자가족, 치매노인가족 등이 포함되기 때문이다(천정웅 외, 2019: 263).

그러므로 가족체계 안에 있는 구성원 전부는 상호 간에 영향을 미치고 있으며, 그와 동시에 구성원 각자와 전체로서의 가족은 다른 사회환경체계의 영향을 받는다. 따라서, 가족구성원, 가족, 더 큰 사회체계의 욕구와 이들 간의 상호작용을 고려하여 사회복지실천이 형성되어야 한다.

2. 가족생활주기

1) 가족생활주기 이론

가족생활주기는 개인의 발달과 마찬가지로 시간과 더불어 변화하는 가족생활의 변화과정을 가족구성원의 변화와 성장에 따라 발생하는 보편적 발달단계로 개념화한 것이다. 모든 인간이 생활주기를 거치듯, 모든 가족도 생활주기를 따라 단계적으로 발달하고 변화한다는 기본 전제를 하고 있다. 따라서, 가족생활주기 관점에서 가족문제는 가족이 각 생활주기단계의 적응과정에서 많은 스트레스를 경험하게 되는데, 이것을 가족문제의 원인이 된다고 본다.

전략적 가족치료자인 헤일리(Jay Douglas Haley, 1923~2007)는 가족문제란 가족이 가족생활주기상에서 이 단계에서 다음 단계로 전환하면서 생기는 어려움이라고 하였다. 가족생활주기이론은 가족 문제를 일반적인 현상으로 정상화하는 데 많은 도움을 주고, 문제나 현상에 대해서도 전통적이고 단선적인 인과론적 관점을 순환적 사고로 전환하는 가교역할을 한다(김정진, 2019: 417).

2) 가족생활주기 단계와 발달과제

가족생활주기의 단계는 학자에 따라 다르게 구분된다. 가족생활주기에 관한 대표적인 학자로는 가족사회학자인 힐(Reuben Hill)과 듀발(Evelyn Duvall)이다. 이들은 1940년대 후반 시간의 흐름에 따른 가족생활의 규칙성을 설명하기 위하여 2세대 핵가족을 중심으로 가족생활주기를 8단계로 구분하였고, 각 단계마다 수행해야 하는 과업을 제시하였다(Duvall, 1957). 첫 자녀의 발달단계를 기초로 부부결혼기, 자녀출산기, 취학 전 자녀양육기, 아동기 자녀양육기, 10대 자녀양육기, 성인자녀 독립기, 중년 부부가족 시기, 노년 부부가족 시기의 8단계로 구분하였다. 이렇게 결혼으로 시작하여 양쪽 배우자의 죽음으로 끝나는 가족생활주기의 취지는 가족이 전형적으로 겪는 단계를 사전에 예견하고 계획하기 위한 것이었다. 그러나 듀발과 힐은 전통적인 핵가족 형태를 중심으로 가족생활주기의 단계를 설명하였다는 한계가 있다.

1980년 가족치료학자인 카터와 맥골드릭(Carter & McGoldrick, 1988)은 듀발과 힐의 시각을 확장하여 다세대 시각을 추가하고, 이혼과 재혼 가족의 생활주기도 포함하였다. 또한 에릭슨(Erickson, 1963)은 가족생활주기를 6단계로 나누고, 가족스트레스는 가족생활주기의 한 단계에서 다음 단계로 넘어가는 전환점에서 가장 높으며, 가족구성원의 증상은 가족생활주기의 발달과정에 장애요소가 나타날 때 발생된다고 하였다(Haley, 1991). 한편, 벡바르 부부(Becvar & Becvar, 2013)는 가족생활주기의 역동적 과정모델을 제안하였는데, 이는 가족생활주기를 개인발달 및 부부발달과 통합한 모델이다(정문자 외, 2019: 418-419).

카터와 맥골드릭은 가족생활주기의 시작을 결혼전기로 하였는데, 결혼전기에 원가족과 분화가 잘 되고, 본인과 맞는 배우자를 만나면 그 외의 가족생활주기에 적응을 잘 할 수 있고, 발달과업을 잘 수행할 수 있다고 보았기 때문이다. 즉, 다른 생활주기에 잘 적응하기 위해 가장 기본적으로 해야 할 과업이 결혼전기에 시작되므로, 이 시기가 중요하다.

카터와 맥골드릭의 가족생활주기 단계는 〈표 5-1〉과 같다.

〈표 5-1〉 카터와 맥골드릭의 가족생활주기 단계

단계	전환기의 정서적 과제	발달을 위해 필요한 가족체계의 변화
결혼전기	자신에 대한 정서적·재정적 책임을 수용하고 부모-자녀관계의 분리를 받아들임.	① 원가족과의 관계에서 분화 ② 친밀한 이성관계의 발달 ③ 일과 재정적 독립 측면에서 자신에 대한 확립
결혼 적응기	새로운 체계에 대한 수임	① 부부체계의 형성 ② 배우자가 포함되도록 확대가족, 친구와의 관계 재정비
자녀 아동기	새로운 가족구성원 수용	① 부부체계에 자녀를 위한 공간 만들기 ② 부모 역할 받아들이기(자녀양육, 재정, 가사 일에 공동참여) ③ 부모, 조부모 역할이 포함되도록 확대가족과의 관계 형성
자녀 청소년기	자녀의 독립과 조부모의 허약함을 고려하여 가족경계의 융통성 증가	① 청소년 자녀가 가족체계에 출입이 자유롭게 부모-자녀관계의 변화 ② 중년기 부부의 결혼 및 진로문제에 재초점 ③ 노인세대를 돌보기 위한 준비 시작

자녀 독립기	가족구성원 수의 증감 수용	① 부부체계를 이인군 관계로 재조정 ② 성장한 자녀와 부모와의 관계를 성인 대 성인의 관계로 발전 ③ 사돈과 며느리, 사위, 손자녀가 포함되도록 관계 재정비 ④ 부모 또는 조부모의 무기력과 죽음에 대처
노년기	역할변화수용	① 신체적 쇠퇴에 직면하면서 자신과 부부의 기능과 관심사 유지 ② 다음 세대가 중추적 역할을 하도록 지원 ③ 연장자가 할 수 있는 일을 대신하지 않으면서 자신의 지혜와 경험이 활용될 수 있는 여지 마련 ④ 배우자, 형제, 친구의 죽음에 대처하면서 자신의 죽음을 대비하며 삶을 되돌아보고 통합

자료 : Carter & McGoldrick(1988).

3) 가족생활주기에 따른 한국 가족문제

우리나라 가족은 가족생활주기로 볼 때 주기별로 어떤 문제가 특징적으로 나타나며, 공통으로 나타나는 문제가 무엇인지를 연구와 임상 실제를 통해 알아보았다. 그 결과, 가족생활주기의 모든 단계에서 공통된 문제로 지적된 것은 가족 간 갈등, 대화의 단절, 부부 갈등과 폭력, 이혼, 경제적 문제였다.

가족생활주기에 따른 우리나라의 가족문제는 〈표 5-2〉와 같다.

〈표 5-2〉 가족생활주기에 따른 가족문제

생활주기	가족문제	생활주기	가족문제
결혼 전기	① 부부간 지나친 밀착/경직 ② 아버지와 자녀 간 불화 ③ 어머니의 지나친 간섭	자녀 청소년기	① 아버지의 외도, 음주, 폭력 ② 자녀에 대한 아버지의 무관심 ③ 자녀에 대한 어머니의 간섭 ④ 부모-자녀 간 삼각관계
결혼 적응기	① 인척과의 갈등 ② 불안정한 생활패턴 ③ 불성실한 가정생활	자녀 독립기	① 친척, 원가족 갈등 ② 성인자녀에 대한 간섭 ③ 남편의 무관심, 부인의 의존성
자녀 아동기	④ 가족유대감 약화 ⑤ 부정적인 양육태도 ⑥ 부모·자녀 간 삼각관계 ⑦ 자녀의 컴퓨터 게임	노년기	① 가족 내에서의 소외감 ② 결혼한 자녀와의 밀착 ③ 남편의 불성실, 음주, 외도

자료 : 정문자 외(2019: 451).

3. 가족치료의 주요 모델

현대 가족치료라는 신세대 학문이 탄생하기까지 그 역사가 반세기를 넘지 않는다. 전통과 역사를 자랑하는 신학이나 철학에 비하면 대단히 역사가 짧은 학문임은 틀림없다. 가족치료의 이론과 방법은 매우 다양한 학문적인 토양 위에서 물리학, 생물학, 인류학, 심리학, 정신의학 등 많은 연구와 함께 발전해 왔다(김혜숙, 2020: 17).

가족치료는 가족구조 내에서 부부간의 역할수행이나 가족구성원이 각자의 기능을 발휘하는 데 어려움이 있을 때, 또는 가족구성원 간의 갈등으로 인한 역기능적인 문제를 해결하기 위하여 전문가의 도움을 받아 가족체계를 변화하는 과정을 말한다(유옥, 2020: 261).

가족의 행동패턴은 개인에게 영향을 미친다. 따라서, 가족은 치료계획 일부분이 되어야 한다. 가족치료의 단위는 개인이 아니다. 단 한 사람만 상담에 참석하더라도, 치료의 단위는 그 개인이 속한 관계의 망이다. 가족치료는 단기적이고, 해결에 초점을 두며, 구체적이고 성취할 수 있는 목표를 설정하며, 종결을 염두에 두고 치료를 설계한다. 가족치료사는 다양하고 심각한 임상문제를 다룬다. 지금까지 연구된 결과에 따르면, 가족치료는 많은 정신건강문제를 치료하는 데 있어서 개인 중심 치료만큼 효과적이며, 어떤 경우에는 더 효과적이다. 성인의 조현병, 정서장애(예, 우울증, 불안), 성인 알코올중독과 약물남용, 아동의 품행장애, 청소년 약물남용, 젊은 성인 여성의 식이장애, 아동 자폐증, 성인과 아동의 만성 신체질환, 부부불화와 갈등, 부모 자녀 간 문제를 정신건강 문제를 예로 들 수 있다(정문자 외, 2019: 20).

3. 가족치료의 주요 모델

『가족상담 및 가족치료』
(김보기 외, 2021a)

가족치료의 주요 모델의 가족 대상 실천기술은 다음과 같다(가족치료에 관한 자세한 사항은 김보기 외, 2021a를 참조하시오).

1) 정신역동적 가족치료의 실천기술

정신분석이론(psychoanalytic theory)의 복잡함에 비해서 정신분석적 기법은 상대적으로 단순하지만, 반드시 쉽지만은 않다. 기본이 되는 기법은 경청, 공감, 해석, 분석적 중립 유지하기의 네 가지이다. 이 중에서 두 가지 기법, 즉 경청과 중립을 유지하기는 다른 가족치료사들이 시행하고 있는 것들에 비해서 아주 난해하거나 크게 다르지 않아 보이지만, 실제로는 큰 차이가 있다(Nichols & Davis, 2016).

정신역동적 가족치료의 실천기술은 다음과 같다.

(1) 경청

경청은 격렬하면서도 조용한 활동으로서, 이는 우리 문화에서는 진기한 기법이다. 대부분 시간을 우리는 너무나도 바쁘게 지내기 때문에 남의 말을 잘 듣기 위해서 끝까지 기다리지 못하고 그저 건성으로 듣게 되는 경우가 많다. 이러한 경향은 특히 가족치료사가 자기에게 맡겨진 문제에 직면한 가족들을 돕기 위해서 무엇인가를 해야겠다는 생각으로 과중한 압박감을 느낄 때는 더욱 현저하게 드러난다.

치료자의 듣는 방법은 가족구성원들 자신의 이야기나 다른 가족들의 이야기에 반응하는 방법을 안내하는 역할을 한다. 치료자가 침묵을 유지한 채 가족구성원들의 이야기에 집중하는 것은, 상대방의 이야기에 대한 존중이므로 가족구성원들도 상대의 이야기를 끝까지 듣고 이해하려고 노력함으로써, 서로에 대해서 존중과 이해를 전달하게 된다. 치료자가 침묵을 지키면서 경청하는 활동은 가족구성원들 자신들의 의식과 무의식 속에 잠재하고 있는 부모들의 형상을 볼 기회와 분위기를 제공한다.

(2) 공감

가족구성원들의 마음을 열도록 원조하기 위해 치료사는 공감적 이해를 표현한다. 가족구성원들이 이야기를 하기 시작하면 치료자는 이야기의 내용보다는 이야기 속에 있는 감정, 태도, 그리고 형상들을 이해하기 위해 질문을 한다.

가족구성원들의 무의식적 내용은 의식적 수준에서 일어나는 행동들과 일치하기도 하고 다를 수도 있다. 따라서, 의식적으로 예의 바른 행동을 하는 사람이 어떤 상황에서는 무의식적인 동기로 인해 타인을 비난하거나 비판하는 행동을 하게 된다.

(3) 해석

해석(interpretation)이란 규명하고 명료화하고 그리고 설명하는 것이다. 적절한 실천기술이 되기 위해서는 내담자의 준비성에 따라 해석을 해야 한다. 가족문제들은 어린 시절 부모와의 관계에서 비롯된 것과 관련이 있으므로, 해석은 연관 짓기와 의미를 발견하여 가족들이 스스로 자신들의 발달을 촉진하도록 원조하는 역할을 한다.

현재 가족구성원들이 경험하는 현상들은 과거의 부모와 자녀들의 상호작용에서 비롯된 것이다. 이와 같은 해석은 수직적 해석이라고 할 수 있다. 수직적 해석은 가족구성원들의 현재 경험과 행동들을 부모와의 수직적 관계와 관련을 지으려는 치료자의 활동이다.

반면, 의미의 발견은 수평해석이라 할 수 있다. 수평해석은 관련을 통해 이해하고 깨닫는 내용들이 현재의 관계를 확장하고 바람직하게 하려면 어떻게 기여하는가를 이해하고 숙지하도록 하는 치료자의 활동이다. 즉, 수평해석은 치료자가 현재의 상호작용을 원활하게 하거나, 수평관계를 바람직하게 만들기 위해 과거의 태도나 행동들을 재구성하는 방법이다.

가족구성원들의 저항을 해석하는 것은 치료자의 필수적이고 기본적인 기법이다. 저항은 아동기에 경험하였던 상호작용과 밀접한 관련이 있다. 가족구성원들의 저항은 많은 자료를 가지고 있으므로 저항의 해석은 과거와 관련 짓기 위해 매우 중요한 치료자의 활동이다. 저항은 가족구성원들의 억압된 행동들이 현재 상황에서 표현된 내용이므로 치료자에게 아주 중요한 자료이다.

(4) 분석적 중립 유지하기

치료자의 중립 유지하기는 가족구성원들이 비지시적 상황에서 자유롭게 자신들을 표현할 수 있는 분위기를 만든다. 치료자의 중립적인 태도는 가족구성원들이 무의식을 자유롭게 탐색하고 자신들의 상호작용이 무의식과 관련이 되었다는 것을 이해하는 데 중요한 역할을 한다.

치료자의 중립 유지는 가족구성원들의 투사동일시 현상을 객관적으로 볼 수 있게 해 준다. 치료자가 중립 유지가 불가능하다면 가족구성원들의 투사동일시 현상을 치료자 자신의 억압된 내용에 의해 해석하게 된다. 그 이유는 치료자의 억압된 감정으로 인해 가족구성원들의 상호작용을 자신의 관점에서 보고, 가족구성원들의 상호작용을 왜곡하고 저해하는 해석을 하기 때문이다.

치료자의 중립적인 태도 유지는 가족구성원들에게 그들의 무의식적 마음과 상호작용을 객관화할 수 있는 역할을 하므로, 가족구성원들은 자신들의 모습을 정확하고 분명하게 이해할 수 있게 된다.

2) 다세대 가족치료의 실천기술

다세대 가족치료는 보웬(Murray Bowen, 1913~1990)이 주장한 것으로, 다세대 가족치료 실제에 있어서 가장 많이 사용되는 7개의 실천기술들은 다음과 같다(Nichols & Davis, 2016).

(1) 가계도

보웬은 초기부터 '가족도표(family diagram)'라는 용어로 사용하였으며, 다세대 가족체계에 관심을 가지고 중요한 자료를 수집하고 정리하기 위해 사용하였다. 1972년부터 '가계도(genogram)'로 바꾸어 사용하였

머레이 보웬

으며, 가계도의 주 기능은 사정평가하는 단계에서 자료를 조직하고, 치료과정을 통하여 관계과정과 핵심적인 삼각관계를 추적하는 것이다.

(2) 삼각관계로부터 분화

이 기법은 가족체계 내의 갈등적인 관계과정은 증상과 관련된 삼각관계를 가지고 있다고 하는 이론적인 가정을 기초로 하고 있다. 즉, 가족은 삼각관계 과정에 치료자를 포함하려고 자동으로 노력을 하게 된다는 것이다. 만일 가족이 치료자와의 삼각관계 형성이 성공한다면, 점차 활력을 상실하게 될 것이다. 다른 한편, 치료자가 삼각관계에 관여하지 않은 상태를 유지하게 되면, 가족체계와 가족구성원들은 점차로 진정하고 자신의 문제를 해결하기 시작하게 될 것이다.

이 기법은 치료자가 각 배우자와 너무 가깝거나 너무 소원하지 않은 관계, 즉 정서적으로 지나치게 관여하지 않으며, 관계를 맺을 수 있는 능력과 부부의 문제를 치료할 수 있는 능력에 기초를 두고 있다. 이런 균형을 유지할 수 있는 능력은 치료자 자신의 자기분화 정도와 밀접한 관계가 있다.

(3) 관계경험

관계경험은 핵심적인 삼각관계를 구조적으로 변화하기 위한 것이며, 궁극적인 목적은 가족구성원들이 체계과정을 알도록 하며, 체계과정에서 자신의 역할을 인식하도록 돕는 것이다. 이러한 관계경험기법은 정서적으로 가까워지기를 추구하는 사람과 냉담한 사람들을 치료하기 위해 만든 것이다. 정서적 추적자에게는 추구하는 것을 억제하고, 그리고 요구를 멈추고 정서적인 연결로 인한 압박을 줄이도록 용기를 주고, 자신과 다른 사람과의 관계에서 무엇이 발생하였는지를 보도록 돕는다. 이것은 관련된 정서적 과정을 명확하게 하기 위한 것이다. 냉담한 사람에게는 다른 사람에게 가까이 가는 것과 자기 생각과 감정에 관하여 이야기하는 것에 관하여 용기를 준다. 관계경험은 다른 사람의 요구에 대하여 회피하거나 항복하는 것이 변화할 방법을 찾도록 하는 것이다.

(4) 코칭

코칭(coaching)은 치료자가 가족문제를 가지고 오는 내담자에게 개방적이고 직접 접근하도록 하는 기법이며, 치료에서 형태는 다르지만, 치료자가 개인적·정서적으로 관여하게 되는 역할과 관련된 것이다. 코치의 역할을 하는 치료자는 가족삼각관계에 관여하거나 회피하려고 한다. 코칭하는 것은 사람이 무엇을 하는가에 관하여 설명하려는 것이 아니고, 가족들이 가족 정서과정과 그 안에서 자신의 역할을 명확하게 알도록 질문하는 것을 말한다. 목적은 이해를 증가하며, 자기에게 초점을 두도록 하며, 가족구성원들 간에 좀 더 기능적인 애정관계를 발전하도록 하는 것이다.

(5) 자기 입장 표현하기

다른 사람이 행동하는 것에 관하여 말하는 것 대신에 자신이 느끼는 것을 말하므로, 자기 유형을 취하는 것은 정서적인 반응의 악순환을 깨는 것으로서 가장 직접적인 방법이다.

자아분화수준이 낮은 사람은 자기표현이 서툴고, 특히 자신의 생각이나 감정을 다른 사람 앞에서 드러내는 자기표현은 더욱 어려워한다. 따라서, 자신의 삶에 대해 자신감을 갖고 주체적인 삶을 영위할 수 있도록 행위나 사고에 대한 내 입장, 즉 내 생각과 내 감정을 표현하도록 연습하는 것이 중요하다. '내입장(I-position)'을 표현한다는 것은, 태도나 행동 또는 감정에 대해 말하는 사람의 개인적 책임을 강조하는 진술로, 가족구성원 스스로가 변화의 능동적 주체임을 느끼게 할 수 있다.

(6) 다양한 가족치료

보웬은 부부와 상담할 때, 먼저 한 사람에게 관심을 두고 최소한의 상호작용을 하도록 한다. 이것은 다른 사람은 관찰을 통하여 정서과정을 학습하도록 하려는데 목적이 있으며, 감정적으로 관여하는 것을 제지하려는 의도가 있다.

(7) 자신의 이야기를 들려줌

이것은 내담자에게 치료장면을 녹화한 것이나 녹음한 것을 보여 주고, 또는 이야기를 들려주는 방법이다. 자신의 이야기를 어떠한 방법이든 보거나 듣게 될 때, 가족구성원 자신들이 방어적인 것을 줄이게 되고, 가족기능에 관하여 배우게 된다.

3) 구조적 가족치료의 실천기술

살바도르 미누친

구조적 가족치료는 미누친(Salvador Minuchin, 1921~2017)이 주장한 것으로, 구조적 가족치료자는 치료목표를 달성하기 위하여 가족의 상호작용 구조를 반영하는 가족구성원들의 행동양식을 관찰하고 바람직한 가족구조에 대한 가설을 세운다. 그리고 가족에 합류하고 가족의 상호작용에 적응하면서 치료장면에서 구조가 변화되어 새로운 방법을 시도할 수 있도록 돕고 지지하는 역할을 한다. 구조적 가족치료자는 체계를 변화하기 위해 자신을 활용하며, 가족 내 구성원의 위치를 바꿈으로써 그들의 주관적인 경험을 변화시킨다. 그러므로 치료자는 지도자적 위치로 적극적 가족체계에 개입하며, 가족 상호 교류 방식을 변화하는 데 주도적인 역할을 수행한다(김보기 외, 2021a: 191).

구조적 가족치료의 실천기술은 다음과 같다(Minuchin, 2012).

(1) 교류의 발생을 촉진하기

교류의 발생이란 상담에 도움이 되는 정보 등을 얻기 위하여 상담자가 계획적으로 가족 간의 교류를 만들어 내는 기법으로, 가족 간에 어떤 교류를 촉진함으로써 치료효과가 나타날 수 있도록 한다. 이 기법에는 계획과 실연이 있다.

『가족과 가족치료』
(Minuchin, 2012)

① 계획

구조적 가족상담에서 상담자는 가족들의 문제를 체계적인 관점에서 재정의하여 그들의 행동변화를 끌어내는 데, 이를 위해서는 가족문제를 보다 새롭고 건설적인 방향으로 재조명해야 한다. 일반적으로 상담을 진행하기 위하여 상담자는 문제에 대한 가설을 설정하고, 그에 따라 상담목표, 치료개입을 계획하는 사례 구조화의 과정을 거친다. 이때 상담자는 가족들의 복잡한 특성을 고려하여 더욱 적절한 상담계획을 세우기 위해서 일방경(one-way mirror)이 있는 상담실에서 가족들이 모여 상호 교류하는 상황을 관찰하기도 한다.

② 실연

실연(enactment)은 구조적 가족상담의 기본적인 기법으로서, 상담자가 가족 간의 상호 교류를 지지하고 수정하고 변경할 수 있는 구체적인 기회를 제공해 준다. 상담자는 실연을 촉진하기 위하여 갈등상태에 있는 당사자 이외에 다른 가족구성원을 새롭게 상담에 참여하도록 조직하기도 한다. 예컨대, 부부간에 자녀양육문제로 두드러진 의견 차이를 보여 가족 간의 갈등이 불거진다면, 상담자는 그 부부를 중심으로 그 외의 가족을 참여시켜 토론함으로써 두드러진 차이점에 대해 서로 일치점을 찾아내도록 이끌 수 있다(강문희 외, 2018: 94).

실연은 세 가지 상호작용을 통해서 일어나는데, 먼저 상담자는 가족들의 상호작용 가운데 어떤 영역에서 역기능이 있는지를 찾아내고, 다음으로는 어떻게 역기능적인 가족 상호작용을 실연시킬지를 구상한다. 그리고 역기능적인 상호작용을 대체할 수 있는 보다 효율적이고 기능적인 상호작용의 대안을 제시한다. 가족실연방법의 한 예로 그림 그리기가 있는데, 이것은 백지에 색연필로 가족구조에 대한 그림을 그리게 하는 것이다. 이것을 통하여 상담자는 가족구조를 파악할 수 있고, 상담목표를 설정하거나 개입을 위한 계획을 세우는 데 도움을 받을 수 있다. 가족들 역시 나름대로 상담의 일부 과제에 참여하고 있다는 생각으로, 보다 상담에 적극적으로 참여하게 되는 동기를 갖게 될 수 있다. 마지막으로 실연을 통해서 얻어지는 치료 효과는 여러 가지가 있는데, 네 가지로 그 효과를 요약하면 다음과 같다(Minuchin & Fishman, 2009).

『가족치료기술』
(Minuchin & Fishman, 1981)

첫째, 상담자의 요청으로 가족들이 연기하는 과정에서 하나의 팀이 되기 때문에 가족들 간에 치료적인 유대를 갖는다.

둘째, 개인에 대한 문제의식은 실연을 통해 도전받게 되고, 문제의 초점이 개인에게 있는 것이 아니라, 가족 전체 체계의 역기능에 있음을 알게 된다.

셋째, 가족들은 심리적·신체적으로 안전한 곳에서 새로운 상호작용을 시도해 볼 기회를 얻게 된다.

넷째, 상담자는 가족들끼리 상호작용하도록 지시함으로써, 상담자가 가족들의 삼각관계에 끼어들 여지를 피할 수 있다.

(2) 합류하기

① 적응

치료자가 처음 가족에게 개입하려면 현재의 가족구조에 적응하는 것이 중요하다. 치료자가 가족체계에 관여하기 시작하면 대부분의 가족은 긴장과 저항을 느낄 수 있으므로, 그 가족을 있는 그대로 지지하고 존중하는 기법이 적응하기(accommodating)이다. 그 결과, 가족들이 편안한 마음으로 치료에 임할 수 있게 된다. 구체적으로, 적응은 치료자가 가족구성원 개개인에 대해 부드러운 말씨로 깊은 관심과 배려를 보이며, 가족의 현재 있는 위계구조나 경계선을 인정하는 것, 그리고 그들의 위치, 개인적 특성과 장점, 가능성을 지지하는 것을 의미한다. 예컨대, 상담에 오신 할머니가 가족에게 지배적인 위치에서 역할을 하는 경우, 그러한 위치를 인정해 주며, 할머니를 통해서 다른 가족구성원과 접촉하는 것이다. 또한 아버지가 묵묵부답하고 있으면 일부러 말을 하게 하는 것이 아니라, "지금 말씀하고 싶지 않으신가 보군요. 조금 있다가 하고 싶을 때 말씀하십시오."라고 한다.

② 추적

추적(tracking)은 치료자가 가족의 상호작용과 행동양식을 관찰하고 그들의 대화내용을 따라가면서 가족구성원들이 계속 이야기를 하도록 격려하여 가족구조와 하위체계의 기능을 탐색하는 것이다. 이를 위해 지지적 언급, 내용을 명료화하기 위한 질문, 내용을 추적하기, 인정과 격려하기 등이 있다. 예컨대, "네, 그렇군요.", "아이가 그럴 때 어머니는 어떻게 하시죠?", "그 상황에서 보통 누가 아이를 제지하나요?"라고 한다.

③ 모방

모방(mimicking)은 치료자가 가족의 어조, 행동유형, 말의 속도와 억양,

몸짓 등을 흉내내고, 따라 하거나 자신과의 유사점을 강조하는 것이다. 흉내를 내는 대상은 단어나 언어 사용, 동작, 감정표현, 비유적 표현 등이 있다. 예컨대, 말끝을 올려 "거든 ~요."라는 말을 따라 그대로 흉내 내거나 손을 비비는 동작을 흉내 내는 것, 또는 "저도 그럴 때는 애한테 야단을 치게 되지요."와 같이 말한다. 이렇게 모방기법을 사용하면 치료자에 대한 가족구성원의 거부감이 적고 친근하게 받아들이기 쉬워서 합류가 쉬워지는 것이다.

합류촉진기법은 〈표 5-3〉과 같다.

〈표 5-3〉 합류촉진기법

유 형	내 용	기 법
적응 (accommodating)	치료사 자신의 언어와 행동을 가족의 교류에 적합하게 적응하는 것	• 가족고유의 교류규칙 존중 • 수용적 태도
추적 (tracking)	치료자가 가족이 사용하고 있는 의사소통을 계속하도록 지지하고 같이 감으로써, 그 흐름을 자연스럽게 추적하는 것	• 지적 코멘트, 질문, 반복 • 적극적 경청
모방 (mimicking)	치료사가 가족의 언어적·비언어적 측면을 관찰하고, 말, 비유적 표현, 감정표현, 행동을 무의식적, 의식적으로 모방하는 것	• 치료자의 자기개방 • 의사소통방법 & 내용모방 비슷한 경험 개방

자료 : 김보기 외2021a: 195) 재인용.

(3) 가족 재구조화 기법

가족의 역기능구조를 변화하기 위하여 치료자가 사용하는 기법은 다음과 같다(Minuchin, 2009).

① 긴장 고조

가족 안에서 반복되고 있는 역기능 행동을 깨닫고, 연합이나 동맹 등의 역기능적 구조에 익숙한 기존의 평형상태에서 벗어나 재구조화되게 하려고 일시적으로 가족체계에 스트레스를 증가하고 도전을 하는 기법이다. 그 예로, 치료자가 역기능적인 의사소통 방식이나 익숙한 행동패턴을 방해하거나 중단하는 방법, 역기능적 상호작용을 집중적으로 부각하기, 숨겨진 갈등을 자극하여 표면화하는 방법, 가족구성원 간에 차이점을 강조하기 등이 있다.

② 재정의

증상을 역기능적 가족구조와 연관시켜 긍정적 의도를 부각하는 것이다. 예를 들어, 아이의 과잉행동은 아버지와 갈등관계에 있는 어머니의 외로움을 덜어주려는 시도라고 재정의할 수 있다. 그 결과, 가족은 증상을 부정적으로 보던 것에서 벗어나 가족구조의 역기능과 연관 지어 새로운 각도로 볼 수 있게 되고, 가족구조의 변화에 협력할 수 있게 된다.

③ 경계선 설정

밀착된 관계에 있는 가족구성원에게는 경계를 분명히 하여 개인의 독립심과 자율성을 키워준다. 또 유리된 가족에게는 가까이 접근하고 접촉을 증가하도록 도와준다. 또 세대 간의 경계를 명확하게 하고, 부모하위체계와 자녀하위체계가 분리될 수 있도록 상담실에서 부모끼리, 자녀끼리 자리를 재배치하기, 부모의 권위와 영향력 강화하기, 가족구성원 간의 세대 간 연합 깨기, 취약한 하위체계와 번갈아 가며 일시적 동맹 맺기 등의 기법을 사용하는 것이다.

④ 강점 인식

가족의 강점과 긍정적인 점을 찾아내고 활용하는 기법으로, 이로써 가족들이 기존의 인식틀을 바꾸어 새로운 현실을 보게 되고, 새로운 방식의 상호작용을 할 수 있게 된다.

⑤ 과제주기

과제주기는 치료자가 가족의 재구조화 진행과정에서 미흡한 부분을 가족구성원들이 활성화하도록 하기 위하여 사용한다. 가족의 재구조화에 도움이 되는 특정의 행동영역을 찾아 과제를 내주는데, 언제, 어디서, 누구와, 어떻게 상호작용해야 하는가를 구체적으로 분명히 제시한다. 주로 치료 회기 사이에 가족구성원들이 특정 하위체계의 기능을 개선하고, 위계구조를 변화하는 기회를 얻게 하는 것이다.

과제는 가족의 재구조화에 가장 필요한 것이고 그 파급효과가 가족 전체에 미칠 수 있는 것, 그리고 가족이 할 수 있는 것을 찾아 주도록 해야 한다.

4) 경험적 가족치료의 실천기술

버지니아 사티어

경험적 가족치료는 사티어(Virginia Satir, 1916~1988)가 주장한 것으로, 그 실천기술은 다음과 같다.

(1) 가족조각

가족조각(family sculpture)기법은 캔터(D. Kantor)에 의해 개발된 것으로, 사티어(Virginia Satir), 덜(Frederick J. Duhl) 등에 의해 널리 활용되고 알려지게 되었다. 가족조각은 가족구성원 한 명이 다른 가족구성원에게 느끼는 내적 정서상태를 동작과 자세 등의 신체적 표현으로 공간적으로 나타내는 것이다. 이로써 개인의 특정한 사람에 대한 내적 감정과 생각이 시각적으로 표면화되고, 참여한 사람들이 함께 가족의 의사소통유형, 감정, 가족규칙, 대처방식, 관계 등을 파악하여 경험할 수 있다.

 이 기법을 사용하는 목적은 가족구성원 각자가 자신의 내면적 감정을 경험하고 실제의 자신과 가족의 역동성을 시각적으로 파악하여 새로운 대처방법을 찾아보게 하기 위한 것이다. 그 구체적인 방법으로, 먼저 치료자는 치료 중에 가족에 대해 잘 이해하기 위하여 좀 더 색다른 것을 해도 좋으냐고 물어서 동의를 얻으면 가족 전원을 일어나도록 한다. 그리고 가족 중 한 명에게 "가족구성원 한 사람 한 사람을 조각용 진흙 덩어리라고 생각하고, 당신이 느끼는 대로 그들의 자세나 위치를 만드세요."라고 요구한다.

 가족조각을 다하면 그 사람도 어딘가에 들어가 자세를 취하도록 지시한다. 조각을 하는 동안 가족은 이야기하거나 웃지 않는다는 원칙을 세운다. 가족을 조각한 후 그 자세를 1분 정도 유지하면서 가족들은 내면의 감정과 접하게 된다. 그 후 치료자는 가족 개개인에게 조각하는 동안 어떤 느낌이 들었는지 물어본다. 이때 가능한 감정적 피드백이 교환되도록 격려한다.

(2) 원가족 삼인군치료

 원가족 삼인군치료(primary triad therapy)를 위해서 필요한 도구는 스타의 가족도표, 스타의 어머니 가족도표, 스타의 아버지 가족도표다. 사티어는 치료의 대상을 내담자(client) 또는 IP(Identified Patient, Index Person)라고 부르지 않고, '스타(Star)'라는 용어를 사용한다. 사티어가 사용한 가족도표(family of origin map)는 가족치료에서 흔히 사용하는 가계도(McGoldrick et al., 2020)와는 구성과 내용에서 차이가 있다.

 가족도표는 원가족의 맥락 속에서 개인심리의 내적 과정뿐 아니라, 가족과의 상호작용 및 가족역동성을 이해하고 평가하게 해 준다. 구체적으로, 이 도표를 통하여

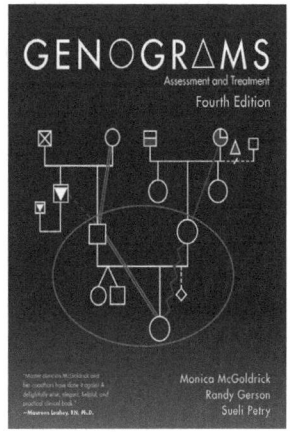

『가계도』
(McGoldrick et al., 2020)

가족구성원의 성격, 자아존중감 정도, 대처방법인 의사소통 방식, 가족규칙, 가족의 역동성, 가족 내의 대인관계, 세대 간의 유사점과 차이점, 사회와의 연계성 수준 등을 파악할 수 있다. 또한 내담자가 높은 자아존중감을 갖고 일치된 의사소통을 하는 데 어떤 변화가 필요한지를 알기 위해 사용된다. 이 도표는 자신의 기억이나 경험 그리고 가족의 역사를 잘 아는 가족구성원, 특히 부모와의 면담에 기초하여 작성한다. 만약 정확한 정보를 얻기 어려울 때는 내담자가 추리하거나 상상하여 적어도 된다(정문자 외, 2019: 197).

원가족 삼인군치료는 대부분의 역기능적인 학습이 원가족 삼인군에서 온다는 것을 전제로 하고 있으며, 출생 이후 성장과정에서, 자기존중 감정의 발달측면에서 부모의 영향을 중요시하면서, 성장 이후에도 자기존중 감정의 변화와 새로운 차원에서의 성장이 가능함을 강조하였다. 자기존중 감정을 회복하거나 높이기 위해서 과거에 학습한 의사소통유형과 문제상황에서의 대처유형을 표면화하고 재경험하는 것이 필요하다. 과거의 지각이 왜곡되었을 때, 그 당시의 상황을 수용하고 인정함으로써, 자아성장과 문제해결이 가능해진다고 보았기 때문이다.

원가족 삼인군치료는 가족도표를 사용하며, 가족구성원들이 공동으로 가족도표를 작성하는 과정과 완성한 가족도표를 설명하고, 재구조화하고, 조각 또는 역할극을 병행하면서 치료과정을 진행하게 된다.

(3) 빙산탐색(심리내적 상담)

빙산탐색은 사티어가 뒤늦게 개발한 기법으로 개인의 내적 경험을 이끌어 내는 비유적 방법이다. 이 기법은 실제로 개인 중심의 성장모델로 많이 사용되고 있다. 사티어는 빙산을 수면 위에 나타난 부분인 행동과 대처방식을 1차 수준으로, 수면 아래의 부분인 감정, 감정에 대한 감정, 지각, 기대, 열망으로 구성되는 2차 수준, 그 아래의 자아(self)의 3차 수준으로 인간의 심리내적 경험을 구분하였다. 사티어는 인간 대부분의 경험이 수면 아래에서 경험되므로 치료자는 표면적 경험인 1차 수준뿐만 아니라, 잠재의식으로서 2차 수준과 3차 수준의 경험을 탐색하여 경험을 표면화하고 역동을 변화하는 것이 중요하다고 믿는다(최규련, 2020: 145).

사티어모델에서 치료적 진단은 가족구성원 간에 일어나고 있는 상호과정에 초점을 두고, 가족규칙과 대화패턴, 대처방식 뒤에 숨겨져 있는 개인의 감정과 느낌, 기대, 열망, 자아, 생명력 등을 빙산의 탐색과정을 통하여 사정, 개입한다.

(4) 재정의

재정의(reframing)는 내담자나 가족의 세상에 대한 내면의 준거틀을 변화하는 데 효과가 있는 치료적 전략이다. 이 기법은 행동, 감정, 사고에 어떠한 긍정적 개념을 제시하는 것으로도 볼 수 있는데, 내담자는 사물에 대한 새로운 정보를 수집하고 현상적 사건에 대한 긍정적 의미를 만들어 내는 것이다. 재정의는 부정적 의미를 긍정적인 것으로 변화하기 위하여 사용하는 기법으로, 사실은 변화되지 않은 상황에서 이미 경험한 사실에 대한 관념, 정서적 감정과 태도를 좀 더 구체화하고 긍정적으로 규정함으로써 변화가 발생하는 것이다.

치료사가 긍정적 측면에서 행동의 의미를 발견하고 강조하는 것과, 내담자가 새로운 긍정적 차원에서 자신과 상대방의 행위를 볼 수 있도록 의미를 재정의하는 것은 증상에 새로운 의미를 부여하는 것이다. 결과적으로 증상에 대하여 긍정적 재정의를 하는 것은, 내담자로 하여금 행동을 조정할 수 있다는 감정을 갖게 해 주고 긍정적 변화에 관한 기대를 하게 해 주는 것이다. 예컨대, 사건에 관한 생각이 혼돈되고, 혼돈되었기 때문에 무기력하다고 느끼는 내담자에게 그 혼돈은 성장을 준비하는 데 따르는 어려움이라고 재정의해 줄 수 있다. 이렇게 재정의해 줌으로써 내담자가 혼돈을 수용할 수 있고, 집착했던 문제에서 벗어날 수 있으며, 나아가서는 긍정적 방법으로 변화하는 것을 기대할 수 있다.

(5) 은유

사티어는 개인의 내적인 과정을 표출해내는 은유적인 방법으로 빙산기법을 활용한다. 이것은 사람들 대부분의 경험이란 물 위에 떠 있는 빙산 아래의 수면 밑에서 이루어진다는 의미이다. 상담자는 내담자의 변화를 촉구하기 위해 표면적인 경험뿐 아니라, 잠재된 내적 과정도 다루어 역동적으로 변화시켜야 한다. 이 방법을 통해서 내담자는 자신의 내면감정을 느껴 보고 이를 표현하며 소용없는 기대들을 버리는 과정을 거친다. 이것은 내담자에게 힘을 주게 되어 스스로 선택하여 성취하고 책임을 질 수 있도록 이끈다(강문희 외, 2018: 105).

사티어의 개인빙산모델을 살펴보면, 상담 초기에는 내담자의 표면적 행동인 빙산의 윗부분을 다루지만 점차로 내면적 부분인 빙산의 아래 영역을 탐색하여 변화를 이끌어 나간다. 빙산을 탐색하는 과정에서 상담자는 내담자의 감정을 다루면서 변화하기 위해 여러 가지 질문을 한다. 즉, 내담자의 행동에 대한 질문, 우울이나 무력감, 두려움, 분노 등과 같은 부정적인 정서를 표면화하는 감정에 대한 질문, 자신이나 타인에 대하여 어떻게 생각하는지를 알아보는 지각에 대한 질문, 원하는 것이 무엇인지 알아보는 기대에 대한 질문, 인정받고 사랑받기를 원하는 욕구에 대하여 알아보는 열망에 대한 질문, 그리고 책임감이나 삶의 조화에 대하여 알아보는 자기에 대한 질문 등을 할 수 있다.

(6) 역할극

역할극은 실제 경험을 바탕으로 현재의 느낌을 노출하는 것을 전제한다. 과거의 사건이나 바람 또는 미래 사건에 대한 감정을 직접 표현하게 함으로써 가족들에게 생생하게 경험할 기회를 제공하는 것이다.

치료에 참여하지 않은 사람을 표현하고자 할 때는 게슈탈트 기법(gestalt)의 '그때-거기(there-then)'를 사용하기도 한다. 만일 할아버지에 관해 이야기하고자 할 때 '빈의 자'를 할아버지로 의인화하여 이야기를 하게 한다. 이 기법은 지나간 기억을 회상하고 억압된 감정을 표출하여 정서적 경험을 확대하는 결과를 낳고, 가족구성원들이 가깝게 접근할 기회를 제공한다(Nichols & Davis, 2020).

『가족치료』
(Nichols & Davis, 2020)

4. 가족사정의 검사도구

가족사정 검사도구에서 사회복지사에게 주는 장점은 인터뷰 자료를 조직하고 제시된 문제의 유형과 성격을 기법하는 가치 있는 인식도를 구상할 수 있게 되며, 자기보고식 도구를 통한 정보 수집이 치료 초기에 이루어진다면, 치료결과에 대한 평가를 촉진할 수 있고, 치료 초기와 종결 후의 변화를 측정할 수 있어 개입에 대한 좋은 피드백을 얻을 수 있다는 것이다. 가족사정 도구 사용의 장점은 치료적 노력을 객관화하고, 조직화하도록 도우며, 다른 가족구성원의 관심사를 체계적으로 이해하는 기회를 제공할 뿐 아니라, 실패해 온 경험에 대해 자기개방의 기회를 갖게 된다는 것이다. 가족사정도구의 선택 시 사회복지사는 그들의 스타일과 실천에 가장 적합한 도구를 선택해야 되고, 개인에 대한 개입과는 달리 가족을 단위로 해서 개입할 때 상대적인 복잡성을 고려해야 한다. 그 내용은 다음과 같다.

1) 가계도

가계도(genogram)는 적어도 3세대 이상의 가족계보(family tree)와 가족관계를 여러 상징부호를 사용하여 도식화한 것으로, 클라이언트나 가족이 제시한 문제의 근원을 클라이언트의 양육 환경에서 사정하는 도구이다(Zastrow, 2015). 가계도는 여러 세 대에 걸쳐 가족구성원의 성별, 연령, 출생과 사망, 결혼과 이혼, 직업 등의 인구학적 정보와 주요 생활사건, 가족구성원의 기능, 가족 관계와 역할 등의 정보를 연대기적으로 보여 준다(McGoldrick et al., 2008).

가계도는 보웬(Bowen)의 다세대 가족상담모델에서 개발된 것으로, 3세대 이상의 가족구성원에 관한 정보와 관계에 대해 기호를 사용하여 도표로 작성하는 방법이다. 현재는 여러 다양한 접근모델을 사용하는 상담자들에게 가족을 이해하고, 가족체계를 나타내는 보편적인 도구로 사용되고 있다. 대부분 첫 회기에 가계도를 작성하고, 다음 회기에 새로운 정보가 나오면 수정된다. 가계도를 작성하기 위해 상담자는 처음에는 부담 없는 질문을 하기 시작하여 점차 복잡한 질문을 하는 방법을 사용한다. 가계도를 통하여 가족구성원 개인과 세대를 거치면서 반복적으로 나타나는 가족패턴과 생활사건, 주제, 정서과정 등을 파악하고 다세대 맥락에서 현재의 가족문제를 이해할 수 있게 된다.

가족구성원의 구조와 관계를 나타내는 가계도의 작성에서 공통으로 사용하는 상징들은 [그림 5-1]과 같다.

CHAPTER 05. 가족 대상 실천기술의 기초

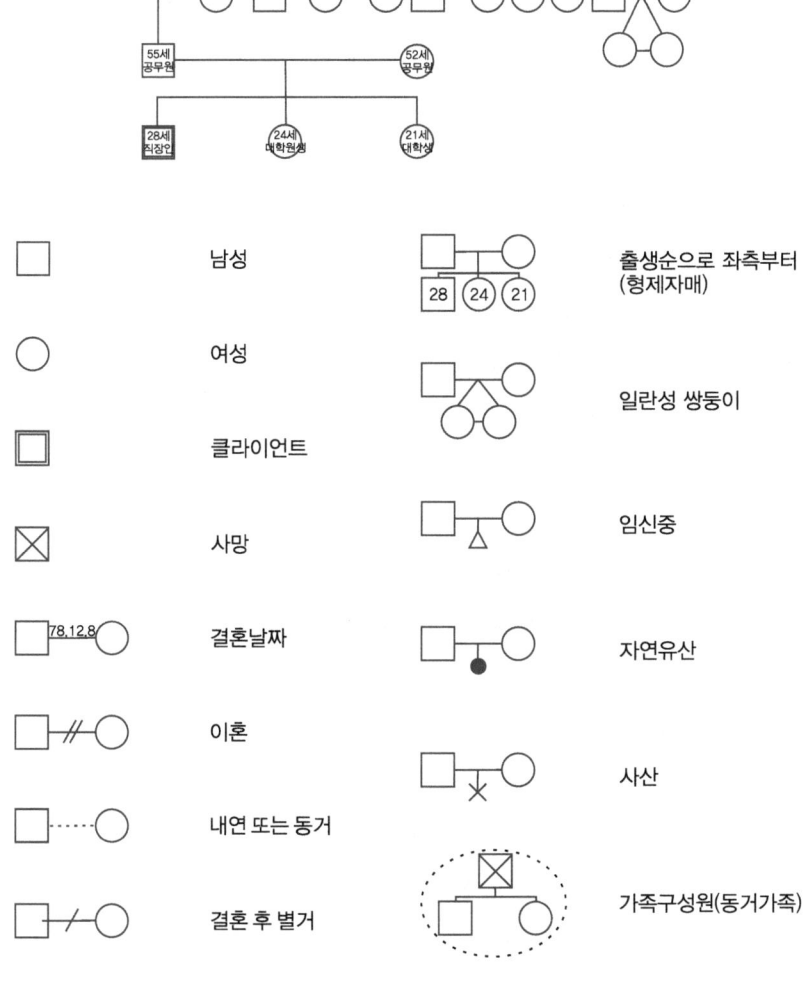

[그림 5-1] 가계도

자료: 김혜란 외(2022: 245).

2) 가족도표

　가족도표(가족지도, family map)는 사티어의 경험적 가족상담모델에서 활용되는 가족사정방법으로 현재 가족도표와 친가의 가족도표, 외가의 가족도표 등 3개의 가족도표를 작성한다. 가계도와 유사하게 가족에 관한 정보와 가족구성원 간의 관계를 나타내나, 한 면에 모든 가족에 관한 정보가 보이는 가계도와 달리 각각 3개의 가족도표를 작성하는 것이 다르다. 그리고 가족구성원 개인별로 3가지 장단점, 특성, 의사소통유형을 표기하고, 증상을 나타내는 사람을 '스타(star)'라고 하며, ☆표를 붙이는 것도 다른 점이다.
　가족도표 작성법은 다음과 같다.
　① 아버지와 어머니를 각각 도형(□ ○)으로 그리고 각 도형 안에 아버지와 어머니의 이름, 출생일, 연령을 적는다. 부모가 사망한 경우 사망일을 적으며, 도형에 사선을 긋는다.
　② 각 도형 옆에 부모의 개인 및 인구론적 정보를 적는다(①에서 ⑦까지).
　③ 부모의 각각의 출생일, 별명, 부부 결혼일자, 사망일, 사망 시 연령을 기록한다.
　④ 형제를 출생 순서대로, 그리고 개인 및 인구론적 정보를 적는다.
　⑤ 대처유형 : 18세 이전에 가족구성원들이 스트레스를 받았을 때 일차적으로 보인 유형을 적되, 가능하면 이차 대처유형도 적는다(회유, 비난, 초이성, 산만, 그리고 일치형으로 표현한다).
　⑥ 성격 특성을 각각 형제별로 형용사로 표현 : 18세 이전으로 돌아가 그때 생각했던 가족 각각의 특성에 대해 적되, 긍정적 특성 3개와 부정적 특성 3개를 적는다.
　⑦ 가족 간의 밀착이나 갈등 정도를 표시한다. 18세 이전에 스트레스를 경험한 특정한 상황을 생각하면서 그때의 가족관계를 표시한다.
　⑧ IP 위에 별표를 한다.

⑨ 어머니의 가족도표를 그린다. 아버지의 가족도표를 그린다. 필요한 경우, 현재 가족에 대해서도 그린다.

가족도표는 [그림 5-2]와 같다.

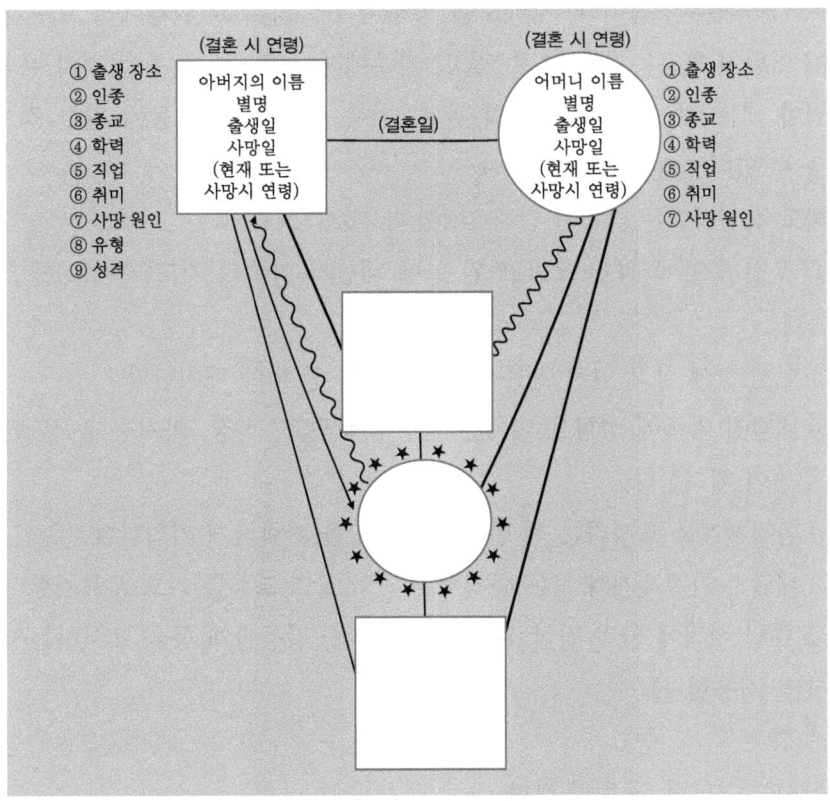

가는 선 | 정상적, 수용적, 긍정적이며 갈등이 적음.
굵은 선 | 자주 밀착됨.
물결 선 | 자주 부딪히고 적대적인 관계
점   선 | 소원하고 부정적이며 무관심한 관계

자료: 김보기 외(2021a: 233) 재인용.

[그림 5-2] 가족도표

3) 생태도

생태도(ecomap)는 1975년 하트만(Hartman, 1995)에 의하여 개발된 것으로, 가족과 그 가족의 생활공간 안에 있는 사람 및 기관과의 관계를 그림으로 나타내는 방법이다. 생태도를 통하여 가족의 주요 환경에서 요구와 자원이 어떻게 흐르는지를 알 수 있고, 가족에게 스트레스를 주는 것과 유용한 자원이 되는 것, 가족과 환경의 관계, 가족 내외의 역동 등에 관한 정보를 얻을 수 있다(김혜란 외, 2022: 241).
생태도 작성방법은 다음과 같다(김용환 외, 2023: 247-248).
① 우선 중앙에 원을 그리고 원 안에 내담자 가족의 지도(가계도)를 그려 넣는다.
② 현재 함께 살고 있지 않은 가족구성원은 원 밖에 배치한다.
③ 내담자 가족에 영향을 미치는 환경체계(학교, 직장, 복지관 등)를 원 밖의 주변에 배치한다.
④ 환경체계를 표시하는 원 안에 관련사항을 간략하게 기입한다.
⑤ 내담자 가족체계와 모든 환경체계 간의 상호 교류를 기호로 표기한다(상호 교류의 성격에 따라 강한 관계, 약한 관계, 갈등관계 등을 표시하는 다양한 선을 사용한다).

생태도는 [그림 5-3]과 같다.

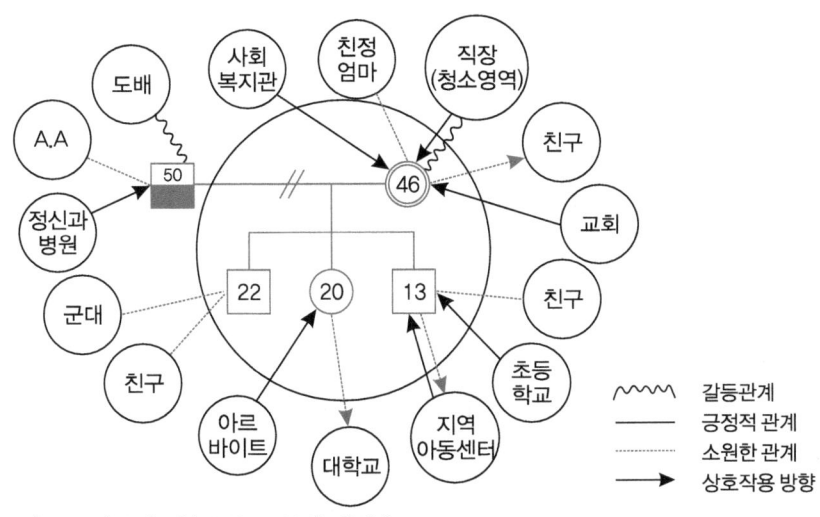

자료 : 김보기 외(2019a: 280) 재인용.

[그림 5-3] 생태도

4) 가족화, 동적 가족화

가족화(family drawing)는 모든 가족구성원의 평소 모습을 그림으로 나타내는 방법이고, 동적 가족화(kinetic family drawing)는 가족구성원 각자의 전형적인 행동을 그리고 간단한 설명문을 적는 방법이다. 두 가지 방식 모두 투사적 기법을 적용하여 선의 길이와 굵기, 인물묘사, 공간배치, 색 사용 등을 분석함으로써, 개인이 주관적으로 인지하는 자기개념이나 가족구성원의 특징, 가족관계 패턴을 파악할 수 있게 된다.

5) 양적 검사도구

가족구성원의 특성과 조화정도, 가족기능과 가족관계 등을 사정하는 여러 양적 검사도구들이 있다(최규련, 2020: 281). 예컨대, 개인 검사도구로서 성격유형검사(The Myers-Briggs Type Indicator, MBTI), 에니어그램(Enneagram), 성격분석검사(Taylor-Johnson Temperament Analysis, T-JTA), 현실치료의 욕구강도 파일 등이 있다.

가족체계 및 기능을 사정하는 도구로서, 양육관계문제, 의사소통, 행복 사정(Evaluating Nurturing Relationship Issues, Communication, Happiness, ENRICH), 가족적응력 및 응집성 사정척도(Family Adaptablity and Cohesion Evaluation Scale, FACES), 가족사정척도 (The Family Assessment Device, FAD), 자기보고가족척도 (Self-Report Family Inventory, SFI), FEM(Family Environment Model) 등이 활용되고 있다.

부모-자녀 간 또는 가족 간 의사소통을 측정하기 위한 부모-자녀 간 의사소통척도(Parent Adolescent Communication Inventory, PACI), 커플의 사소통척도 (Couple Communication Inventory, CCI) 등과 갈등대처방법을 측정하는 갈등전술척도(Conflict Tactics Scales, CTS) 등이 활용되고 있다.

연습문제

1. 가족에 관한 설명으로 옳은 것은?
   ① 정서적 기능보다 가계 계승과 같은 제도적 기능이 중시되는 방향으로 변화하고 있다.
   ② 부모-자녀관계는 밀착된 경계를 가진 관계일수록 기능적이다.
   ③ 가족문제는 단선적 인과론으로 설명하는 것이 효과적이다.
   ④ 가족항상성은 가족규칙을 활성화하여 지속적인 관계를 유지하도록 한다.
   ⑤ 가족생활 주기가 변해도 역할분담은 고정되어 있는 것이 적응적이다.

2. 가족에 관한 설명으로 옳지 않은 것은?
   ① 저출산으로 가족규모가 축소되었다.
   ② 가족 개념은 시대와 문화의 영향을 받지 않는다.
   ③ 노부부만 남는 빈둥지(empty nest) 시기가 길어지고 있다.
   ④ 과거에 가족이 수행했던 기능이 상당부분 사회로 이양되었다.
   ⑤ 가족관계가 점차 평등하게 변하면서 이로 인해 갈등이 발생하기도 한다.

3. 가족체계의 순환적 인과성에 관한 설명으로 옳지 않은 것은?
   ① 가족체계 내 문제가 세대 간 전이를 통해 나타남을 의미한다.
   ② 가족 구성원이 많을 때 더욱 복잡한 양상을 띤다.
   ③ 상호 영향을 주고받는 과정에서 나타나는 현상이다.
   ④ 가족의 문제가 유지되는 상호작용 과정을 파악하여 문제를 해결한다.
   ⑤ 증상을 표출하는 성원 또는 다른 성원의 변화를 통해 가족 문제를 해결한다.

4. 현대사회 가족의 변화에 해당하지 않는 것은?
   ① 규모의 축소
   ② 권력 구조의 불평등 심화
   ③ 생활주기의 변화
   ④ 기능의 축소
   ⑤ 형태의 다양화

5. 가족생활주기에 관한 설명으로 옳지 않은 것은?
   ① 가족구조와 발달과업의 변화를 파악하는 데 활용한다.
   ② 가족생활주기를 파악하기 위해 가족의 생태도를 작성한다.
   ③ 가족이 형성된 시점부터 배우자 사망에 이르기까지의 생활변화를 볼 수 있다.
   ④ 가족이 발달하면서 경험하게 될 사건이나 위기를 예측하는 데 도움이 된다.
   ⑤ 가족생활주기의 단계는 가족유형이나 사회문화적 배경에 따라 상이할 수 있다.

6. 가계도를 통해 확인하기 어려운 것은?
   ① 가족원의 구성과 구조
   ② 가족의 생애주기
   ③ 세대 간 유형의 반복
   ④ 가족원의 역할 및 기능
   ⑤ 가족과 환경 간 경계의 속성

7. 가족경계(boundary)에 관한 설명으로 옳은 것은?
   ① 하위체계의 경계가 경직된 경우에는 지나친 간섭이 증가한다.
   ② 하위체계의 경계가 희미한 경우에는 감정의 합일 현상이 증가한다.
   ③ 하위체계의 경계가 경직된 경우에는 가족의 보호 기능이 강화된다.
   ④ 하위체계의 경계가 희미한 경우에는 가족간 의사소통이 감소한다.
   ⑤ 하위체계의 경계가 경직된 경우에는 가족구성원이 독립적으로 행동하기 어렵다.

8. 가족개입을 위한 전제조건에 관한 설명으로 옳지 않은 것은?
   ① 한 사람의 문제는 가족성원 모두에게 영향을 미친다.
   ② 한 가족성원의 개입노력은 가족 전체에 영향을 준다.
   ③ 가족성원의 행동은 순환적 인과성의 특성을 갖는다.
   ④ 가족문제의 원인은 단선적 관점으로 파악한다.
   ⑤ 한 가족성원이 보이는 증상은 가족의 문제를 대신해서 호소하는 것으로 본다.

정답 1. ② 2. ② 3. ① 4. ② 5. ② 6. ③ 7. ② 8. ④

Chapter 06

가족 대상 단계별 실천기술

개요

개인 대상 실천에 필요한 여러 가지 준비 및 기초기술이 가족과의 실천에서도 활용될 수 있다. 하지만 가족단위의 개입에 필요한 기술은 개인이나 집단을 단위로 한 개입에 필요한 기술과 구별되는 특성이 있다. 그것은 실천과정에서 사회복지사가 보통 한 사람 이상의 사람을 동시에 상대해야 한다. 여기에서는 가족 대상 단계별 실천기술을 학습하고자 한다.

학습목표

1. 각 단계별 내용 숙지
2. 실천기술의 중요성 인지
3. 실천기술의 적용 이해

학습내용

1. 준비단계
2. 초기단계
3. 중간단계
4. 종결단계

CHAPTER 06

가족 대상 단계별 실천기술

　앞에서 학습한 바와 같이 개인 대상 실천에 필요한 여러 가지 준비 및 기초기술이 가족과의 실천에서도 활용될 수 있다. 하지만 가족단위의 개입에 필요한 기술은 개인이나 집단을 단위로 한 개입에 필요한 기술과 구별되는 특성이 있다. 그것은 실천과정에서 사회복지사가 보통 한 사람 이상의 사람을 동시에 상대해야 한다. 특정 문제가 가족구성원 개개인에게 미치는 영향을 가족의 한 사람이 모두를 대신하여 설명한다는 것은 거의 불가능하다. 따라서, 문제의 원인과 해결방안에 대한 가족구성원 개개인의 의견이 서로 다를 수 있기 때문에 가족 모두에게서 경청할 필요가 있다(오봉욱 외, 2020: 288).

　가족 대상 실천기술에 있어서 발달단계는 학설에 따라 달리 할 수 있지만, 여기에서는 준비단계, 초기단계, 중간단계, 종결단계 등 4단계를 제시하고자 한다. 그 내용은 다음과 같다.

1. 준비단계

1) 접수

　가족을 대상으로 하는 사회복지실천기술은 대개 가족 중 한 사람이 기관을 방문하거나 전화를 통한 의뢰로 이루어진다. 따라서, 초기과정에서 접수(intake)를 하는 사회복지사는 클라이언트가 제기하는 문제가 과연 가족복지실천의 대상인가를 판단하는 것이 중요하다. 제시된 문제가 가족구성원 모두에게 영향을 미치고 가족구성원들이 그 문제의 발생과 유지에 영향을 준다고 판단되면 가족단위의 가족복지실천이 필요하다고 고려될 수 있으며, 클라이언트에게 가족단위의 개입을 추천하여 가족단위 개입 가능성의 여부를 판단할 필요가 있다.

　가족을 대상으로 하는 초기 접수(intake)단계에는 가족구성원 모두나 일부 가족구성원 또는 한 가족구성원만이 참석할 수 있다. 흔히 자녀의 문제로 전화하는 어머니는 자신이 혼자 먼저 와서 상담하기를 원하는 경우가 많다. 그러나 가족 중 한 사람만 먼저 면접에 임하는 경우, 사회복지사와 먼저 상담에 임한 가족의 연합이 형성되었다는 선입견을 품는 위험이 있을 수 있다. 따라서, 가족개입에서 사회복지사는 가능한 한 첫 상담에서 이른 시일 안에 가족구성원 모두가 참여하는 것이 중요하다는 점을 알려주어야 한다.

　이 단계에서는 가족개입이 필요한 이유를 설명하고 가족사회복지실천의 구조와 과정을 간략하게 설명해야 한다. 가족구성원들은 문제를 가진 특정 구성원만 개입의 대상이 되어야 한다고 생각하기 때문에 전체 가족들을 대상으로 하는 가족사회복지실천이나 가족상담의 필요성을 설명하고 충분히 이해시킬 필요가 있다.

2) 접수단계의 기술

　가족 대상 실천에서는 문제를 드러내거나 호소하는 클라이언트가 가족을 대표해서 가족이 안고 있는 문제의 증상을 앓고 있는 것이기 때문에 가족 전체를 대상으로 개입이 이루어져야 한다는 기본 전제를 가진다. 즉, 가족문제는 개인에 국한된 것이 아니라, 가족 전체의 문제로 보아야 한다. 따라서, 사회복지사는 가족을 대상으로 하는 사회복지실천에서 누구를 활동에 참여하고, 누구에게 초점을 두어 도움을 주어야 하는지를 고려해야 한다.
　접수단계에서 사회복지사는 가족을 수용하고 가족에게 적응함으로써 가족의 신뢰를 얻어야 한다. 이를 위해 무엇보다도 가족구성원의 이야기를 잘 경청하는 것이 중요하다. 그리고 가족의 문제를 해결해 주는 전문가가 아닌 가족구성원이 자신들의 목표를 찾아내고 그 목표를 달성하기 위한 노력과 책임을 기울여 나갈 수 있도록 돕는 태도를 보여야 한다. 필요할 경우에는 가족 또는 가족의 주변 사회환경을 변화하기 위한 적극적 역할을 수행함으로써, 개입결과에 대한 책임을 공유할 수 있어야 한다(홍봉수 외, 2023: 224).

2. 초기단계

　가족과 함께 하는 사회복지실천의 초기단계에서는 초기면담과 사정, 계획이 이루어진다. 초기면담에서는 사회복지사와 가족 간의 관계를 형성하는 것과 가족의 문제 및 욕구를 정의하기 위해 가족의 인식을 파악하고 반영하는 것이 주요 과제가 된다. 사정과정에서는 가족이 제시하는 문제 및 욕구와 관련된 자료를 수집하고, 문제 및 욕구를 해결할 수 있는 자원에 대한 정보를 수집하여 해석하는 전문적 판단과정을 수행하게 된다. 계획단계에서는 사정과정에서 파악된 내용을 토대로 하여 가족과 함께 실행목표를 설정하며, 목표달성을 위한 전략을 수립하고, 실행을 위한 구체적인 사항을 가족과 협의하고 계약하는 활동을 수행하게 된다(이태희 외, 2023: 177).

1) 초기면담

초기단계는 가족치료를 하는 첫 상담이 이루어지기 위해서 약속을 맺는 일부터 서너 번의 상담을 통하여 진단과 목표설정이 이루어지기까지의 과정을 말한다. 그 내용은 다음과 같다(김혜영 외, 2023: 259-261 ; 오봉욱 외, 2020: 288-290 ; 윤경원, 2020: 229-232).

(1) 초기 불안의 완화
초기단계의 목적은 가족구성원을 인정하고 활동 전에 가족이 편안하게 느끼도록 하는 것이다. 사회복지사의 따뜻하고 진심에서 우러나온 인사와 소개는 가족체계 간의 관계를 시작하는 좋은 방법이다. 사회복지사는 가족이 만남을 즐겁게 느끼는 방법에 관해 말해야 하며, 어느 정도의 담소는 모임을 부드럽게 할 수 있고 더욱 편안한 분위기를 조성할 수 있다.

(2) 가족단위 개입 필요성 여부 판단
가족상담의 요청은 대개 가족 중 한 사람이 기관에 전화하거나, 기관을 방문함으로써 이루어진다. 사회복지사는 전화나 방문 또는 의뢰 때문에 사회복지사에게 온 문제가 과연 가족상담의 대상인가를 판단하는 것이 중요하다. 문제가 가족 모두에게 영향을 미치고 있는 가족구성원이 그 문제의 유지에 영향을 주고 있다고 판단되는 경우에 가족단위의 개입이 고려될 수 있다. 그렇지 않을 경우에는 개별적 개입이나 집단개입이 고려될 수 있다.

(3) 개입 가능성 여부판단
도움을 요청한 문제로 인해 가족구성원 모두가 영향을 받고 있다고 판단되면, 사회복지사는 다음으로 자신과 자신이 속한 기관이 그 문제를 진단하고 개입할 수 있는 지식과 경험이 있는지를 판단한다. 약물중독, 알코올중독 등과 같은 문제, 공포증 등 극히 개인적인 문제, 가정폭력 문제 등은 가족구성원 전체에게 영향을 주고 가족구성원에 의해 영향을 받는 문제이긴 하지만, 사회복지사가 단독으로 가족상담을 통해서 해결하기 어려운 복합적인 문제일 수 있다. 따라서, 슈퍼바이저와 의논하여 적절한 곳으로 의뢰하여야 할 것이다.

(4) 가족구성원 모두의 참여유도

가족단위의 개입이 요구되는 문제이며, 사회복지사 자신이 속한 기관에서 다룰 수 있는 문제라는 것이 확인된 경우, 가족구성원 중 누가 현재의 가족문제와 직접 관련되어 있는지를 파악한다. 그리고 문제와 직접 관련된 사람이 가족상담을 받기 위해 기관으로 올 수 있는지와 그들의 치료동기를 확인한다. 그리고 가족구성원 중 누가 치료에 도움이 되며, 도움이 되지 않는지, 그 이유는 무엇인지 파악한다. 일단은 문제와 직접 관련된 사람을 중심으로 가족상담을 시작하되, 이번에 오지 못하는 가족은 가족상담을 진행하다가 필요하다고 판단될 경우, 나중에 사회복지사가 상담 참여 요청을 할 것임을 밝힌다. 이는 가족구성원 모두의 관심과 노력이 있어야 가족문제가 해결될 수 있다는 것을 확인시켜 주기 위함이다.

(5) 문제에 대한 대처상황의 파악

문제해결을 위해 가족이 지금까지 가족 안에서 어떤 노력을 기울여 왔는가를 개략적으로 파악한다. 다른 곳에서의 상담이나 치료경험, 지금 가족상담을 받고자 하는 이유 등에 대해서도 질문한다. 첫 면담은 문제와 관련된 기본적인 정보와 적절한 사항에 대화가 집중될 수 있도록 해야 한다. 이 단계는 적극적 경청의 기술이 요구되며, 성급한 충고나 문제해결 방안이 제시되지 않도록 주의한다.

(6) 문제상황에 대한 잠정적 가설을 설정

문제상황이 개략적으로 파악되면 지금까지 파악된 정보를 바탕으로 문제의 원인과 진행과정에 대한 잠정적 가설을 세운다. 가설을 어떤 방향, 어떤 내용으로 세우느냐는 가족상담자나 사회복지사가 가진 이론적 배경이나 틀에 따라 달라질 수 있을 것이다.

하지만 여기서 말하는 잠정적 가설이란 이론적으로 빈틈없는 가설이나 특정 개입모델 또는 이론에 충실한 가설을 의미하는 것이 아니다. 사회복지사가 다루어 본 유사한 사례에 대한 경험, 개인 및 가족발달에 관한 지식, 임상적 추측, 직관 등에 기초를 두고 설정하는 임상적이며 실용적인 가설을 의미한다. 이 가설은 현상의 원인에 대한 답을 찾아내는 데 목적이 있는 것이 아니다. 앞으로 진행할 면담에서 사회복지사는 최초에 세운 잠정적 가설이 옳은 것인가, 그렇지 않은가를 판단하기 위해 여러 질문을 하게 되는데, 최초의 잠정적 가설은 후속 질문의 방향 및 내용을 안내하는 역할을 하게 된다.

(7) 기타 행정적인 측면 언급

상담료, 상담횟수, 1회 상담시간의 길이, 상담 약속의 방법, 약속의 준수 및 취소에 대한 원칙을 언급한다. 이러한 사항에 대한 언급은 초기 접촉의 적절한 시점에서 늦어도 가족단위와의 첫 면담 전에 이루어지도록 한다.

2) 사정

가족사정이란 가족을 하나의 단위로 보고, 가족 내부의 요인과 외부의 요인, 그리고 이들 양자 간의 상호작용을 파악하기 위해 자료를 수집하고 분석하고 종합하여, 가족에 대한 개입을 계획하는 일련의 과정을 말한다. 가족사정은 가족진단이라고도 불리는데, 가족진단은 가족의 병리적 관점이 더 강하다는 이유로 잘 사용되지 않고 가족의 강점, 자원에 초점을 맞추는 가족사정이라는 용어로 사용된다. 가족사정이란 가족을 하나의 단위로 보고 가족 내부의 요인과 외부의 요인, 그리고 이들 양자 간의 상호작용을 파악하기 위해 자료를 수집하고 종합하여 그 가족에 대한 개입을 계획하는 일련의 과정이다(윤경원, 2020: 231).

  가족사정에는 가족에게 나타난 문제와 관련된 구체적이고 객관적인 사실뿐만 아니라, 그 문제에 대한 가족구성원의 주관적인 생각과 감정, 그 문제에 기여한 환경적 요인, 그리고 사회복지사 자기 생각을 성찰하는 과정이 모두 포함된다. 또 가족구성원 간의 관계, 가족과 더 큰 사회체계와의 관계 등과 같은 관계의 차원도 부가된다. 가족사정은 독립적이고 뚜렷하게 구분되는 과정이 아니라, 가족의 기능을 지속해서 재평가하고 체계적으로 이해하는 과정이다. 사정은 첫 면접에서부터 시작되어 가족을 만나는 전 과정 동안 이루어진다. 가족사정을 하기 위해 가장 많이 활용되는 방법은 면접과 관찰, 가계도, 생태도, 사회적 관계망 등이 사정도구로 활용된다.

  가족을 사정할 때, 사회복지사는 가족이 제시한 문제 및 욕구에 대한 초점을 유지하면서, 가족 내부의 역동과 가족과 환경 간 관계, 가족발달 과정에 대한 사정을 통해 사회복지실천과정에서 역점을 두어야 할 변화 영역과 활용 가능한 자원을 확인하고 목표설정을 위한 기초자료를 얻을 수 있어야 한다.

『가족사회복지개론』
(Collins et al., 2012)

  콜린스(Donald Collins) 등은 그들의 저서 『가족사회복지개론(An introduction to family social work, 2012)』에서, 가족사정의 목적을 다음과 같이 주장한다.

  첫째, 그 가족이 가족단위로 일하기에 적합한 가족인지를 판단하고, 만일 그렇다면 어떤 개입이 주요 이슈를 다루기에 적절한지 판단한다.

  둘째, 가족에게 어떤 변화가 구체적으로 일어나야 하는

지를 규명한다.

셋째, 현실적인 목표에 기초해 장단기 목표를 세운다.

넷째, 가족이 바라는 변화를 위해 필요하거나, 활용 가능한 환경과 지역사회자원, 가족의 강점과 자원을 확인한다.

다섯째, 개입결과를 평가하기 위한 기초로, 가족기능의 기초선에 대한 정보를 모으고 이해한다.

여섯째, 최종 도달 지점을 분명히 하고, 사회복지사와 가족이 바라는 결과의 달성을 측정할 수 있도록 상호 동의된 변화 표적을 규명한다.

(1) 사정방법

사정방법은 다음과 같다.

① 면접

가족을 사정하는 방법으로 주로 많이 활용되는 방법은 면접이다. 면접은 기본적인 면접기술과 의사소통기술을 활용해 가족과 관계를 형성하면서 동시에 가족이 말로 전달하는 내용을 중심으로 자료를 수집하는 방법이다. 사정을 위한 면접에서는 주로 직접적/간접적인 질문과 개방적/폐쇄적인 질문을 활용하여 면접하며, 경청, 공감, 반영, 명료화 등의 방법을 통해 자료수집과 초점화를 해나간다.

면접과정은 질문과 진술의 혼합체라고 할 수 있다. 사정과정에서 활용되는 질문의 종류로는 개방질문, 폐쇄질문, 간접질문, 단선적 · 순환적 · 전략적 · 반향적 질문, 초점질문이 있다. 그 내용은 다음과 같다(Tomm, 1988).

개방질문은 주로 '무엇을, 어떻게, 누가, 언제, 왜, 어디서'와 같은 단어로 시작하며, 반응의 수준을 클라이언트가 선택해 자발적으로 정보를 제공할 수 있게 한다. 폐쇄질문은 '예', '아니요'와 같이 간단한 반응을 요구하는 질문으로 구체적인 정보로 좁혀 확인할 필요가 있을 때 활용된다.

간접질문은 질문 효과를 얻을 수 있는 진술문으로, "나는 당신이 아버지에 대해 어떻게 생각하는지 알고 싶군요."와 같이 말해 대답을 강요하지 않지만, 관심 있는 문제를 제시하는 방법이다.

단선적 질문은 "오늘 무슨 일로 오셨습니까?"와 같이 정보를 끌어내기 위해 요청하는 질문이다.

순환적 질문은 문제에 대한 설명을 전개하고 사람, 생각, 사건 간 관계성을 확인하는 데 목표를 두며, "남편이 당신에게 화가 났다고 말했을 때, 당신은 어떻게 반응하셨나요?"와 같은 방식으로 이루어진다.

전략적 질문은 가족 내 패턴에 도전하거나 대면할 때 활용되는 것으로, "당신의 생각을 언제 어머니에게 얘기하려고 하십니까?"와 같은 질문이다.

반향적 질문은 자기 관찰자가 되도록 질문하는 것으로, "자녀에게 화내는 것을 조절하기 위한 당신의 계획은 무엇입니까?"와 같은 방식으로 이루어지는 질문이다.

초점질문은 클라이언트가 구체적인 주제에 초점을 맞추도록 도와주는 질문으로, "당신을 괴롭히는 것이 여러 가지가 있군요. 그중에서 가장 먼저 얘기하고 싶은 것은 어느 것인가요?"와 같은 질문이다(Collins et al., 2012).

② 관찰

관찰은 비언어적인 형태의 자료를 수집할 때 유용한 방법으로, 가족의 신체적 특징, 비언어적 행동, 에너지 수준, 감정, 언어적·비언어적 표현 사이의 일치 여부 등을 알 수 있게 해 준다. 가족을 사정하는 동안 사회복지사는 '내용'과 '과정'을 파악할 수 있어야 한다. 내용이란 가족이 사회복지사에게 제공하는 실제적인 정보를 말하며, 과정이란 가족이 서로 어떻게 상호작용하는지를 의미하는 것이다. 내용에 대한 정보가 면접을 통해 얻을 수 있다면, 과정에 대한 정보는 가족 내 상호작용방식을 관찰하는 과정에서 얻을 수 있다. 사회복지사는 가족 상호작용과정, 예컨대 힘, 권력과 관련된 미묘한 이슈, 도움을 요청하고 받는 데 대한 양가감정을 관찰하고, 또 사회적으로 낙인이 부여된 문제를 논의하는 것, 강렬한 느낌의 직접적이고 충분한 표현을 억압하는 것을 관찰해야 한다. 가정방문은 환경적·물질적 자원에 대한 정보를 사회복지사에게 제공하는 것 외에 일상생활에서 가족구성원이 어떻게 상호작용하는지 관찰할 기회를 제공한다(Collins et al., 2012).

③ 도구의 활용

도구의 활용은 면접, 관찰과 더불어 가족에 대한 정보를 얻고 해석할 방법의 하나이다. 가족사정 과정에서 활용할 수 있는 도구에는 가계도, 생태도, 사회관계망, 실연 및 가족조각, 가족사정 척도 등이 있다. 이러한 도구들은 내용적인 면에서 가족사정에 유용한 정보를 제공하기도 하지만, 사정과정을 이끌어 감에 있어 면접과 관찰 과정을 촉진하는 도구로도 기능한다. 가계도, 생태도를 함께 작성해 가면서 참여자와 연합을 도모하고, 사정의 초기단계에서 이야기의 실마리를 풀어 가는 시작점을 제공할 수 있다. 그리고 실연 및 가족조각기법과 같은 도구를 활용해 가족 상호작용 양상을 관찰할 수 있게 하며, 가족이 자신들의 상황에 대해 함께 인식할 수 있게 함으로써 이후 과정으로의 진전을 촉진할 수 있다.

(2) 가족사정틀

존슨과 얀카(Louise C. Johnson and Stephen J. Yanca)는 2015년 그들의 저서 『사회복지실천(Social Work Practice: A Generalist Approach)』에서, 가족단위의 클라이언트체계를 사정하는 틀로 가족단위의 사회력 전개틀을 제시한다. 이 가족사정틀은 '체계로서의 가족(가족의 구조, 기능, 발달)', '가족이 제시하는 관심사 및 욕구', '욕구를 충족시킴에 있어서 강점과 도전'으로 구성되어 있다. 이 가족사정틀은 가족단위에서 사

『사회복지실천』
(Johnson&Yanca, 2015)

정되어야 하는 영역을 체계적으로 담아내고 있어서, 사정과정을 이끌어 가거나 사정내용을 기록하는 지침으로 유용하게 활용될 수 있다(Johnson & Yanca, 2015).

사회적 전개틀은 〈표 6-1〉과 같다.

〈표 6-1〉 사회력 전개틀 : 가족

1. 일반적인 정보(기관의 필요에 따라 구성)

1) 가족구성원의 이름과 생년월일, 사망일
2) 결혼 날짜, 이전 결혼 날짜
3) 종교, 인종, 문화적 배경
4) 처음 접촉한 날짜, 의뢰자

2. 체계로서의 가족(각 회기에서 강점, 자원, 도전 기록)

1) 가족구조
  (1) 가족체계 내에서 기능하고 있는 모든 사람 규명(체계의 일부로 기능한다면 확대가족과 비혈연 관계도 포함)
  (2) 하위체계 : 부부, 부모, 형제, 부모-자녀 하위체계나 그 외 하위체계의 기능과 관계 기술
  (3) 가족결속력 : 가족이 그 체계, 경계, 관계를 유지하는 방법 기술. 가족구성원 사이의 연결과 분리의 이슈, 가족 규칙과 규범, 정서적인 분위기 포함
  (4) 가족환경
    ① 생활상태
    ② 사회경제적 지위
    ③ 지역사회나 이웃의 특징 및 그 가족과 지역사회나 이웃의 관계 : 가족에게 중요한 지역사회 조직과 기관, 이들과의 관계 특성 포함. 지역사회와 이웃 자원 그리고 그 지역사회에서 가족을 위한 책임 및 영향력 기술
    ④ 확대가족 : 친척, 확대가족 내 중요한 사람, 이 가족체계의 영향에서의 강점, 이로부터 비롯되는 자원·책임·영향력

2) 가족기능
  (1) 의사소통 패턴
  (2) 의사결정 패턴

(3) 역할수행
    ① 일과 집안일의 기준과 실천
    ② 부모역할과 자녀양육의 기준과 실천
    ③ 체계 구성원 지지 : 성장 격려, 돌봄, 관심
  (4) 가족이 습관적으로 적응하고 대처하는 메커니즘
  (5) 가족의 생태도 구성
 3) 가족발달·역사
  (1) 뿌리, 문화집단과 이전 세대가 가족체계에 미친 영향
  (2) 가족생애에 중요한 사건
  (3) 가족생애 발달단계
  (4) 가계도 구성

3. 관심사 및 욕구

1) 이 가족은 왜 기관에 왔는가? 어떤 서비스를 요구하는가?
2) 가족구성원 개인의 욕구
3) 가족 내 하위체계의 욕구(부부체계나 부모체계에 특별한 관심 필요) :
    위해 필요한 변화나 자원, 그 외 원조 규명
4) 가족체계의 욕구
  (1) 개인과 하위체계의 욕구가 가족체계에 어떻게 영향을 주는지 고려
  (2) 체계로서의 가족에게 영향을 주는 환경적인 책임, 기대, 다양한 요인 고려.
  (3) 가족체계의 욕구충족 방해물 규명

4. 욕구를 충족시킴에 있어 강점과 도전

1) 이 가족은 서비스가 제공된 결과로 무슨 일이 일어나기를 원하는가?
2) 서비스와 관련된 가족의 생각, 관심, 계획은 무엇인가?
3) 변화 또는 서비스 이용에 대한 가족의 동기는 무엇인가?
4) 대처와 변화를 위한 가족의 역량은 무엇인가? 무엇이 영향을 줄 것인가?
5) 변화를 위한 가족의 자원은 무엇인가(체계 내부)?
6) 이 가족의 변화를 지지할 수 있거나 경감시킬 수 있는 환경적인 자원, 책임, 영향력은 무엇인가?
7) 변화와 관련된 가족체계의 동기, 역량, 기회에 영향을 줄 수 있는 다른 어떤 요인이 있는가?
8) 이 가족에 대해 체계 및 환경의 현실적인 기대가 있는가?
9) 욕구 충족과 관련하여 가족의 강점과 도전은 무엇인가?

자료 : Johnson & Yanca(2015).

3) 계획

계획은 변화에 초점을 둔 실행과 사정을 연결하는 가교역할을 한다. 계획은 사정에 기초하며, 사정의 산물로, 합리적인 선택에 기초하고, 가능한 범위에 관한 판단을 포함한다. 사정과정이 가족상황을 이해하고 잠재적인 자원을 규명하는 것이라면, 계획과정은 사정내용을 바라는 결과를 기술하는 목적 진술로 바꾸는 것이다(Johnson & Yanca, 2015). 계획과정은 구체적인 목표를 설정하는 것뿐 아니라, 목표를 달성하기 위한 행동단계를 구체화하여 누가, 무엇을, 언제까지 수행할 것인지를 분명히 하며, 시간계획, 투입비용 및 평가수단에 대해 고려하는 것을 포함한다.

가족과의 계획단계에서는 사정과정에서 파악된 내용을 기반으로 하여 가족과 함께 실행의 목표를 설정하며, 목표달성을 위한 전략을 수립하고, 목표와 전략을 포함해 실행을 위한 구체적인 사항을 가족과 협의하고 계약하는 활동을 수행하게 된다.

(1) 공동의 목표 및 전략 설정

가족과 계획을 세우는 데 있어서 도전은 각 개인의 욕구와 목표를 다른 사람과 가족체계의 욕구와 목표와 함께 균형을 맞추어야 한다는 것이다(Johnson & Yanca, 2015). 이 단계에서는 가족 내 모든 구성원을 포괄하는 공동의 목표를 설정하는 것이 주요 과제가 된다. 목표설정에 동의하기 위해 협력하는 것은 필수적이다. 가족의 문제 인식 및 변화 동기를 사정하고, 그에 기초해 가족이 공유할 수 있는 공동목표를 수립해야 한다. 목표는 문제해결을 위해 가족 모두가 참여하여 행동할 수 있어야 하며, 이를 달성하기 위한 전략을 명확히 해야 한다.

계획단계에서 사회복지사와 가족구성원은 문제를 해결하는 것과 관련해서 공동의 목표달성을 위한 전략을 세워야 한다. 제법 많은 사람이 관여되어 진행되는 가족개입실천 역시 구체적이면서도 명료한 목표설정이 매우 중요하다. 이를 위해 가족과 사회복지사가 협력하는 것이 필수적이고, 목표는 문제해결을 위해 가족 모두가 참여하여 행동할 수 있어야 한다. 일단 목표가 구체화하면 그 목표달성을 위한 과정, 역할, 책임져야 할 가족구성원 등이 분명해져야 한다(윤경원 외, 2020: 232).

(2) 가족과의 계획 합의 : 계약

가족과 계획한 사항에 대해 가족구성원 모두와 합의하고 계약하는 것은 중요하다. 실행단계에서 가족이 주체적으로 참여하고 행동하기 위해서는 실행을 위한 중요한 의사결정이 이루어지는 계획단계에서 가족구성원의 욕구와 실행 의지가 반영되어 참여동기를 높이는 것이 중요하기 때문이다.

가족단위의 실천에 있어 문제 및 욕구에 대해 논의하는 것뿐 아니라, 문제 및 욕구를 정의하는 것, 목표와 방법에 대해서 가족 모두가 합의하고 계약하는 것이 필요하다.

만남의 시간, 장소에 관한 사항뿐 아니라, 가족구성원 개개인의 행동과업에 대해서도 가족구성원의 합의를 얻어서 참여를 확보할 수 있어야 할 것이다.

3. 중간단계

가족 대상 사회복지실천의 중간단계는 개입과정의 핵심이다. 중간단계의 일반적인 과업은 목표달성과 문제해결을 위한 계획의 실천이다. 이 과정에는 클라이언트와 클라이언트 주변 환경에 개입하여 변화를 초래하는 것이 포함된다. 또한 오래된 역기능적 규칙, 연합, 신화, 역할모델 등에 대해 분석하게 되고, 그것들에 대한 대안도 제시하게 된다. 일반적으로 이들 대안이 가족의 생각, 감정, 상호작용의 새로운 형태로 자리 잡기 위해서는 오랜 시간이 걸리며, 반복적인 실천이 요구된다. 한편, 여느 체계와 마찬가지로 가족 대상 실천의 중간단계에서도 저항과 양가감정이 나타날 수 있다. 저항의 발생은 지극히 자연스러운 현상이라는 것을 알려주고, 자신들이 문제해결의 중간단계까지 도달했음을 격려해 주면, 저항은 자연스럽게 해결되기도 한다. 또한 가족구성원이 사회복지사에게 직접 자신의 감정을 말할 수 있다면 그것은 가족이 그만큼 건강해졌다는 것으로 볼 수 있으므로 가족들이 자신감을 가지게 해 주어야 한다(이태희 외, 2023: 179).

1) 중간단계의 목표

사회복지사의 개입은 직접적 개입과 간접적 개입의 두 가지 형태로 구분할 수 있다. 직접적 개입은 사회복지사가 한 사람의 임상전문가로서 가족의 기능과 강점을 향상하거나 가족문제를 경감하기 위한 직접적인 활동을 의미하며, 간접적 개입은 가족을 둘러싼 주변체계의 행동이나 가족과 주변체계 간의 관계를 변화하는 활동을 의미한다. 중간단계의 목표는 가족기능의 향상이다. 이를 위하여 사회복지사는 가족에게 지지, 교육 및 구체적인 도움을 제공한다. 사회복지사는 가족이 위기에 적극적으로 대처하도록 돕거나 문제를 해결하도록 원조함으로써 가족의 기능이 향상되도록 돕는다.

목표달성을 위한 효과적인 실천을 위해서 사회복지사는 다음의 사항을 염두에 두어야 한다(이태희 외, 2023: 180).

첫째, 사회복지사의 욕구보다는 클라이언트와 가족의 욕구에 우선으로 초점을 둔다.

둘째, 클라이언트의 의존심을 조장하는 것을 피하고, 독립심을 고취해야 한다.

셋째, 클라이언트가 나타내 보이는 저항의 의미를 재사정한다.

넷째, 사회복지사는 독립적이고 효과적인 가족이 되도록 돕기 위해서 클라이언트 가족과의 명확한 경계가 필요하며, 전문적인 거리를 유지한다.

다섯째, 클라이언트와 가족이 스스로에 대해 능력이 있다고 느끼도록 적당한 기대를 하도록 한다.

2) 실천기술

중간단계에서의 실천기술은 가족치료모델에 따라 접근방법이 달라지지만, 여기에서는 공통적으로 활용할 수 있는 기법을 소개한다(이영호, 2022: 322-328, 오봉욱 외, 2020: 293-295).

(1) 문제의 재정의
사회복지사는 가장 많이 쓰는 개입방법의 하나가 재정의, 재명명화, 긍정적 의미부여라고 불리는 역설적 방법이다. 문제를 보는 시각을 바꿈으로써 새로운 해결책을 찾아내려고 하는 것인데, 이것은 짧은 언급이나 긴 문장으로 진술된다. 어떤 가족의 특정 행동과 성격 특성은 재명명화에 의하여 새롭게 이름 붙여지는데, 가족은 이러한 과정을 통하여 스스로 재조명해 볼 수 있다. 재명명은 부정적이기보다는 긍정적인 용어를 사용하는 것이 바람직하다.

(2) 칭찬
사회복지사의 칭찬은 가족을 변화하는 데 도움이 된다. 특히, 해결중심 가족상담에서는 개입에서 다른 것보다 칭찬에 많은 시간을 할애한다. 의외의 칭찬은 이들의 자존감을 높이고, 더 나아가 변화하고자 하는 동기를 자극하게 된다. 따라서, 가족이 성공적으로 과제를 수행할 때, 사회복지사는 칭찬 등의 보상을 아끼지 말아야 한다.

(3) 경험적 기법을 사용한 상담
경험적 상담을 할 때는 다음의 세 가지 규칙을 기억해야 한다.

① 역할극을 하는 상담 초기에 미리 가족에게 알려야 한다.
② 가족이 자연스럽게 역할극의 역할을 할 수 있도록 유도한다.
③ 역할극에서 하게 될 역할을 자세하게 설명함으로써 가족 자신이 무엇을 해야 하는지 정확하게 파악할 수 있어야 한다. 이때 사회복지사가 직접 시범을 보여 주면, 가족은 쉽게 알 수 있다.

(4) 직면

상담에서의 직면의 위상은 양면적이다. 직면은 가족을 변화하는 가장 효과적인 공헌을 할 수 있기도 하며, 때로는 정반대로 상담을 파국으로 이끌 가능성도 있다. 따라서, 적절한 충격과 완충상태를 제공해 줄 수 있는 관계로 발전한 후에 직면하는 것이 바람직하다.

(5) 과제

사회복지사에 따라 가족에게 어떤 과제를 수행하도록 요구하게 되는데, 가족에게 과제를 제공할 경우 가족이 그 과제를 수행할 수 있는지를 파악하고, 가족에게 그 과제의 중요성과 과제를 수행함으로써 얻을 수 있는 것이 무엇인지, 그리고 과제를 수행하는 방법에 대해서 구체적으로 설명해 주어야 한다. 이처럼 상담 초기에 과제를 확인하는 목적은 상담을 더욱 쉽게 하고, 과제의 중요성을 강조하고, 사회복지사와 신뢰를 유지하는 데도 도움이 되기 때문이다.

(6) 예상하지 못한 문제 처리하기

① 가족이 상담장소를 떠날 때
때때로 가족 중 한 명이 격양된 감정을 표현하다가 갑자기 면담장소에서 나가 버리는 경우가 있다. 사회복지사는 그런 일에 그리 놀라서는 안 된다.

오히려 가족의 조직을 관찰하는 데 중요하고, 새로운 자료로 사용할 수 있을 것이다. 떠난 사람이 다시 면담에 돌아오든 안 돌아오든 가족 전체로 보면 어떤 행동을 보이고 어떤 식의 반응이 일어나는지의 과정을 파악하는 측면에서 가치가 있다.

② 상담동기의 저하

가족에게 상담의 동기를 부여하는 방법은 사회복지사가 낙관적인 태도를 보이면서 상담을 성공리에 마치면 사태가 어떻게 될 것인가를 설명하거나, 그러한 상황을 확신하는 언어를 상담 중에 언급하는 것이 효과적이다.

4. 종결단계

가족개입 종결기에서는 개입을 통한 가족 또는 성원들의 변화를 확인하고, 가족이 변화를 유지할 수 있도록 지원하며, 필요한 경우 추후 면접을 계획한다. 종결단계의 주요 초점은 제시되었던 가족의 문제나 욕구가 실천과정을 통해 해결되었는지를 평가하고, 실천과정에서 성취한 변화가 견고하게 지속할 수 있게 하는 것이다. 또한 남아 있는 문제를 재검토하여 이후의 작업을 결정하고 사후지도와 의뢰과정을 진행하는 것도 포함된다. 보통 가족의 불평이나 문제 증상이 사라지고, 가족이 서로 만족해하며, 가족 간 경계가 융통성 있게 변하면 상담을 종결한다. 이때 가족은 스스로 노력하여 문제를 해결하는 방법을 찾아내며, 바람직하지 못한 행동을 변화시킬 수 있게 된다(윤경원, 2020: 238).

종결단계의 내용은 다음과 같다.

1) 종결의 시기를 판단하는 기준

사회복지사는 상담을 종결해야 할 적절한 시기가 언제인지를 판단할 수 있어야 한다. 이 시기에 도달하면 다음과 같은 구체적인 단서나 변화가 나타나게 된다(Nelson, 1983).
① 제시된 문제가 해결되고, 증상이 완화되거나 소멸한 때
② 초기에 설정한 상담목표가 이루어진 때
③ 가족구성원이 상담을 통하여 새롭게 습득한 대처방법이나 행동 방식을 계속 유지할 때
④ 가족구성원 간의 의사소통에서 비생산적인 다툼이나 갈등이 감소하고, 의사표현이 솔직하고 갈등을 협상할 수 있는 능력을 갖추게 된 때
⑤ 가족의 구조와 규칙이 융통성 있고 기능적으로 된 때
⑥ 가족구성원의 상호작용이 긍정적이고 관계가 개선된 때
⑦ 가족의 발달단계에 적합하게 가족구성원의 역할과 기능이 수행된 때
⑧ 미래에 비슷한 문제가 발생하더라도 잘 처리할 자신감을 보여 주고 자발적인 활동이 증가한 때
⑨ 상담의 진행이 부진하거나 가족구성원이 상담에 소극적으로 된 때

2) 클라이언트와 사회복지사의 정서적 반응 다루기

종결은 클라이언트에게 중요한 감정적인 욕구를 만족시켜 온 관계가 사라진다는 고통스러운 과정을 의미한다. 따라서, 심리적인 스트레스를 최소화하면서 효과적으로 종결하기 위해서는 클라이언트의 정서적인 반응을 다루어야 한다. 사회복지사 역시 종결에 대한 자신의 감정(성취감, 실패감, 시원함, 아쉬움, 허탈감, 분노, 불안 등)에 직면하고 가족이 종결할 준비가 되어 있는지를 평가하며, 그들의 반응을 예측하고 종결방법을 계획한다(Nelson, 1983). 가족과 함께 사회복지사는 상담 초기와 현재의 상태를 비교하고 그동안의 상담과정을 되돌아보면서 상담목표에 얼마나 근접해 있는지 이야기를 나눈다. 상담과정 동안 획득된 성과를 유지하고 계속 발전할 수 있도록 장기

적 목표를 세워 과제를 수행하도록 격려한다.

3) 의뢰하기

 종결시기가 되었는데도 목표가 달성되지 않았거나, 달성되었더라도 클라이언트에 대한 새로운 서비스의 필요성 여부를 확인하여 새로운 서비스가 필요한 때를 의미한다. 문제해결이 어려울 경우에는 다른 상담전문가에게 도움을 받기 위하여 클라이언트를 인도하는 것은 부끄러운 일이 아니다. 따라서, 새로운 서비스가 필요할 때에는 다른 전문가에게 도움을 청하는 것은 자연스러운 일이다.

4) 평가하기

 상담을 종결하면서 원조과정의 결과를 평가한다. 상담과정 동안 개입의 효과성과 효율성을 측정하고 무엇이 가족에게 도움이 되었고, 어느 정도의 변화가 있었는지, 어떠한 것들이 달리 진행되었어야 했는지를 이야기한다.
 평가의 일차적인 목적은 목표를 달성했는지를 측정하는 것이다. 즉, 가족복지실천이 얼마나 효과적이었는지를 측정한다. 또한 평가과정을 통해 실천의 효율성을 측정할 수 있다. 이러한 과정을 통해 가족과 사회복지사 모두 실천내용에 대해 점검하고 평가함으로써, 반성할 기회를 얻고 새로운 활동에 반영한다. 이를 통해 특정 문제나 가족에게 효과가 있는 개입방법을 적용하게 되어 효과적인 개입을 가능하게 하며, 사회복지사의 능력을 향상할 수 있다.

5) 계획되지 않는 종결 시 대처기술

 클라이언트 가족의 변화를 주의 깊게 추적해 온 가족치료자인 사회복지사는 클라이언트 및 가족이 종결하고자 할 때를 예측할 수 있어야 한다. 가족 상담의 개입과정에서 가족이 갑자기 종결을 원하는 경우, 가장 보편적인 사유가 가족치료 상담을 통한 가족의 변화가 없거나, 가족구성원 중 일부 또는 모두가 면담시간의 거북함을 느끼는 경우이다.

 종결 시에 활용되는 실천기술은 지금까지의 개입과정을 검토하고 긍정적인 변화를 지지하며 향후 충족되어야 할 욕구를 요약하는 것이다. 가족개입이 보통 8~12회기로 진행되는 것을 고려할 때, 마지막 2회 정도는 종결을 준비해야 한다. 이때 지금까지의 개입과정에서 이루어낸 다양한 변화를 논의하면서 각 구성원이 자신과 다른 성원의 변화를 설명하도록 하면 도움이 된다. 이러한 과정은 변화를 명확히 할 수 있고 강화하는 효과를 낸다. 추수면접에서는 가족의 항상성을 유지하기 위한 자원을 규명하고, 가족이 성취한 목표를 점검하는 데에 초점을 맞춘다.

 종결의 과제를 정리하면 다음과 같다(윤경원, 2020: 240-241).

① 현재 문제상태가 어떠한가?
② 가족개입 이후 어떤 변화가 있었는가?
③ 유사한 문제가 생긴다면 가족은 이를 어떻게 다룰 것인가?
④ 문제에 대한 가족의 생각이 어떻게 달라졌는가?
⑤ 개입 종결에 대해 성원들은 어떻게 느끼는가?
⑥ 다시 가족개입이 필요하다고 느끼는 요인들은 무엇인가?
⑦ 사후 면접에서 가족 항상성을 유지하기 위한 자원은 무엇인가?

 그러므로 가족문제가 해결되었을 때 종결이 이루어지는 것이 가장 바람직하며, 환경적 상황이 변하거나, 가족구성원이 중도 종결을 원하여 종결이 이루어지기도 한다. 한편, 종결은 계획된 것일 수도 있고, 예기하지 않은 것일 수도 있다. 따라서, 상황에 맞게 사회복지사가 판단하고 조정해 나가는 기술이 필요하다.

연습문제

1. 전략적 가족치료의 이중구속에 관한 설명으로 옳지 않은 것은?
   ① 증상을 이용한다.　　　　　② 빙산기법을 이용한다.
   ③ 지시적 기법을 이용한다.　　④ 역설적 기법을 이용한다.
   ⑤ 치료자의 지시를 따르지 않아도 문제가 해결될 수 있다.

2. 다음 〈가족 사례〉에 적용된 실천기법은?

   - 클라이언트 : "저희 딸은 제 말은 안 들어요. 저의 남편이 뭐든 대신 다해 주거든요. 아이가 남편 말만 들어요. 결국 아이 문제로 인해 부부싸움으로 번지거든요."
   - 사회복지사 : "아버지가 아이를 대신해서 다해 주시는군요. 어머니는 그 사이에서 소외된다고 느끼시네요. 자녀가 스스로 할 수 있도록 아버지는 기다려 주고 어머니와 함께 지켜보는 것이 어떨까요?"

   ① 합류　　　　　② 역설적 지시　　　③ 경계선 만들기
   ④ 증상처방　　　⑤ 가족조각

3. 다음 〈사례〉에서 사회복지사가 우선적으로 개입해야 하는 것은?

   A씨는 25세로 알코올중독 진단을 받았으나 문제에 대한 본인의 인식은 부족한 상황이다. 현재 A씨는 부모와 함께 살고 있으나 몇 년 전부터 대화가 단절되어 있다. A씨가 술을 마실 때면 아버지로부터 학대도 발생하고 있는 상황이다.

   ① 경직된 가족경계를 재구조화한다.
   ② 단절된 의사소통의 문제를 해결한다.
   ③ 알코올중독 문제에 관여한다.
   ④ 술 문제의 원인으로 보이는 부모를 대상으로 상담한다.
   ⑤ 부모 간 갈등으로부터 벗어나도록 자아분화를 촉진한다.

4. 다음 사례에서 사회복지사가 활용한 개입기법은?

> 가족사정단계에서 아내는 자신에게서 멀어지는 남편을 대신하여 아들(15세)에게 지나치게 관여해 왔고, 아들은 부모의 관계 회복을 위해 문제행동을 나타내는 것으로 파악되었다. 어머니는 아들의 문제행동 해결을 위해 몇 차례 자녀훈육기술 교육을 받았으나, 별 효과가 없었다고 한다. 따라서, 사회복지사는 아들의 문제행동을 주요 개입대상으로 삼는 대신, 아내가 남편과의 갈등을 직접 해결하도록 돕는 노력을 하기로 했다.

① 탈삼각화　　　② 균형 깨뜨리기　　　③ 재구성
④ 문제의 외현화　⑤ 경계만들기

5. 다음 사례에 나타난 가족 개입기법은?

> 사소한 말다툼이 큰 싸움이 되는 과정에서 서로 상처를 주는 말이 쌓여 부부관계가 악화하였고, 끝내는 이혼을 고려하고 있는 부부를 상담 중인 사회복지사는 다음과 같은 과제를 주었다.
> "잘 알겠습니다. 그럼 이렇게 해보시죠. 집으로 돌아가셔서 일주일에 이틀을 정해. 두 분이 싸울 거리를 한 가지씩 찾아내서 부부싸움을 30분간 하시는 겁니다."

① 실연　　　② 코칭　　　③ 증상처방
④ 가족조각　⑤ 역할연습

정답 1. ③ 2. ③ 3. ③ 4. ① 5. ③

Chapter 07

집단 대상 실천기술의 기초

개요

집단은 하나의 사회체계로서, 구성원들의 상호작용을 바탕으로 개인의 사회적 관계를 증진하며, 다양한 욕구를 충족하고 문제를 해결한다. 집단은 구성원들의 활동에 따라 구성원 각자와 사회에 유익하기도 하지만, 부정적인 영향력을 미치기도 한다. 한편, 집단은 다른 집단에 의해 영향을 받으며, 지역사회나 국가의 기대, 가치관, 문화 등에 의해 영향을 받는다. 여기에서는 집단 대상 사회복지실천기술을 학습하고자 한다.

학습목표

1. 집단의 개념 파악
2. 사회복지사의 역할 및 과제
3. 개인, 가족, 집단에 대한 상호이해

학습내용

1. 집단의 개념
2. 집단사회복지실천의 원칙
3. 집단의 유형
4. 집단사회복지실천의 접근모델

CHAPTER 07

집단 대상 실천기술의 기초

1. 집단의 개념

1) 집단의 정의

집단이란 한 개인으로서 서로 인식하고 상호작용하며, 사회적 실체로서 집단에 대한 의식을 공유하고, 구성원들의 집단과 연관된 행동에 의해 영향을 받으며, 자연적이고 표현적인 행동이 지배적인 두 명 이상으로 구성된 사회조직의 한 형태이다(장미리 외, 2022: 356).

집단은 두 사람 이상이 공동목적이나 관심을 가지고 모여서 서로 인지하고, 감정을 공유하며, 집단기능을 위해 규범을 만들고 행동을 위한 목표를 수립하며, 응집력을 발전하므로 타 집단과 구별된다(Hartford, 1972). 즉, 인간은 사회적 동물이라는 명제는 인간의 성장과 발달에 영향을 미치는 중요한 사회환경 중 하나가 집단이라는 것을 강조하는 말이다.

집단은 가족과 같이 개인의 성장과 발달에 큰 영향을 미치는 환경체계이다. 개인은 생애주기를 통해서 유아기에 또래집단을 비롯한 학급, 동아리, 학교, 직장, 사회단체, 지역사회에서 다양한 목적과 조건에 따라 수많은 집단을 경험한다. 개인이 경험하는 집단의 유형과 그 집단 속에서 수행하는 과업과 역할은 그의 성격형성, 인간관계 그리고 생활과업 수행에 직접적 또는 간접적으로 영향을 미친다. 따라서, 개인이 경험하는 다양한 집단은 가족 다음으로 가장 친숙하고 직접적이며, 상호작용이 활발한 환경체계라고 할 수 있다(이영호 외, 2022: 201).

인간은 전 생애에 걸쳐 다양한 집단경험을 하게 된다. 인간은 환경적 요구에 적응하고, 때로는 환경을 자신에게 맞게 변화시켜 나감으로써 성장하고 발전한다. 인간이 경험하게 되는 집단의 유형과 성격, 집단 내에서 차지하는 지위와 과업 등은 인간에게 끊임없는 상호작용을 함으로써, 개인의 성격형성에 영향을 미치게 된다. 일반적으로 집단은 한 개인으로서 인식하고 상호작용하며, 사회적 실체로서 집단에 대한 의식을 가지고, 구성원의 집단과 관련된 행동 때문에 영향을 받으며, 표현적 행동이 지배적인 사회적 조직형태이다(Norlin et al., 2008).

『인간행동과 사회환경』
(Norlin et al., 2002)

집단이란 대면 접촉을 하는 두 사람 이상의 개인들이 다른 구성원들을 알고, 자신이 그 집단구성원임을 인식하여 상호목적을 달성하기 위해 상호 의존관계에 있는 상태를 말한다(Johnson & Yanca, 2015). 집단경험은 인간의 전 생애에 걸쳐 성격형성과 발달에 영향을 미치며, 인간의 행동변화에도 영향을 미친다.

집단의 정의는 다양한 관점에서 제시되고 있는데, 사회심리학에서 집단의 정의는 행위를 규제하는 어떤 규범을 공유하고, 어느 정도 지속적이고 또 반복적인 역할관계로 맺어진 세 사람 이상의 개인들로 이루어진 사회적 단위를 말한다. 체계로서의 사회집단의 정의는 개인들이 서로 인식하고, 상호작용하며, 사회실체로서 집단에 대한 의식을 공유하고 구성원들의 집단과 연관된 행동 때문에 영향을 받으며, 자연적이고 표현적 행동이 지배적인 두 명 이상으로 구성된 사회조직의 한 형태로 정의한다.

그러므로 집단이란 서로 관련된 사람들의 집합이기 때문에 개인들의 단순 집합이 아니며, 집단 내에 있는 사람들의 관계가 구조화되고 유형화된 하나의 조직된 체계라고 규정할 수 있다. 따라서, 이 집단은 두 사람 이상이 하나의 단체를 이루어 공통의 목적과 흥미 또는 관심을 상호 간에 교환하면서 상대에게 영향을 주고받는 형태라고 할 수 있다.

집단의 특징은 다음과 같다(김용환 외, 2023: 269).

- 규모(크기)가 작다. 최소 둘 이상의 사람으로 이루어진다.
- 보통 집단구성원이 집단에서 이탈하거나 새로운 구성원이 들어올 때에도 집단의 규칙(규범)은 그대로 지속하는 특성을 갖는다.
- 최소한의 역할분화가 이루어진다.
- 집단구성원 간 상호작용은 주로 대면적으로 이루어지며, 협의로 정의된 역할에 전적으로 근거하기보다는 전인격적으로 이루어진다.
- 집단목적은 집단구성원의 욕구에서 나오며, 명시적이지 않고 묵시적인 경향이 있다.
- 집단구성원은 공통된 집단정체성을 가지며 집단을 하나의 실체로 지각한다. 다양한 집단활동을 통해 '우리'라는 의식이 형성된다. 예컨대, 우리 반, 우리 동네, 우리 동아리 등이 있다.
- 집단은 집단과 관련된 구성원들의 행동에 영향을 미치는 규범 체계를 포함한 하위체계를 갖는다. 이를 통해 사회화 및 사회통제(어떤 방식으로 행동해야 하는지에 대한 사회적 통제) 기능을 수행한다.
- 집단구성원 간 관계와 상호작용 속에서 구성원들의 행동은 이성적 요소들보다는 정서적 요소들에 의해 주로 유발된다.

- 집단체계는 그 구성원인 개인의 동기, 태도, 행위 등에 영향을 미친다.
- 집단체계가 인간행동에 미치는 영향은 집단의 역동성으로 나타나게 된다.

집단이 항상 긍정적 기능만 하는 것은 아니다. 집단은 구성원에게 아무런 영향력이 없거나, 오히려 구성원이나 사회에 파괴적이고 강력한 영향력을 행사할 수 있는 사회환경도 된다. 또한 집단은 대인 간 갈등을 초래하거나 부적절한 지도자 선발을 할 수도 있다. 심지어 사회심리학자 가운데는 집단이 유해한 사회환경이라고 주장하는 사람도 있다. 예컨대, 집단은 좋지 않은 결정을 내리고, 곤경에 빠진 사람을 돕는 것을 거절하며, 괴상한 행동을 일삼고, 폭도가 되기도 한다는 것이다(Buys, 1978). 유아기부터 노년기까지 모든 생활주기에서 인간은 다양한 집단을 경험하면서 이 집단들로 인해 인간발달 및 인간행동에 직접적 또는 간접적인 영향을 받는다. 개인이 사회적 관계를 맺고 있는 집단은 필요한 도움을 줄 수 있는 환경체계가 될 수 있다. 반대로, 또래집단에서의 따돌림과 같이 집단이 개인에게 유해한 환경체계가 될 수도 있다. 환경체계로서의 집단에 대한 이해는 사회복지실천에서 클라이언트체계의 사정 및 개입과 관련해 중요한 핵심 요건이 된다(이인정·최혜경, 2020: 577).

2) 집단체계

집단은 상호작용을 하는 구성원들로 이루어져 있으며, 구성원들 간의 상호작용은 개별구성원뿐만 아니라, 집단 전체에도 영향을 미친다. 즉, 집단구성원은 집단활동을 통해서 자신에 대해서 이해하며, 자신의 성장과 발전을 도모한다. 집단구성원 각자는 다른 구성원들로부터 영향을 받게 되며, 자신의 행동을 통해서 다른 구성원에게 영향을 미친다. 또한 전체로서의 집단은 구성원들 각자의 활동에 의해서 변화된다.

집단은 하나의 사회체계로서 구성원들의 상호작용을 바탕으로 개인의 사회적 관계를 증진하며, 다양한 욕구를 충족하고 문제를 해결한다. 집단은 구성원들의 활동에 따라 구성원 각자와 사회에 유익하기도 하지만, 부정적인 영향력을 미치기도 한다. 한편, 집단은 다른 집단에 의해 영향을 받으며, 지역사회나 국가의 기대, 가치관, 문화 등에 의해 영향을 받는다(장미리 외, 2022: 357).

데일과 스미스(Orren Dale & Rebecca Smith)는 2008년 그들의 저서 『인간행동과 사회환경(Human Behavior and the Social Environment: Social System Theory)』에서, 사회체계적 관점에서 집단에 대해 다음과 같이 주장한다.

『인간행동과 사회환경』
(2012)

첫째, 집단의 크기는 작다. 최소한의 크기는 두 명이며 최대 크기는 명시될 수 없으나, 집단구성원끼리 서로 대면적 상호작용을 해야 하는 점에서 최대 크기는 제한된다. 대면적 특성이 상실되면 더 이상 집단이 아닌 것이다.

둘째, 집단은 최소한의 역할분화 수준이 특징이다. 구성원 간의 상호작용은 본질에서 대면적 상호작용이어서 협의로 정의된 역할에 전적으로 근거하지 않고 전인격적으로 이루어진다. 그 결과, 집단목적이 집단구성원들의 욕구에서 나오는 것이므로 명시적인 것이 아니라 묵시적인 경향이 있다.

셋째, 모든 집단구성원은 공통된 집단정체성을 가지며, 집단을 하나의 실체로 지각한다. 집단은 집단구성원의 개성에 영향을 미친다.

넷째, 집단은 구성원들에게 중요한 사회화 및 사회통제기능을 수행한다. 집단은 구성원들의 집단과 관련된 행동에 영향을 미치는 규범체계를 포함한 하위문화를 가진다.

다섯째, 집단구성원들 간의 관계와 상호작용은 구성원의 내적 또는 자연적 상태를 토대로 이루어진다. 따라서, 집단과 관련된 행동은 이성적 요소들보다는 정서적인 요소들에 의해 주로 유발된다.

집단은 구성원들의 상호작용을 통해서 구성원 각자에게는 물론 집단 전체에 영향을 미치게 되며, 이러한 상호작용으로 집단변화에 미치는 힘을 '집단의 역동성'이라고 한다. 집단의 역동성은 구성원들의 의사소통, 집단의 목적과 규범, 구성원의 역할과 정서적 유대 등 다양한 요소들에 의해서 영향을 받으며, 이러한 요소들을 적절히 활용하게 되면 집단의 발전은 물론 구성원들에게 긍정적 결과를 가져올 수 있다(이근홍, 2015: 326).

베일즈(Robert Freed Bales)는 1969년 그의 저서 『성격과 대인행동(Personality and interpersonal behavior)』에서, 체계이론을 토대로 집단체계의 기능을 설명하면서 집단이 어떤 문제를 해결하려는 목적으로 상호작용을 하는 사람들이 모인 체계라고 전제하였다. 커뮤니케이션의 패턴과 순서를 중심으로 상호작용과정 분석을 한 베일즈의 연구결과로 집단은 과업활동(집단이 해결해야 할 수단적 문제에 초점을 둔 행동)과 사회정서적 활동(집단 내의 대인관계문제를 포함하는 사회정서적 문제에 초점을 둔 행동)을 주로 하는 것으로 밝혀졌다.

『성격과 대인행동』
(1969)

수단적 문제는 집단 외부에서 집단에 부과하는 요구에서 비롯되며, 사회정서적 문제는 집단 내부에서 야기된다. 집단의 과업달성과 관련된 문제를 다루기 위해서 구성원은 정보, 제안, 의견을 구하고 제공한다. 구성원이 사회정서적 문제를 다루기 위해서는 동의나 반대를 표시하고, 긴장을 처리하며, 공동체 의식이나 적개심을 보인다. 이 과정 속에서 집단의 생존을 위해서는 두 활동 간에 역동적 평형을 유지해야 한다. 즉, 과업활동에만 관심을 기울이면 집단 내에는 불만과 갈등이 심화될 것이고, 사회정서적 활동에만 관심을 기울이면 집단의 목적달성에 실패하게 된다. 따라서, 집단은 정적인 균형상태에 있을 수 없으며, 과업활동영역과 정서적 활동영역 간을 오가게 된다.

집단구성원들의 역할은 이 집단체계의 기능을 구체적으로 수행한다. 집단에서의 역할은 구성원들이 누구와 상호작용하고, 누구의 명령을 따르며, 무슨 행동을 해야 하는지를 규정한다(이인정·최해경, 2020: 580).

3) 집단 대상 사회복지실천의 적용

집단사회복지실천은 집단이 개인에게 미치는 영향을 중요시하며, 개인 및 집단의 목표달성을 위해 집단과정을 활용한다. 집단사회복지실천은 사회적 기능의 향상과 사회적으로 바람직한 목표의 달성을 위해 집단 속의 사람을 대상으로 하는 사회복지실천의 한 방법이다.

인간은 성장해 가는 동안 다양한 집단을 경험하게 된다. 인간은 집단을 떠나서는 생활할 수 없으며 성장과 발달을 가져올 수도 없다. 급격한 사회변화로 인해 사회적 소외, 소속감의 상실, 가족 기능의 저하와 같은 문제에 직면해 있는 현대인에게 집단은 직·간접적으로 영향을 미치는 중요한 체계이다. 집단의 사회복지실천은 의도적으로 집단의 경험을 제공하여 다양한 욕구를 충족하고, 개인의 문제해결 및 자기 성장을 가져올 수 있도록 하는 전문적인 노력이다. 집단구성원은 상호 간에 영향을 미침으로써 변화를 경험하고, 집단은 구성원 개개인의 활동으로 변화된다. 집단은 또한 다른 집단에 의해 영향을 받으며, 지역사회나 국가의 기대, 가치관, 문화 등에 영향을 받는다(김보기 외, 2021b: 201).

그러므로 집단을 이끄는 사회복지 전문가는 그 실천의 대상인 집단의 다양한 유형과 특징에 대하여 전문적인 지식과 기술을 습득하고, 집단구성원이 직면한 복잡한 문제와 상황을 체계적인 관점에서 사정하며, 효과적으로 해결할 수 있도록 부단히 노력하여 성장과 변화를 꾀해야 한다.

2. 집단사회복지실천의 원칙

집단실천을 위한 기본적 원칙은 지식, 철학 그리고 기법에서 나온다. 집단실천전문가는 전문가 자신이 집단실천의 가장 중요한 도구이며, 집단실천전문가는 고도의 감정이입 능력, 융통성, 개인과 상황을 분석하여 사정할 수 있는 지각과 이성, 인간관계를 원만하게 맺는 능력, 창의력이나 상상력을 갖추어야 한다(Konopka, 1963).

코노프카(G. Konopka)는 1963년 그의 저서 『집단사회복지(Social Group Work: A Helping Process)』에서 그는 실천면에서 전문가의 기능을 여러 영역에서 포함하여 총괄적으로 기본 원칙을 다음과 같이 제시하고 있다.

『집단사회복지』
(1963)

- 전문가는 각 개인의 고유한 상이성에 대해 인정하고, 그에 따르는 행동을 해야 한다. 이것은 집단 내에서의 개별화이다.
- 다양한 모든 집단을 하나의 집단으로 인정하며, 그에 따르는 행동을 한다. 이것은 집단의 개별화이다. 집단은 개인들의 집합만은 아니며, 각기 특수한 성격을 가진 유기체이다.
- 개인은 고유한 장단점을 가진 존재임을 진정하게 수용해야 한다.
- 전문가와 집단구성원 간의 의도적 도움의 관계를 만들어야 한다. 집단실천은 개인의 변화가 다른 사람과의 상호작용을 통해서만 일어난다는 전제를 기조로 한다.
- 전문가의 역할은 집단구성원 간의 협조적 관계를 수립하도록 격려하는 것

이다.
- 집단과정의 적절한 수정이 필요하다. 집단과정은 집단구성원 간의 상호관계, 하위집단 형성, 응집력, 지도력 발전, 고립, 자조성 등으로 나타나므로, 전문가는 이를 확인하고 수정할 수 있어야 한다.
- 각 구성원이 자기 능력에 따라 참여하도록 장려하며, 능력을 보다 향상할 수 있도록 한다.
- 전문가는 집단을 위해 문제를 해결하는 것은 아니다. 문제해결과정에 집단구성원들 자신이 참여하도록 해서 전문가와 집단구성원과의 상호작용 속에서 자신들의 문제해결책을 발견하도록 도와주어야 한다.
- 집단실천 전문가는 집단구성원들이 점차 만족스러운 갈등해소방법의 경험을 하도록 도와야 한다.
- 집단실천은 개인 구성원이나 집단 전체가 대인관계와 성취의 새롭고 다양한 경험을 하는 기회를 제공하는 것이 전문가의 책임이다.
- 제한 없는 허용을 의미하는 수용이 아니라, 각 개인과 전체적 상황에 대한 진단적 사정평가에 따라 제한을 사용하도록 한다.
- 각 구성원에 대한 진단적 평가, 집단의 목적, 적절한 사회목적의 진단평가 등에 따라 의도적으로 상이하게 프로그램을 활용한다.
- 개인과 집단 발전에 대한 계속된 평가가 필요하다. 평가는 집단구성원들과 상의함으로써 개인이나 집단이 그들의 목표를 향하여 전진할 수 있도록 돕는다.
- 전문가는 원만하고 인간적이며 절도 있게 자신을 사용해야 한다. 전문가는 자기자신의 만족을 위해 집단을 이용하거나, 냉정한 비인간적 관찰자가 아니라, 인간성이 풍부한 사람이다.

집단과의 집단사회복지실천과정에서 사회복지사가 고려해야 할 실천기술의 원칙은 다음과 같다(서혜석 외, 2024: 308-312).

(1) 개별화 원칙

집단사회복지실천의 개별화 원칙이란 개별사회사업 실천과 공통적이지만, 상황설정장면에서는 다르다. 즉, 집단 안에서 집단관계를 통한 개인으로서의 입장을 명확히 하고 개인의 욕구에 대응한다는 원칙으로, 집단 그 자체를 하나의 유기체로 다룬다. 이때 집단지도자는 집단 전체가 지닌 욕구, 집단의식을 증진함과 동시에, 집단구성원 개개인의 존재의식을 명확히 하면서 집단구성원의 일원으로 자각할 수 있도록 원조하는 것이 중요하다.

집단 내 개별화를 위해서는 구성원 개개인의 가정적·사회적 배경, 집단활동의 경험유무 등을 파악하고, 이를 전제로 그들의 집단 내 태도, 행동을 이해할 수 있어야 한다.

구성원 각자의 개성을 존중하고 집단구성원 상호 간의 관계를 존중해야 한다. 생득적 조건이 다른 구성원 한 사람 한 사람이 집단 내에서의 상호관계를 통해서, 그 이상의 힘을 만들어 갈 수 있도록 원조하는 데 개별화의 의미가 있기 때문이다.

이를 위해 구성원 각자의 개성을 최대한 발휘하게 하고, 잠재력을 실현하게 하고, 개개인의 사회적 적응능력을 함양하며, 성숙한 집단발달은 개인의 발달촉진으로 연결되지만, 끊임없이 집단 내 개인을 자각하고 이에 기초하여 집단의 성장을 생각하도록 한다.

(2) 수용의 원칙

수용이란 집단구성원 각자가 여러 태도, 행동, 감정을 표현하고 어떤 가치관을 가졌다 하더라도, 그 사람을 있는 그대로 인정하고 받아들이는 것을 말한다. 그러나 수용은 반사회적·파괴적 행위를 인정하는 것이 아니라, 행위 그 자체는 바르게 평가하되, 그 사람이 그 같은 행위를 할 수밖에 없었던 배경을 이해하고 감정을 충분히 받아들이는 것이다. 수용은 우선 집단지도자 자신이 자신을 진솔하게 수용할 수 있는지와 관련된다. 자신을 이해하기 위한 부단한 노력이 다른 사람을 받아들일 수 있는 여유 있는 태도를 만들어 내기 때문이다.

그러므로 집단지도자는 자신의 가치관으로 구성원의 태도나 행동을 판단하기 쉽다는 점을 인정하는 데서 시작하는 것이 집단구성원과의 관계에서 매우 중요하다. 표현된 태도나 언어, 감정에 대한 수용도 중요하지만, 구성원 개개인을 전체로서 이해하는 것도 매우 중요하다. 전체로서 인간에 대한 이해를 위한 노력, 이를 위한 집단지도자의 수용적 태도야말로 구성원의 성장을 촉진한다.

(3) 참가의 원칙

집단사회복지실천과정에서 참가의 원칙은 매우 중요하다. 집단구성원의 참가가 없다면 집단은 의미가 없다. 따라서, 구성원 각자에게 참가의욕을 갖게 하는 단계에서부터 집단지도자의 역할이 요구된다. 이때 집단구성원끼리 서로 참가동기를 부여하고 서로를 소중히 여기도록 상호 주체적 관계를 만들어 가는 것은 매우 의미 있는 과정이다. 참가를 촉진하기 위해 집단구성원의 흥미와 욕구를 반영할 필요가 있는데, 여기서 프로그램은 중요한 역할을 한다. 프로그램을 통해 개인적 욕구 및 흥미에 의한 집단참가로부터 사회참가로 확대해 갈 것이 요구된다. 자신에게 긍정적이고 도움이 된다고 실감할 때 참가는 촉진된다. 집단지도자가 어떻게 개입하고 지지하느냐도 중요한 역할을 한다.

집단구성원의 참가를 저해하는 요인은 다음과 같다.

① 집단구성원의 불안감(지식부족에서 오는 불안, 스스로 집단 내에 존재감을 가질 수 없다고 느끼거나, 다른 집단구성원에 대한 중압감·구속감을 느끼는 경우)

② 책임감의 정도(역할분담이 과중하다고 느낄 때, 그것을 도저히 감당할 수 없다고 생각되어 도피하고 싶은 심리를 느끼는 경우)

③ 집단의 크기(상호관계를 유지할 수 있는 범위를 넘으면 집단구성원 간에 거리감을 느끼게 된다. 반대로, 집단의 크기가 너무 작으면 자신들의 존재 자체에 중압감을 느끼기도 한다.)
④ 집단구성원 간 이전의 친분정도(과거에 특별히 좋지 않은 관계였을 경우)
⑤ 집단지도자의 개입방법과 구성원의 수용태도

(4) 체험의 원칙

집단의 특색은 집단과정에서 일어나는 여러 문제 및 과제해결을 통해 구성원의 능력을 기르는 데 있다. 집단구성원은 그때그때 상황을 잘 파악하고, 적절한 시기에 각자의 문제 및 과제를 스스로 해결할 수 있다는 느낌을 체험할 수 있어야 한다. 구성원은 집단활동을 통해 인간관계를 형성하고 목표를 달성하기 위해 많은 인내를 경험하면서, 과거의 생활 속에서는 맛보지 못했던 협력체험의 성취감, 자기발견 등 내적 실감을 하며, 이를 통해 성장하는 것이다. 이러한 체험이야말로 사회생활의 기본적 태도를 기르는 내적 · 심리적 체험이 된다.

(5) 갈등해결의 원칙

집단 내 갈등이 생겼을 때 갈등으로부터 도피하지 않고, 직면하여 문제를 해결하기 위해 노력하는 과정을 중시하는 것이 갈등해결의 원칙이다. 이를 위해 집단지도자는 항상 집단 전체의 움직임에 관심을 기울이고, 집단을 구성하고 있는 개개인의 집단 의식화과정을 관찰함으로써, 개개인의 갈등해결을 원조할 수 있어야 한다. 그러나 갈등해결은 구성원 자신이 적극적, 구체적으로 할 수 있게 해야 하며, 집단지도자에게 의존하게 해서는 안 된다. 집단 자체의 갈등도 고려해야 한다.

집단 내 구성원 간에 하위집단이 발생하고 하위집단 간 상호관계가 원활하지 못할 때, 집단지도자는 적극적으로 개입하여 갈등에서 벗어나도록 지원해야 한다. 개인적 원인이 되는 갈등, 개인적 내면 심층에 동향이 보이는 병적 상황을 발견했을 때에는 전문가에게 의뢰한다.

(6) 규범의 원칙

집단구성원은 집단 내에서 개인적 욕구가 충족되지 않은 경우, 다른 구성원의 방해 때문이라고 착각하거나, 다른 구성원에게 그 원인을 전가하는 자폐적 태도를 갖기도 한다. 이러한 무의식적 행동이 많은 사람에게 때로는 상처를 주기도 하고 활동을 저해하기도 한다. 따라서, 집단활동과정에서 최소한의 규칙, 규범, 기본적 태도에 관한 규정은 필수적이다.

집단지도자는 규범을 통한 제한으로 집단구성원이 공통된 체험을 할 수 있도록 원조하는 역할을 한다. 집단구성원에 대한 제한은 우선 집단활동을 하기 위해 출석해야 할 책임을 갖는 것이다. 어쩔 수 없이 결석할 때에는 다른 구성원들에게 양해를 구하고, 그 이유를 통보하는 책임 있는 태도가 요구된다.

집단에 대한 소속의식, 책임 등도 개인에게는 하나의 제한이 된다. 이때 집단지도자는 집단구성원 개개인에게 이 같은 제한을 자각시킴과 동시에, 오히려 이 제한을 활용하여 극복할 수 있도록 원조할 수 있어야 한다.

(7) 계속평가의 원칙

집단목적의 하나는 집단에 참가하여 체험과 경험을 키우고 이를 통해 개인의 성장과 집단 자체의 성장을 가져오는 것이다. 그것은 계속적 활동을 통해 가능한 것으로, 단발적 프로그램 활동만으로는 불가능한 것이다. 따라서, 계속적, 연속적으로 집단과정을 분석, 평가하고, 그 평가에 기초하여 다음 단계로 이행하는 것이 중요하다.

3. 집단의 유형

집단의 유형은 관점에 따라 매우 다양할 수 있다. 집단구성원 간 상호작용과 정서적 결속 정도에 따른 일차집단(가족, 친구, 소집단 등)과 이차집단, 집단 구성방식에 따른 자연집단(가족, 친구, 또래 등)과 형성집단(학급, 위원회 등), 집단의 크기에 따른 소규모 집단(보통 6-7명 내외)과 대규모 집단, 집단의 운영방식에 따른 개방형 집단(가입과 탈퇴의 자유)과 폐쇄형 집단 등이다. 이와 같은 유형은 각자의 특성과 목적이 있으며, 그것은 곧 해당 집단의 정체성과 구성원들의 기능 및 역할에도 영향을 미친다. 이와 달리, 집단 수준의 사회복지실천에서는 일반적으로 집단의 목적에 따른 구분을 통해 대상체계에 대한 개입을 구체화하는 데, 그 유형은 다음과 같다(Toseland & Rivas, 2017 ; 김혜영 외, 2023: 205-208 ; 김혜란 외, 2022: 287-294).

1) 치료집단

치료집단(treatment group)은 우울, 불안, 성격장애 및 외상적 스트레스와 같은 심리적 문제를 극복하도록 도와준다. 또한 치료집단은 집단구성원의 교육, 성장, 치료, 사회화 등 행동변화, 사회화의 욕구충족 등을 목적으로 하며, 사회복지사의 역할은 상호작용을 통해 집단을 발달하는 데 있다. 치료집단의 특성은 개방적이고 자기노출이 높고, 집단 각 구성원에 의해 주제에 따라 의사소통 양식이 다르며, 집단절차는 집단에 따라 융통적이라는 것이다. 집단구성원의 구성은 공동관심사, 문제, 특성에 근거한다.

여기에 해당하는 집단은 다음과 같다.

(1) 지지집단

지지집단(support group)은 일상생활 속에서 발생하는 문제들을 효과적으로 대처하고 적응해 나가도록 원조함으로써, 구성원이 삶의 위기에 잘 대처할 수 있도록 돕는 집단이다. 유사한 문제나 경험을 가진 사람들로 구성되므로 지역사회의 편견이나 낙인에서 벗어나 집단 안에서 안정과 위로를 찾을 수 있으며, 유대감 형성이 쉽고 자기개방수준이 매우 높다. 사례로는 암을 극복하려는 환우모임, 한부모가족모임, 자녀교육의 어려움을 갖는 다문화가정 부모모임 등이다.

(2) 성장집단

성장집단(growth group)은 구성원의 자기인식을 증진하고, 자기의 사고를 변화하는 데 목적을 두고 있다. 특히, 개인의 능력과 자의식을 향상하는 데 초점을 둔다. 자의식 고취 및 사고의 전환을 촉진함으로써 개인적 변화들을 이끌어 성장잠재력을 향상시켜 자극과 통찰력을 얻고 모델링을 찾으며, 새로운 행동을 시험해 보기도 한다. 성장집단은 자기개발, 잠재력 개발 등의 목적이 있어서 다른 집단에 비해 자기개방을 많이 하는 편이다. 사례로는 부부를 위한 결혼생활 향상모임, 청소년 성장모임 등이다.

(3) 치유집단

치유집단(therapy group)은 집단구성원의 정서적·개인적·사회적 욕구와 문제를 해결하는 데 목적이 있다. 치료집단은 일반적으로 다소 심한 정서적 개인문제를 가진 구성원들로 구성되며, 상호 지지를 강조함과 동시에 치유와 회복에 중점을 둔다. 그리고 구성원 개개인의 증상이나 문제가 다르므로 개인마다 다른 목적을 갖는다. 그 예로는, 알코올중독모임, 마약중독자모임, 금연모임, 청소년 보호관찰집단 등이다.

(4) 교육집단

교육집단(education group)의 목적은 집단구성원들의 지식과 정보 및 기술향상과 구성원들이 자신과 자신이 속한 사회를 잘 이해할 수 있도록 원조하며, 직접적인 교습활동을 통해 기술을 가르치고 정보제공과 지식습득을 돕는 데 있다. 집단구성원들은 정보를 주고받기도 하지만 전문가의 강의 형태로 정보제공이 이루어지는 경우가 많으며, 집단구성원 간 토론을 활용하기도 한다. 집단지도자인 사회복지사는 특정 분야의 전문가로서 교사 기능을 하고 집단 상호작용이나 토론 등을 장려하며, 구성원들의 자기표출은 비교적 낮은 편이다. 예컨대, 청소년 성교육집단, 위탁부모 교육을 받는 미혼 성인집단, 위탁가정 부모가 되려는 집단, 예비부모 교육을 받는 미혼 성인집단, 부모역할 훈련집단, 특정 약물이나 질환에 대해 정보를 나누는 집단 등이 있다.

(5) 사회화집단

사회화집단(socialization group)은 사회적인 관계를 잘 맺지 못해 어려움을 겪는 개인에게 사회생활에 요구되는 기술을 익히거나 학습시킴으로써, 사회생활 적응과 증진을 목적으로 한다. 이때 집단사회복지사는 사회화 과제를 달성하는 매개체로서 적극적으로 가르치고 시범을 보이며 참여를 유도하여 사회적 역할을 학습할 수 있도록 도와주어야 한다.

사회화집단의 하위영역은 다음과 같다(김용환 외, 2023: 278).

① 사회기술훈련 집단

자기주장훈련집단과 같이 의사소통에 어려움이 있거나, 만족할 만한 사회관계를 맺기 어려운 사람들을 대상으로 사회기술을 가르쳐 주는 집단을 말한다. 예컨대, 지역사회적응을 준비하는 정신병원에 입원 중인 정신장애인 집단, 주의력결핍(attention deficit hyperactivity disorder, ADHD) 아동을 위한 활동집단, 자기주장훈련집단, 정신보건센터에서의 정신장애인지지집단 등이 있다.

② 자치집단

정신병원이나 시설 거주자들이 부당한 처우를 받을 때, 자신들의 욕구를 해결하거나, 주장하기 위해 자치집단을 형성, 토론하여 결정하는 과정에서 의사소통 능력을 향상하고 갈등해결기술을 배우는 집단을 말한다.

③ 여가집단

여가활동에 초점을 두는 집단으로 스카우트 활동이나 클럽활동 등이 근원이 되며, 여가활동을 통해 치료효과를 얻으려 할 때 활용하는 집단이다. 여가집단의 예로는, 악기연주와 등산 등 여가활동을 포함하는 한부모집단이 있다.

2) 과업집단

과업집단(task group)은 조직의 문제에 대한 해결책을 찾기 위해 명령이자 성과물로서의 과업을 수행하는 집단이다. 과업집단의 목적은 조직이나 기관의 문제에 대한 과업성취, 해결책 모색에 있고, 의무사항 이행 및 새로운 아이디어 개발, 원조전략수립 등 과업을 수행하는 데 있다. 사회복지사의 역할은 상호작용이나 임명을 통해 집단을 발달하는 것이며, 집단 특성은 특정 과업에 대한 토론에 초점을 두며, 집단구성원의 자기노출은 낮다. 그리고 개인의 성장과 발전보다는 집단의 의사를 결정하고 산출물을 만들어 내는 데 초점을 두며, 주요 하위유형들로는 위원회(committee), 행정집단(administrative group), 대표자협의회(delegate group), 팀(team), 치료협의회(treatment conference), 사회행동집단(social action group) 등이 있다.

치료집단과 과업집단의 비교는 〈표 7-1〉과 같다.

〈표 7-1〉 치료집단과 과업집단의 비교

집단특성	치료집단	과업집단
결속력	구성원의 개인적 욕구에 근거	성취해야 할 과업에 근거
역할	집단 상호작용을 통해 발달	상호작용이나 임명을 통해 발달
의사소통	개방적 의사소통	특별한 과제에 관한 토론에 초점
절차	집단에 따라 융통성 있거나, 공식적으로 정해져 있음.	공식적 일정이나 규칙에 규정되어 있음.
구성	공동관심사, 문제, 일반적 특성에 근거	요구되는 재능, 전문성 또는 노동분화에 근거
자기표출	자기욕구, 감정, 관심사 등에 대한 가치표출이 많음.	과업성취에 관련된 부분에 국한됨.
비밀보장	사적 수준에서 처리되거나, 집단 내부에서 유지	사적으로 처리될 수 있지만, 때때로 공중에 공개됨.
평가	구성원의 치료적 목표의 성취정도에 근거하여 성공여부 평가	구성원이 성취한 과업, 의무사항 또는 산출에 근거하여 평가

자료 : 서혜석 외(2024: 348).

3) 자조집단

현대사회의 여러 특성이 친밀한 인간관계를 맺기 어렵게 만들고, 가족기능을 약화하며, 소외나 적응문제를 야기하며, 개인의 힘으로는 대처하기 어려운 사회적 곤란을 증가하므로, 개인의 적응을 도와주는 집단의 한 형태인 자조집단이 증가하는 경향이 있다.

자조집단(self-help group)은 대인 간의 상호지지, 집단구성원 간 공통문제해결, 집단구성원 상호 간 문제상황에 대처할 수 있는 능력을 향상하는 데 목적이 있다. 자조집단을 지지집단의 한 유형으로 구분하는 학자도 있고, 지지집단과 다른 집단으로 구분하기도 한다. 알코올, 마약 등 약물이나 암 또는 비만과 같은 핵심적인 공통 관심사가 있다는 점에서 지지집단과 유사하다. 일반적으로 자조집단은 전문가가 간접적인 역할을 수행하기 때문에 사회복지사가 주도적인 역할을 하지 않는다. 사회복지사는 물질적 지지를 제공하거나, 다른 체계와의 연결, 자문, 정보와 지식, 자원 등을 알려 주는 자문기능 등의 역할을 한다. 집단을 이끌어 가는 실질적인 사람은 자조집단구성원으로서 쌍방적이고 자기노출이 높고 과업해결을 위한 정보교류가 있으며, 정서적 지지교류가 높다는 것이다.

자조집단은 공통된 쟁점에 대해 개인 또는 환경에 바람직한 변화를 가져오기 위해 뜻을 함께하는 사람들로 구성된다. 이들은 비슷한 환경에 있으면서 공통의 이익을 도모하기 위해 서로 돕거나 공통의 문제를 함께 해결하려는 사람들이다. 자조집단은 개인이 상호지원, 역할모방 등을 통해 공통된 생활문제에 대처하게 돕는다. 현대사회에서 자조집단은 그 수와 종류가 큰 폭으로 증가하고 있다. 많은 나라에서 다양한 의료적 문제, 행동상 문제, 사회적 여건과 관련해 자조집단이 많이 증가하는 경향이 있다(Richardson, 1983).

자조집단에는 개인적 대처를 위한 집단뿐만 아니라, 사회적 변화를 지향하는 집단도 포함된다. 이러한 자조집단은 일반시민을 교육하고, 연구기금을 모으며, 필요한 입법조치를 위해 로비하는 프로그램을 운영하기도 한다. 또 다른 자조집단 범주는 식품조합, 탁아소조합처럼 자원교환망을 형성하는 집단이다. 항구적으로 지속되고 규모가 커지는 자조집단은 공식적 조직과 유사해진다. 자조집단에서 다루는 주제는 매우 다양해지고 있다. 즉, 우울, 불안, 중독 등과 같은 개인 정신건강문제나 이혼, 사별, 실직, 돌봄 스트레스 등의 부정적 생활사건 관련 대처부터 성 평등, 소수자 인권확보 등과 같은 시민의식의 증진에 이르기까지 광범위하다.

우리나라도 최근에 많은 자조집단의 이름과 활동이 알려졌다. 특히, 환경이나 제도적인 문제점을 해결하고자 하는 자조집단이 급증하고 있다. 독도사랑운동본부, 정치하는 엄마들, 인간교육실현 학부모연대, 소비자시민의 모임 등이 있다.

　이상의 분류를 이해하는 데 유의해야 할 것은, 사회복지실천현장에서 하나의 목적을 가진 집단은 없으며, 대개 한 집단은 여러 목적이 있다는 것이다. 예컨대, 다운증후군(Down's syndrome)의 자녀를 둔 부모집단은 지지, 교육 및 성장을 목적으로 하며, 알코올중독자집단은 위의 목적을 모두 가지고 있다.
　자조집단(self-help groups)은 마약이나 암 또는 비만, 자녀의 죽음, 도박, 가정 폭력 등과 같은 핵심적인 공통의 문제나 관심사를 가진 사람들 또는 그 문제를 해결하고자 하거나 이해하고자 하는 사람들이 구성원 상호 간의 원조를 목적으로 형성되는 자발적 소집단이라는 점에서 치료집단이나 과업집단과 구분될 수 있다. 비록 사회복지사가 자조집단을 형성하는 데 도움을 줄 수는 있지만, 자조집단 자체는 집단구성원으로서 같은 이슈를 놓고 애쓰는 비전문가들이 이끌어간다. 자조집단들이 강조하는 것은, 대인 간의 지지, 그리고 개개인이 다시 한번 그들의 삶을 책임질 수 있도록 환경을 만들어주는 것이다(Hepworth et al., 2018). 자조집단의 경우는 집단사회복지사가 관여하더라도, 중심적 역할을 수행하지는 않는다. 집단을 사회복지사가 떠맡지 않고 지지와 상담을 제공해 주는 정도로 관여할 수 있다.
　사회복지사가 현장에서 활용하는 집단은 이외에도 많을 수 있다. 예컨대, 내용이 사회적이거나 오락활동을 포함하는 사회집단(social groups, 노인들의 취미모임 등), 오락 및 레크리에이션 집단(recreation group), 토론집단(discussion group), 사회행동집단(social action group) 등이 있다.
　집단의 역동적인 힘들은 집단구성원들의 경험에 유용한 영향을 미치게 된다. 집단이나 집단구성원에 따라 역동적인 힘들은 다르게 나타날 수 있으며, 집단사회복지사에 의해 조성된다.
　집단역동은 학자에 따라서는 집단과정이라고 불리는 것으로서, 집단구성원 간의 전체적 상호작용과 이 상호작용으로부터 파생되는 집단 내 균형과 변화를 일컫는다. 다시 말해서 집단역동은 집단과 그 구성원 간의 상호작용 그리고 이 상호작용과 집단의 발달, 구조 및 목표와의 관계를 포함하는 집단의 고유한 성격을 말한다. 집단역동의 개념이 복잡하게 느껴지는 하나의 이유는, 개인심리학, 사회심리학 그리고 사회학 분야에서 제각기 다른 전통과 다른 언어로 이 개념을 설명하고 있기 때문이다. 즉, 심리학자는 집단생활에서의 개인을, 사회학자는 집단의 문화적·구조적 측면을, 그리고 사회심리학자는 집단구성원의 심리적·사회적 경계의 초점을 맞추어 집단역동을 논하고 있다. 집단역동은 상호작용을 통해 나오는 구성원들의 힘의 합 이상이다. 즉, 개별구성원들로는 생각하기 어려운 힘이 그들의 상호작용을 통해 나온다(서혜석 외, 2024: 312).

집단역동성은 집단역학, 집단역동이라고도 한다. 집단역동성은 집단구성원의 상호작용에 의한 효과와 힘을 말한다. 집단은 역동적인 힘을 통해 변화해 나가면서, 개별구성원에게 영향을 주어 변화를 유도하거나 문제해결을 제공할 수 있도록 한다. 긍정적이고 결속력 있는 집단은 구성원들에게 상당한 영향력을 행사하여 목표달성과 만족스러운 관계를 만들 수 있도록 한다. 따라서, 집단역동성에 영향을 미치는 요소들은 다양하게 제시되고 있다(박병금·최은희, 2016: 269-270).

『집단사회복지』
(2017)

컬랜드와 노센(Roselle Kurland &=and Helen Northen)는 2017년 그들의 저서 『집단사회복지(Social Work with Groups)』에서, 집단역동성의 구성요소들을 다음과 같이 제시하고 있다.

(1) 의사소통

의사소통은 집단구성원들 간의 접촉을 통해 집단참여자들의 태도와 행동의 변화를 가져오는 역동적인 힘의 상호작용을 의미한다. 사람들은 언어적 또는 비언어적 상호작용을 통해 정보나 감정과 정서를 전달하고 반응을 가져오며, 이것은 사회적 상호작용의 가장 기초가 된다. 의사소통은 언어적으로 명확하게 전달하기도 하지만, 얼굴표정이나 자세, 몸짓 등 비언어적 수단을 통해 표현하기도 한다.

의사소통이 개방된 집단은 집단구성원들이 자신의 문제와 집단의 문제를 직면하고 해결하는 기회를 제공하며, 집단 중심의 의사소통형태는 집단구성원들이 모두 참여하면서 다양한 방향으로 의사소통이 진행되는 것이다.

집단구성원 간의 의사소통 통로의 수와 배치상황은 집단에 강한 영향을 미친다. 집단이 효과적으로 기능하려면, 집단구성원들은 쉽게 효과적으로 의사소통할 수 있어야 한다. 따라서, 의사소통의 통로는 집단 중심적인 것이 가장 바람직하다. 집단구성원들이 서로에 대해서 잘 이해하며, 각자의 생각, 가치, 감정에 대해서 서로가 분명하게 파악하고 있느냐 하는 문제는 의사소통에 달려 있다.

의사소통유형에 영향을 미치는 요인으로는 집단구성원들이 특정한 상호작용을 했을 때 받게 되는 강화물이나 실마리, 집단구성원 간의 정서적 결속 정도, 집단의 크기와 물리적 환경, 집단 내의 권력과 지위 등이 있다.

(2) 집단의 목적

모든 집단은 목적이 있다. 목적은 궁극적으로 지향하며, 목표는 목적을 향한 수단인 구체적 표적이다. 집단의 목적은 평가기준, 집단구성원의 선택, 의사소통의 발달, 집단규범, 집단의 활동 등에 영향을 미치게 된다. 집단의 목적은 사회복지사에 의해 정해진 목적과 구성원에 의해 만들어진 목적이 합쳐진 것이다. 집단구성원들이 집단에 가지고 온 필요와 욕구는 의사소통의 과정을 통해 집단의 목적으로 발전한다.

집단구성원이 자신의 개인적인 목표가 집단의 전체적인 목적에 의해 성취될 것이라고 인식하게 되면 목표를 성취하려는 동기가 생겨난다. 사회복지사는 집단의 개별구성원들이 목표를 파악하여 명료화할 수 있도록 돕고, 구성원 개개인의 목표 가운데 공통점을 파악할 수 있도록 한다. 집단은 목표를 설정하게 되면 이를 성취하기 위해 전진하게 되고, 집단구성원들도 자신의 동기에 의해 앞으로 나아가게 되는 것이다.

집단의 효율성과 구성원의 만족도는 구성원들이 자신들의 개인적 목표가 집단의 목적에 의해 발전될 수 있다고 생각되고, 개인과 집단의 목표가 조화를 이루고 있다고 인지될 때 높아질 수 있다.

(3) 정서적 유대

집단의 목적과 구성원 간의 일치도는 집단의 성격을 규정하고 집단의 발전 여부에 큰 영향을 미친다. 집단구성원들의 서로에 대한 매력과 반감이라는 감정적 힘은 이들의 정서적 유대를 형성하기 때문에 관심이 필요하다. 자신이 집단 속에 수용되었다는 느낌과 자기가 다른 구성원을 수용하겠다는 생각은 변화과정에서 매우 강력한 작용을 하게 된다.

집단의 개별구성원들은 다른 구성원들과의 상호작용에서 흥미를 느낄 수 있으며, 서로 관심을 가질 수 있어야 한다. 집단구성원 간의 정서적 유대감이나 매력 또는 부정적 감정을 가질 수 있다. 집단이 활성화되거나 생존하기 위해서는 개별구성원들이 개별적이면서, 자기중심적이기보다는 집단 중심적이고, 집단에 통합된 행동과 생각을 보일 수 있어야 한다.

집단구성원들 간에 그리고 집단구성원과 전문가 사이에 상호작용이 시작되면 동일시가 형성된다. 집단이 응집력을 발전하게 되면 동일시는 집단에 자리 잡게 된다. 집단의 가치와 규범도 집단구성원의 자아 속에 편입되는 것이다.

(4) 지위와 역할

지위란 한 개인이 속한 집단 내의 지위조직상 내에서 한 개인이 다른 사람과 관련하여 상대적으로 차지하고 있는 위치이다. 집단 속에서의 평가과정을 통해 개인에게 어떤 위치를 준다. 한 개인은 그가 속하는 여러 집단마다 상이한 지위를 가지며, 동일 집단에서도 시간의 흐름에 따라 바뀌게 된다. 집단구성원들이 지역사회 내에서 일반화된 지위를 갖게 되며, 주로 교육, 소득, 능력과 같은 수단을 통해 얻게 된다. 사회계층, 성, 연령, 가문 등의 요인으로 주어지는 지위도 있다.

역할은 사회에서 특정한 위치를 차지하고 있는 개인에게 기대되는 활동, 특정 상황에서 행동해야 하는 방식을 말한다. 예컨대, "이 상황에서 나에게 기대되는 것은 무엇인가?"라는 질문에 해당하는 행동이다. 한 개인이 역할을 수행할 때 그는 타인의 기대에 부응하기도 하지만, 자기자신의 기대와 동기에 맞추어 행동한다. 역할을 수행하는 개인, 사회체계, 그리고 집단이 속한 사회환경의 기대와 요구 등이 행동에 대한 기대에 영향을 준다. 개인의 역할은 고정되어 있지 않고, 개인이 행동하고 그 행동에 대해 다른 구성원이 반응을 나타내는 과정에서 계속 재규정된다.

집단 내에서 구성원들의 위치는 주어진 역할에 의해 영향을 받는다. 집단 내에서 집단구성원의 지위는 집단구성원들 간의 상호작용에 따라 자신에게 주어진 역할이나 성취된 역할에 의해 영향을 주고받는다. 따라서, 역할과 지위는 상호 연관성을 가지고 있다.

(5) 가치와 규범

규범은 집단구성원들에게 기대되는 행동기준을 일반화한 것이며, 가치판단을 포함한다. 규범은 집단 내에서 수용할 수 있는 범위를 규정하고, 집단의 기능에 있어서 어느 정도 규칙성과 예측성을 갖게 하며, 주요한 통제수단으로 집단구성원들이 집단의 기대에 따라야 한다는 것을 보여 준다. 집단구성원이 규범을 준수했을 때 보상이 따르게 되고, 외적 통제의 필요성이 감소하게 된다. 따라서, 사회복지사는 집단구성원들과 함께 논의하여 규범을 세우고, 이를 잘 관리할 줄 알아야 한다.

규범은 기대되는 행동의 기준이다. 사람들이 한 집단에 함께 참여하게 되면, 가치의 공동체계를 형성하게 되고, 이것이 집단구성원에 대한 행동규범을 어느 정도 결정하게 된다. 규범은 집단에서 중요시 하는 문제에 대한 행동의 기준을 일반화한 것이며, 가치를 포함하고 있다. 집단활동을 원활하게 수행하기 위해서는 집단규범이 중요하다.

규범은 집단구성원들 간에 토론과 합의로 만들어지며, 집단 내에서 중요한 통제수단이 된다. 집단의 규범은 적합한 행동을 하도록 집단구성원들에게 압력을 가한다. 집단사회복지사는 집단이 규범을 만들고 따를 수 있도록 관리하여야 한다. 집단의 생존은 집단구성원의 행동을 규제하는 규범의 발달과 수용이 관련된다.

집단 회기가 진행되면서 필요하다면 새로운 규범을 만들 수 있다. 예컨대, 규범은 '집단에서의 활동내용은 비밀이 보장되어야 한다.', '공격적인 발언이 없어야 한다.', '집단 시작 전에 와서 준비한다.' 등이다. 집단구성원들이 스스로 결정하게 되고, 집단의 성격에 따라 다양한 규범을 만들 수 있다.

(6) 긴장과 갈등

집단의 활동이 진행되면서 구성원 간에는 다양한 형태의 긴장 및 갈등관계가 형성될 수 있다. 긴장과 갈등은 집단과정에서 자연스럽고 필요한 구성요소로 작용하고 필연적으로 발생한다. 긴장과 갈등은 집단구성원들이 대화하는 과정에서 발생하며, 의견의 불일치를 나타내는 행동을 포함하고 있다. 집단에 있어서 갈등이 집단구성원 간의 갈등에서 발생하기도 하지만, 구성원들의 목표, 가치와 규범, 관심과 흥미의 차이 등에 의해 나타나기도 한다.

긴장과 갈등은 오래가거나 심각할 경우 심리적 분열과 심리사회적 기능의 와해를 초래한다는 부정적인 면이 있지만, 한편으로는 건설적으로 해결할 경우 구성원 상호 간의 이해를 높이고 상호관계를 강화하는 기회가 되기도 한다. 이는 집단을 발달하고 구조를 정교화하여 유지하는 힘으로 작용하여 집단을 성장할 수 있게 하기도 한다. 즉, 갈등이 장기간 지속하거나 심각해지면 집단구성원들의 심리적인 분열과 기능이 와해할 수 있지만, 긴장과 갈등을 건설적으로 해결할 때 더욱 성장할 수 있다.

(7) 집단응집력

집단응집력(결속력, cohesion)은 집단에 대한 소속감과 집단의 흡인력이 집단구성원들로부터 나타나는 집단 특성이다. 집단구성원이 다른 구성원에게 갖는 매력 또는 집단 전체에 갖는 매력이기도 하며, 집단구성원, 집단활동내용, 집단목표, 분위기, 집단의 크기, 집단지도자 등이 영향을 줄 수 있다. 집단이 구성원들에게 매우 매력적이라는 것은 집단구성원에게 영향력으로 작용하여 구성원들의 태도나 의견 또는 행동변화를 일으킬 수 있는 능력이 있음을 의미한다.

집단응집력은 '우리'의식이다. 집단구성원들의 상호 의존과 친밀감, 만족감을 표현하는 것이며, 구성원들의 자기노출에 대한 저항감이 감소될 수 있다. 그러나 집단에 과도하게 매력을 가지고 있는 구성원은 집단에 지나치게 의존하게 되고, 집단에 대한 강한 동일시를 경험하게 되어 오히려 부정적으로 작용하기도 한다. 응집력이 최소한의 수준 이상이 되어야 집단과정의 다른 측면에 관심을 가질 수 있게 된다. 집단응집력은 집단활동에 광범위하게 영향을 주기도 하면서, 동시에 집단을 유지하는 데 영향을 미친다. 응집력의 수준이 높은 집단이 낮은 집단에 비해 목표달성의 가능성도 높아진다.

(8) 하위집단

집단구성원들이 상호 간에 공통 관심사를 발견하거나 매력이 생기면, 다양한 하위집단을 형성하게 되고 경쟁, 협력, 반목관계가 설정된다. 하위집단은 고립된 사람이나 두 명으로 이루어진 짝, 세 명으로 이루어진 삼각관계가 기본이 되며, 이들의 다양한 조합으로 이루어진다. 집단의 크기가 클수록 하위집단은 더욱 현저하게 나타난다.

하위집단은 유사성과 상이성, 공통 속성, 공동관심 등과 연결된 구성원 상호 간의 인식작용의 결과로 나타난다. 어떤 구성원들은 하위집단에 소속됨으로써 전체 집단참여에 큰 역할을 한다. 규모가 큰 집단에서는 하위집단이 응집력을 향상하는 데 영향을 줄 수 있다.

하위집단은 의사소통의 질, 집단구성원 간의 어울림 등을 관찰하여 파악할 수 있다. 하위집단은 집단구성원 간의 친밀감에 영향을 주고 집단의 과업을 수행하도록 집단의 발달과 문제해결에 기여하기도 하지만 전체 집단의 응집력을 방해하기도 하므로 사회복지사의 판단이 중요하다.

(9) 집단크기와 문화

집단크기는 집단구성원의 수를 의미한다. 집단의 크기는 구성원의 만족도, 구성원 간의 상호작용, 집단개입 결과에 영향을 미치게 된다. 효과적이고 만족스러운 상호작용이 일어날 수 있도록 집단의 크기를 정하는 것이 좋다. 클라이언트의 연령이나 목적, 문제유형에 따라 달라지며, 보통 5~12명 정도가 친밀한 관계형성을 위해 적절하다. 5~8명 정도가 정보의 교환이나 의사결정 면에서 효과적이며, 큰 집단의 경우 문제해결 측면에서는 많은 자원을 활용할 수 있다. 또한 집단의 진행과정 동안 결석하거나 집단을 탈락하는 구성원의 가능성을 염두에 두고 집단의 모집단계에서 집단구성원의 수를 한두 명 이상 더 모집하는 것을 고려해야 한다.

집단문화는 집단구성원들이 동질적으로 구성되었을 때 빠르게 나타나지만, 이질적으로 구성되었을 때는 느리게 나타난다. 집단구성원들이 공통의 생활경험과 가치체계 등을 공유하면 집단문화에 대한 독특한 관점들을 통합하는 데 시간이 덜 소요된다. 집단문화는 서서히 발전하지만 일단 수립되고 나면 바꾸기가 쉽지 않으며, 집단의 결과에 상당한 영향을 미친다.

(10) 참여유형

모든 집단에는 참여유형이 나타나고 있음을 알 수 있다. 집단지도자가 구성원에게 일방적으로 이야기하는 일방통행형과 집단지도자와 구성원 간에 상호작용을 주고받는 쌍방통행형이 있다. 한 가지 유형이 한 집단에 지속해서 나타날 수 있으나, 간과 상황에 따라 바뀌기도 한다.

일반적으로 참여유형이 다양하면 구성원들은 집단에 관한 관심이 높아지게 되고 적극적으로 활동하게 될 것이다. 집단의 참여유형을 파악하기 위해 가장 많이 할 수 있는 질문은, 예컨대 어떤 구성원의 발언에 몇 명의 구성원들이 반응하고 따르는가? 모든 구성원이 참여할 기회를 자유롭게 얻고 있는가? 또는 한 사람이나 소수의 구성원이 독점하고 있는가? 모든 구성원이 참여하여 결정하는가? 등이다.

4. 집단사회복지실천의 접근모델

집단사회복지실천을 어떻게 효과적·효율적으로 이끌어 집단 전체의 목적을 달성하고, 집단 내 개인들의 목표를 달성할 수 있도록 할 것인가? 집단에 어떻게 접근·개입할 것인가에 대한 것이다. 집단사회복지실천에서 이론적 모델을 발전하려는 노력은 여러 학자에 의해 시도되었지만, 대표적인 집단사회복지실천 모델은 다음과 같다(Papell & Rothman, 1980).

1) 사회목표모델

사회목표모델(social goals model)은 병리나 질병 등에 대해서보다는 사회문제 해결과 사회적 기능에 관심을 두고, 치료보다는 자기실현에 강조점을 둔다. 사회적 의식과 사회적 책임, 이를 통한 시민참여, 선량한 사회인, 민주적 과정의 습득을 주된 목표로 한다. 사회가 목표로 하는 것을 습득할 수 있도록 한다는 것이고, 인간관계훈련, 시민참여 등의 활동을 통해 사회적 의식과 사회적 책임이라는 목표를 성취한다. 따라서, 인간관계의 의식적인 훈련, 지도력의 실험, 민주적 과정의 학습, 시민참여와 같은 집단활동을 통해 사회적 의식, 사회적 책임의 목적을 달성한다.

이 모델에서 집단사회복지사는 교사, 조력자의 역할을 담당하게 된다. 인보관, YMCA, YWCA, 보이스 카웃, 걸 스카웃 등의 활동처럼 시민들의 지식기반, 기술기반을 넓히고자 하는 집단들의 활동이 이 모델에 포함된다. 사회목표모델은 '집단의 선(the good of group)'과 사회에 대한 개인의 적응을 강조하는 입장이다.

2) 치료모델

치료모델(remedial model)은 집단을 개인치료 수단으로 보는 모델로서, 개별구성원치료에 목표를 둔다. 집단활동을 통해 개인적 치료목표를 달성하는 데 중점을 두는 집단치료(group therapy)가 여기에 해당된다. 낮은 자존감, 목적의식 결여, 분명하고 명확한 자기정체감의 부족 등과 같은 문제들이 집단치료에서 효과적으로 다루어지게 된다. 주로 불안, 우울, 비효과적 스트레스 처리, 일 처리능력의 부족, 감정통제의 어려움이나 표현능력의 부족, 집단상황에서의 불편함, 인간에 대한 불신, 친밀한 관계유지의 어려움 등의 문제를 가진 구성원들이 대상이 된다.

치료모델은 미시간대학교(University of Michigan)의 교수들에 의해 처음으로 소개되었기 때문에 미시간모델(michigan model)이라고도 한다. 치료모델은 개인의 목적성취를 지원하기 위한 수단으로서 집단을 강조하는 입장이기 때문에 개인의 선(the good of individual)이 주 요체이다. 이 모델에서 집단은 개인의 치료를 위한 수단임과 동시에 상황으로서 개념화되고 있다. 사회복지사와 구성원들은 개별적인 치료 계약을 맺고, 자신의 문제나 어려움을 해결하기 위해 치료적 집단에 참여하게 된다. 사회복지사의 전문적인 개입과 결과에 대한 상호평가를 통해 사정이 계속되며, 이를 위해 과거의 경험, 이론적 지식, 현재의 관찰 등과 같은 방법이 동원된다. 사회복지사는 변화의 창출자 역할을 하게 되고, 전문가적인 권위를 가진다. 약물남용집단의 사회적응과 재활을 위한 집단활동에서는 사회적응훈련이나 자기주장훈련, 분노조절훈련 등의 프로그램을 포함한다.

3) 상호작용모델

상호작용모델(reciprocal model)은 앞의 두 가지 모델을 혼합한 것으로 인본주의모델이라고도 불리는데, 집단구성원 간, 개인과 집단 간 상호작용, 상호관계에 초점을 두고 구성원 간 상호지지체계형성과 대인관계향상을 강조한다. 즉, 이 모델은 집단구성원이나 집단의 문제를 해결하기 위해 집단구성원 간에 상호원조체계를 구축하는 것에 초점을 두고 있다. 집단은 사회복지사와 집단구성원을 포함한 하나의 사회적 체계로 개념화되며, 유기체로서 이해된다.

이 모델은 '지금-여기에(here and now)'를 강조하면서 현재의 집단과 현재의 개인행동, 관계에 주안점을 둔다. 상호작용모델에서는 집단과 개인 모두의 선(the good)을 위한 집단과 개인의 상호작용을 강조하는 입장이고, 이 모델에서 집단사회복지사는 자료제공자 또는 중재자의 역할을 하게 된다. 사회복지사는 집단구성원과 사회의 중재자 역할을 하며, 집단의 목표는 사회복지사와 집단구성원 간의 상호관계 속에서 이루어지는 상호작용을 통해 설정된다.

집단사회복지실천모델의 비교는 〈표 7-2〉와 같다.

〈표 7-2〉 집단사회사업의 모델 비교

특 징	사회목표모델	치료모델	상호작용모델
과 제	필요한 자원제공과 사회적 붕괴예방(비공식 정치적, 사회행동)	사회적 사고나 위험으로부터의 회복과 재활(문제해결을 위한 상호 집단 상호 매개체를 통한 치료)	앞의 두 모델의 조합(문제해결을 위한 상호 원조체계 개발)
장기목적	보다 나은 민주사회 건설	개개인의 사회적응 향상	개인과 사회의 조화
구체적 목표	소속감 증대, 민주적 참여에 대한 훈련. 처음에는 전문가에 의해 집단목표가 결정되나 점차 그 책임은 집단에 이양	집단 상호작용을 활용하여 역기능 행동을 하는 구성원의 치료와 재활 세부적인 집단목표를 전문가가 사전에 결정	적정수준의 적응과 사회화를 성취하기 위해 구성원 간 상호 원조체계 형성, 대인관계 향상 집단목표 결정을 전문가와 회원이 공유
개입장소 및 기관	회원이 있는 가정, 인근지역, 지역사회복지관	임상기관, 사회복지관 및 시설	임상기관, 사회복지관(집단목표에 따라 다양함.)
초 점	개인의 성숙과 민주시민 역량개발	개인적인 역기능 변화	구성원 간의 자조, 상호 원조체계 개발
지도자 역할	영향력을 끼치는 자의 역할: 바람직한 역할 모델 제시	전문적인 '변화매개인' 역할	'중재자' 역할
대 상	시민, 이웃, 지역주민	역기능, 문제해결을 위해 도움이 필요한 자	공동 관심사의 성취를 위해 협력하는 구성원
집단활동	토론, 참여, 합의, 집단과제의 개발 및 실행, 지역사회 조직화, 구성원의 사회행동기술 습득	구성원의 행동변화를 일으키기 위해 구조화된 개입을 하거나 직간접적 영향력을 발휘	관심사를 토론, 상호 원조 형성, 상호이익이 되는 결속된 사회체계의 형성

집단크기	3~30명 정도	7~10명 정도	유동적이지만 15명 이상을 넘지 않음.
회원가입	개방적, 누구나 친구가 될 수 있음.	전문가의 통제	전문가와 회원의 동의에 의한 자유로운 가입
기 간	지도력 유형에 따라 유동적	정기적, 시간사용계획을 사전에 설정	유동적, 지도자와 구성원이 합의
대표학자	Ryland, Wilson, Coyle, Wiener	Vinter, Sarri, Glasser, Redl	Schwartz, Bion, Lewin

자료: 김용환 외(2023: 275).

연습문제

1. 집단을 이해하기 위한 장 이론(field theory)에 관한 설명으로 옳지 않은 것은?
   ① 심리적 환경이 강조된다.
   ② 집단은 개별성원들의 총합 이상이다.
   ③ 집단 내 역동적인 상호작용이 강조된다.
   ④ 개인은 환경에 의해 수동적으로 영향을 받는다.
   ⑤ 개인의 요구가 변하면 환경에 대한 지각도 변한다.

2. 집단유형별 특성에 관한 설명으로 옳지 않은 것은?
   ① 치료집단은 자기노출정도가 높아서 비밀보장이 중요하다.
   ② 과업집단은 성원의 발달과업 완수를 위해 조직구조의 영향을 최소화한다.
   ③ 자발적 형성집단은 성원들이 설정한 목적을 보호하는 것이 중요하다.
   ④ 자조집단에서 사회복지사의 역할은 공유된 문제에 대한 지지를 하는 것이다.
   ⑤ 비자발적 집단에서는 협상 불가능영역이 있음을 분명히 한다.

3. 집단 프로그램 유형별 지도자의 역할로 옳지 않은 것은?
   ① 한부모가족 자조모임 – 감정이입적 이해와 상호 원조의 촉진자
   ② 중간관리자 역량 강화 프로그램 – 집단토의를 위한 구조 제공자
   ③ 에니어그램을 통한 자기인식 향상 프로그램 – 통찰력 발달의 촉진자
   ④ 우울증 인지행동 집단치료 프로그램 – 무력감 극복을 위한 옹호자
   ⑤ 중도입국 자녀들의 한국사회 적응 – 프로그램 디렉터

4. 집단구성원 간의 갈등이나 상반되는 관점 등을 해결할 수 있도록 원조하는 집단 사회복지사의 역할은?
   ① 교육자(educator)   ② 중개자(broker)   ③ 옹호자(advocate)
   ④ 중재자(mediator)   ⑤ 조성자(enabler)

5. 집단 대상 사회복지실천에 관한 설명으로 옳지 않은 것은?
   ① 목표지향적 활동이다.
   ② 의도적인 집단경험을 강조한다.
   ③ 집단의 영향력을 서비스의 매개물로 간주한다.
   ④ 집단응집력이 강할수록 자기노출에 대한 저항감이 증가한다.
   ⑤ 집단을 구성할 때는 동질성과 이질성을 함께 고려해야 한다.

6. 집단 대상 사회복지실천의 장점이 아닌 것은?
   ① 일반화   ② 모방행동   ③ 정보전달
   ④ 성원의 순응   ⑤ 실존적 요인

7. 집단의 종류와 모델에 관한 설명으로 옳은 것은?
   ① 지지집단구성원의 자기표출 정도는 낮다.
   ② 사회적 목표모델은 개인의 치료에 초점을 둔다.
   ③ 치료모델은 민주시민의 역량개발에 초점을 둔다.
   ④ 과업달성을 목적으로 구성된 집단이 치료집단이다.
   ⑤ 상호작용모델에서 사회복지사는 중재자의 역할을 담당한다.

8. 집단을 활용한 사회복지실천의 치료적 효과 요인으로 옳지 않은 것은?
   ① 고유성   ② 이타성 향상   ③ 실존적 요인
   ④ 재경험의 기회 제공   ⑤ 희망 고취

정답 1. ④ 2. ② 3. ④ 4. ④ 5. ④ 6. ④ 7. ⑤ 8. ①

Chapter 08

집단 대상 단계별 실천기술

개요

집단의 발달단계에 따라 집단지도자의 전문적 개입에 대한 요구는 다르다. 여기서 집단의 발달단계란 시간의 흐름에 따라 집단에서 나타나는 변화와 성장의 과정을 말한다. 각 단계의 특성을 이해하는 지도자는 집단발달과 목적을 달성하도록 규범적 행동을 북돋울 수 있는 적합한 개입방법을 사용할 수 있다. 여기에서는 집단 대상 단계별 실천기술을 학습하고자 한다.

학습목표

1. 각 단계별 내용 숙지
2. 실천기술의 중요성 인지
3. 실천기술의 적용

학습내용

1. 준비단계
2. 초기단계
3. 중간단계
4. 종결단계

CHAPTER
08 집단 대상 단계별 실천기술

집단의 발달단계에 따라 집단지도자의 전문적 개입에 대한 요구는 다르다. 여기서 집단의 발달단계란 시간의 흐름에 따라 집단에서 나타나는 변화와 성장의 과정을 말한다(윤경원, 2020: 283). 모든 집단은 각 단계에서 속도와 이슈에 차이가 있지만, 공통으로 집단이 완전하게 성숙하는 과정에서 자연적인 발달단계를 거친다. 집단발달의 단계를 파악함으로써 각 단계에서 다루어야 할 독특한 행동을 예측할 수 있고, 집단에서 발생하는 행동의 중요성을 인지할 수 있다(이태희 외, 2023: 210).

각 단계의 특성을 이해하는 지도자는 집단발달과 목적을 달성하도록 규범적 행동을 북돋을 수 있는 적합한 개입방법을 사용할 수 있다. 그리고 지도자는 개인이나 집단발달을 저해하는 장애물을 제거할 수 있고, 집단의 성장 기간 동안 어느 시점에 필요한 지도자의 활동수준을 고려하여 적합한 선택을 할 수 있다.

그러나 각 단계에 대해 잘 모르면, 지도자는 첫 모임에서 심층적으로 집단을 관찰하기 시작하면서 집단구성원을 미리 예상하거나, 초기 발달단계에서 전형적으로 나타나는 불일치나 소란 등을 보고 집단이 실패할 것이라고 성급하게 결론 내리는 실수를 하게 된다. 또 지도자는 집단이 보다 성숙한 발전단계로 접근하는 과정에서 나타나는 긍정적 행동을 격려하기보다 무시하는 실수를 할 수도 있다. 또한 지도자는 집단발달집단대상 사회복지실천기술의 중요한 단계에 적절하게 개입하지 못할 수도 있다(조미숙 외, 2020: 300).

집단발달에 관한 다양한 모델들을 통해 사회복지사는 관찰한 내용과 집단의 특성을 조직하고, 집단행동을 규명하는 틀을 갖게 된다. 모든 모델은 집단발달단계를 4~6단계로 구분하여 설명한다. 즉, 갈랜드 등(Garland et al., 1965)은 ① 친밀 전 단계, ② 권력과 통제의 단계, ③ 친밀단계, ④ 분화단계, ⑤ 종결단계 등으로 제시하였다.

국내 연구동향은 대체로 준비단계, 초기단계, 중간단계, 종결단계 등 4단계를 제시하고 있다. 그 내용은 다음과 같다.

1. 준비단계

사회복지사(집단사회복지사, 집단 지도자)는 집단을 효과적으로 운영하기 위해서 집단의 형성과 관련해서 충분한 시간을 갖고 계획해야 한다. 예컨대, 누구를 위한 집단인지를 결정해야 하고, 집단의 목적이 무엇인지를 결정해야 한다. 또한 집단의 크기는 어느 정도로 할 것인지, 집단구성원을 누구로 할 것인지, 모임의 빈도와 기간은 어느 정도로 할 것인지, 모임 장소는 어디로 할 것인지, 그리고 평가방법은 어떻게 진행할 것인지 등을 집단 운영 전에 계획해야 한다. 따라서, 사회복지사는 이러한 준비사항의 중요성을 인식하고 준비를 철저히 하면 집단을 효과적으로 운영할 수 있을 것이다(황인옥, 2023: 313).

집단의 준비단계에서는 집단구성의 계획안을 작성하고, 집단의 목적과 목표, 집단의 구성 및 크기, 집단의 지속기간과 모임의 빈도, 물리적 환경의 배려와 시간 및 기간, 그리고 집단모임의 장소 등을 결정하는 단계이다.

1) 집단구성의 계획(안)

집단구성의 계획안을 작성하는 데 있어 사회복지사는 집단의 목표를 달성하기 위한 집단구성원들의 행동변화를 유도하는 것이 중요하다. 집단구성의 계획안에는 집단구성원의 모집방법, 구성원의 수, 집단의 목표설정, 후원조직, 사회복지사의 활동, 물리적 환경 등을 고려하여 세부적으로 작성해야 한다.

일반적으로 사회복지사가 작성하는 집단구성의 계획(안)에는 다음과 같은 내용이 포함되고 설명되어야 한다(이영호, 2022: 222-223; 김현호 외, 2017: 179).

① 집단의 초점은 무엇인가? 교육, 성장, 상호 공유인가 또는 행동변화인가?

② 집단의 목적은 무엇인가? 사회복지사가 달성하고자 하는 목표는 무엇인가?

③ 집단은 어떤 사람들을 대상으로 하는가? 그 대상의 욕구는 무엇인가?

④ 집단의 목적을 달성하기 위해서 집단구성원의 수는 어느 정도가 가장 적절한가?

⑤ 집단구성원들의 준비사항은 무엇이며, 어디에서 집단모임을 가질 것인가?

⑥ 집단을 효율적으로 운영하기 위한 사회복지사의 역할은 무엇인가?

2) 집단의 목적과 목표

집단의 목적은 잠재 구성원들이 집단참여를 결정할 수 있도록 집단모임의 이유, 집단활동의 내용, 그리고 참여자들에게 요구되는 기대 등을 포함하여 설정하는 것이 중요하다. 이러한 목적은 기관이나 시설의 업무 범위 안에서 설정하게 되는데, 구성원들의 욕구를 고려하여 사회복지사나 집단구성원들의 토론을 통해 타협하여 수정·변경될 수 있다.

목적의 하위단위인 목표는 기관이나 시설의 목표, 사회복지사의 목표, 그리고 집단구성원들의 목표로 구분할 수 있는데, 이러한 목표들의 일치도가 크면 클수록 집단에 대한 매력은 증대되고, 목표를 성취하기 위해 그들이 가지고 있는 자원이나 에너지를 더욱 제공하게 된다(김혜란 외, 2022: 322).

3) 집단의 구성

집단구성원들의 목적이 유사하고 개인적 특성에 공통점이 있어야 하며, 인성적 특성이나 목표가 유사해야 한다. 이를 통해 의사소통이 촉진될 수 있고, 집단구성원들이 서로의 관심과 문제 및 과업을 규명할 수 있게 된다. 동질 또는 이질집단이 과유불급으로 구성하는 것은 바람직하지 않으므로 적절하게 구성해야 한다. 또한 집단유형을 개방형으로 할 것인지, 폐쇄형 집단으로 할 것인지를 결정해야 한다. 개방집단은 새로운 구성원을 언제든지 받아들이는 집단을, 폐쇄집단은 집단이 시작될 때부터 끝날 때까지 같은 구성원으로 유지되는 집단을 말한다(김용환 외, 2023: 290).

개방집단의 장점은 잠재적 구성원이 원할 때 집단에 참여할 수 있어 당장 도움이 필요한 사람에게 유용하며, 새로운 구성원의 아이디어나 자원을 활용할 수 있어 집단은 시너지 효과(synergy effect)를 얻는다. 한편, 폐쇄집단의 장점은 제한적 구성원 자격과 집단의 연속성이 있으므로, 신뢰와 자기표출에 어려움이 적고 구성원들 간에 응집력이 강하다.

개방형 집단과 폐쇄형 집단의 비교는 〈표 8-1〉과 같다.

〈표 8-1〉 개방형 집단과 폐쇄형 집단의 비교

구분	개방형 집단	폐쇄형 집단
장점	• 새로운 구성원의 참여가 자유로움. • 새로운 구성원의 참여로 정보와 자원 유입이 구성원들에게 자극이 됨.	• 집단구성원의 역할, 규범이 안정적임. • 응집력이 강함. • 신뢰감 형성이 쉽고, 자기 개방이 쉬움.
단점	• 구성원의 잦은 교체로 응집력이 떨어짐. • 새로운 구성원이 소속감을 갖기 어려움. • 새로운 구성원으로 인해 집단 성격이 변화될 수 있거나, 집단발달을 방해받을 수 있음.	• 구성원 탈락으로 의미 있는 상호작용 어려움. • 새로운 사고 정표 자원 부족으로 침체됨. • 외부 의견을 거부, 회피하는 집단사고가 생겨 효율성이 떨어질 수 있음.
사례	AA집단, 거주시설이나 병원의 치료집단	교육집단, 10대 미혼모집단, 심리치료 집단

자료 : 김용환 외(2023: 291).

집단 유지에 대한 일반적인 견해는 집단은 동질적인 동시에 이질적이어야 한다는 것이다. 집단지도자는 집단의 동질성과 이질성을 결정하는 데 있어서 집단구성원의 성별, 나이, 지적 능력 교육 정도, 결혼 여부, 사회경제적 지위, 구성원들이 겪는 문제의 종류, 문제에 대한 대처능력 등을 고려한다.

집단에 참가하려는 목적이나 개인적 특성에 있어 동질성은 구성원들의 관계를 증진키며, 집단의 결속력을 높여 준다. 서로 다른 인생경험, 전문기술 수준, 대처유형 등을 지니는 집단은 구성원들에게 광범위한 관점과 견해를 제공하여 개인문제를 해결하는 데 자극이 될 수 있다. 따라서, 집단지도자는 다양성과 공통성 사이에서 균형을 이루어야 한다.

4) 집단의 크기

집단의 목적, 구성원의 성숙도에 의해 결정되는 집단의 크기는 집단구성원의 상호작용과 만족도에 영향을 미친다. 이상적인 집단 규모에 대한 의견은 학자마다 다양하다. 그러나 일반적으로 아동의 경우에는 3~4명, 청소년집단은 6~8명, 성인집단의 경우에는 대체로 8~12명의 구성원으로 이루어진다. 집단구성원의 인원이 10명을 초과할 경우에는 공동(보조)리더가 필요하다. 왜냐하면, 집단 규모가 클수록 구성원은 개별적 관심을 아무래도 적게 받으며, 구성원들 간의 상호작용은 적어지기 때문이다. 반면, 적을수록 구성원의 참여와 친밀성에 대한 요구는 더 많아지고 집단지도자는 구성원에게 더욱 쉽게 다가갈 수 있다(김혜란 외, 2022: 325~326).

5) 집단의 지속기간과 모임의 빈도

집단의 지속기간은 정해진 기간 내에 목표를 달성하기 위해 노력하므로 생산적일 수 있는 시간제한 집단일 때, 리드(Reid, 1996)는 15~20회기 정도의 모임을 권한다. 보편적인 모임의 빈도는 1주일에 1번, 1~2시간 정도로 한다. 1시간 보다 짧으면 제기된 문제를 토론하기에는 시간이 부족할 수 있고, 2시간이 지나가면 지겨워져 집중하지 못한다. 일반적으로 1회기당 시간은 아동집단이 50~60분, 성인집단은 90~120분 정도의 시간으로 상담을 진행한다.

모임의 시간과 빈도를 정할 때 집단의 목적, 구성원의 주의집중 능력, 구성원의 상황, 기관의 환경 등을 고려해야 한다. 집단모임의 시간은 원조과정의 구조에도 영향을 줄 뿐 아니라, 구성원과의 집단경험에 대한 수행과 실행 수준에도 영향을 준다. 구조화된 시간 내에 목표를 달성해야 한다는 긴장감이 집단상담의 효과적인 결과를 가져올 수 있다. 집단모임은 집단구성원과의 동일시, 집단정체성의 형성 등에 도움을 주기 때문에 초기단계에서 더 긴 시간을 만날 필요도 있다(윤경원, 2020: 289).

6) 집단모임의 장소

집단모임을 위한 장소는 기관이나 시설의 물리적 환경에 따라 결정되나, 구성원들의 비밀성, 친밀감, 편안함, 그리고 집중도의 측면을 고려해서 정하는 것이 좋다. 만약 집단 내에서 구성원들 간의 대화가 외부에 들리게 된다면, 구성원들은 불안해하거나 집단참여가 떨어져서 더욱 진솔한 대화를 기대하기 어렵다. 또한 좌석배열은 누가 누구에게 말을 하고 듣는지를 알 수 있게 원형으로 배치하는 것이 좋다(김혜영 외, 2023: 228).

이러한 원형배열은 각 구성원이 동등한 위치에 있다는 느낌을 줄 수 있어 집단의 개방감과 응집력을 증진하며 토론하는 데 좋다. 그리고 사회복지사는 개개의 구성원들과 눈 맞춤을 할 수 있고, 그들의 비언어적 행동을 관찰할 수 있을 뿐만 아니라, 구성원들 간에도 집중할 수 있는 효과가 있다.

2. 초기단계

집단 초기단계에서 집단구성원들은 새로운 환경에서 낯선 사람들과 함께 해야 하므로 불안감, 두려움과 저항을 느끼게 되며, 새로운 구성원들과 접촉하기보다는 사회복지사에게 질문을 많이 하게 된다. 구성원들은 다른 구성원들을 탐색하며, 이때 서로에게 친숙해지기 위해 노력하지만, 피상적인 대화 수준에 머물게 된다. 불안과 함께 초기단계 흔히 나타내는 특징은 저항이다. 특히, 비자발적인 집단구성원일 경우에는 저항의 강도가 더욱 심할 수 있다(이태희 외, 2023: 216).

저항은 갈등으로 표현되기도 한다. 집단은 생활방식, 사고방식, 문화 등이 다른 구성원들로 구성되기 때문에 집단구성원들 사이에서 갈등이 표출될 수 있다. 갈등을 드러내는 행동으로는, 집단과 뚝 떨어져 앉거나 말을 지나치게 많이 하거나 침묵하기, 질문이나 조언을 지나치게 하므로 집단과정을 방해하기, 다른 구성원의 말을 비꼬거나 관심을 끄는 행동으로 집단을 지배하려 하기 등이다.

집단 첫 회기에 사회복지사는 집단구성원들을 대상으로 오리엔테이션을 실시하여, 향후 진행될 집단에 대한 정보를 제공하는 시간을 가져야 한다. 구성원들은 앞으로 전개될 집단과정에 대한 이해가 부족하여 불안해 할 수 있으므로 집단의 목적과 앞으로의 진행과정을 명확하게 설명해 주어야 한다.

이 과정에서 사회복지사는 구성원들과의 대화가 일방형보다는 다방형으로 이루어지도록 노력해야 한다. 오리엔테이션에서 다루어야 할 내용은 다음과 같다(김용환 외, 2023: 292-293).

1) 사회복지사와 집단구성원 소개

사회복지사는 먼저 자신의 이름과 직책, 역할 및 집단 진행경험 등에 관해 소개한 뒤에 집단구성원 소개 시간을 갖는다. 집단구성원 소개는 구성원들 간의 상호 관심사를 공유하고 신뢰감을 발전하는 계기가 된다.

2) 집단의 목적 소개

집단의 목적을 명확하게 설명하지 않으면, 구성원들은 앞으로 진행될 집단과정에 대한 이해가 부족하여 불안해 할 수 있으므로, 집단의 목적과 구조(모임 횟수, 기간, 장소 등)에 대한 안내가 필요하다. 집단의 목적은 불분명하게 성정되면 집단이 성공적으로 운영되기 어려우므로 명확하게 설정해야 하지만, 집단의 목적은 집단구성원들의 토의를 통해서 수정, 보완될 수도 있다. 이때 개별구성원들의 목표도 함께 다루는 것이 좋은데, 개별구성원 목표는 명확한 용어로 규정하고, 집단활동기간 성취할 수 있고, 측정 가능한 형태로 설정되어야 한다.

3) 집단규칙 정하기

사회복지사는 집단구성원들과 논의를 통해서 집단규칙을 세우고 구성원들에게 비밀보장과 관련된 내용과 집단 내·외부에서의 행동규칙을 세우고, 이의 중요성을 설명해 주어야 한다. 그리고 집단구성원들의 행동과 관련된 규칙으로는 출석과 지각에 관한 사항, 모임 중에 음주·흡연이나 음식물을 먹는 행동에 관한 사항, 친구나 주변 인물을 모임에 동반하는 문제 등에 대해 집단구성원과 사회복지사가 의논하여 규칙을 정한다. 성공적인 집단운영에 필요한 규칙은 다음과 같이 정할 수 있다.
① 다른 구성원이 말을 하는 동안 끼어들거나 방해하지 않고 경청하기
② 집단 토의를 독점하지 않기
③ 다른 구성원들의 생각과 감정을 존중하기
④ 진지하고 솔직하게 다른 구성원들의 생각과 감정에 관해서 이야기하기
⑤ 서로 신뢰하고 협력하기

4) 신뢰감 조성하기

집단 초기단계에서 집단구성원들은 낯선 장소에서 낯선 사람들과 모임이기 때문에 상호 간에 신뢰감이 낮으므로 불안해하고 저항을 보이게 되다. 집단 내에서 신뢰감이 형성되지 않는다면 구성원들 사이의 상호작용이 피상적일 뿐만 아니라, 구성원 개개인의 자신에 대한 탐색이 이루어지기 어려워지

며, 집단응집력에 부정적인 영향을 미치게 된다. 사회복지사는 집단구성원의 불안과 저항이 초기단계 자연스럽게 나타날 수 있는 현상이라는 점을 구성원에게 설명해 주고, 효과적으로 다룰 줄 알아야 한다.

사회복지사가 집단을 위한 준비를 소홀히 하거나, 공격적이고 심판적인 태도를 보인다면, 집단구성원들은 사회복지사나 집단에 대해 신뢰감을 느끼기 어려울 수 있으므로, 세심하게 집단 운영을 준비하고 집단구성원들과의 관계에서 자신의 행동에 주의하여 집단구성원의 저항을 줄여야 한다.

5) 계약

집단 진행에 대한 오리엔테이션이 끝나고 집단과 구성원 개개인의 목적 설정이 이루어지고 나면, 계약을 통해서 상호 간의 기대와 의무, 책임을 분명히 해야 한다. 계약내용에는 목적, 성취 평가나 측정 방법에 대해서 구체적으로 명시하는 것이 바람직하다.

3. 중간단계

이 단계에서는 구성원들이 기본적으로 서로를 수용하고 돕는 집단이 출현한다. 구성원들은 이제 자신들의 목표가 집단의 일반적인 목적과 관련이 있음을 알게 되어 자신들의 목표에 대해 상당히 명확하게 이해한다. 그리고 대부분 구성원은 집단에서 수용 가능한 지위를 차지한다. 나아가 구성원들 간의 차이점들이 파악되고 이런 점들이 상호 협의한 개인이나 집단의 목표를 성취하기 위한 협력적인 과업을 위해 활용된다(이영호, 2022: 249).

그 내용은 다음과 같다.

1) 집단 내 관계의 유지와 강화

집단구성원들과 사회복지사의 관계는 대체로 긍정적이며, 사회복지사에게는 덜 의존하고, 구성원들 서로에 대한 의존이 많아지며, 권위에 대해서도 싸움이 적게 된다. 친밀성의 발달은 이전의 집단발달 단계에서 시작되어, 이제는 구성원들이 서로에 대해 더욱 잘 알게 되고 갈등을 해결할 수 있으며, 사회복지사와 구성원들을 서로 신뢰할 수 있게 된다. 친밀성에서는 상호수용과 자기노출을 통한 공유가 핵심적인 요소다.

사회복지사와 동일시 및 신뢰감 그리고 상호 수용은 집단을 계속하려는 강한 동기를 제공한다. 이러한 분위기에서는 불안과 두려움이 줄어들며, 희망이 증가한다. 구성원들이 자신이나 자신의 상황에서 긍정적인 변화가 일어날 가능성이 없다고 생각하면, 집단에 머무를 가능성은 적어진다.

특정 구성원이 중도 탈락하였을 때, 새로운 구성원을 받아들이는 것이 필요할 수도 있다. 이는 집단에 충분한 수의 구성원을 유지하기 위한 것이다. 새로운 구성원들을 추가하는 시기는 매우 중요하다. 이들은 바람직하면서도 새로운 자극을 집단에 가져올 수 있다. 경우에 따라서는 집단의 안정성을 심각하게 붕괴할 수도 있다. 새로운 구성원을 받아들이는 가장 좋은 시기에 대해 명백한 규칙이 있는 것은 아니지만, 가장 좋은 시기는 집단이 갈등을 해결한 다음이거나, 특정 과업 또는 과제를 완수한 후에 새로운 주제나 활동으로 전환할 준비가 되었을 때다(김혜란 외, 2022: 348).

2) 집단규범들

집단발달의 두 번째 단계에서는 집단문화가 형성되고 규범이 만들어져 대체로 구성원들이 이를 인식하고 이해하며 수용하게 된다. 사회복지사는 이러한 것에 영향을 주는 데 집중한다.

집단의 규범에서 벗어나는 행동은 집단의 안정에 위협을 준다. 다른 구성원들은 이러한 일탈자를 통제하려는 방법으로 반응한다. 집단의 기대에 일치하지 못하는 일탈자는 모든 관련된 사람들을 힘들게 한다.

이 단계에서 집단규범과 관련된 사회복지사의 기술은 다음과 같다(이영호, 2022, 241).

① 구성원들이 집단의 규범에 맞게 그리고 그 규범 밑에 깔린 가치를 염두에 두고 행동할 수 있도록 계속해서 돕는다.

② 목표성취에 긍정적인 규범을 인정하고 지지해 주며, 집단에 영향을 미치는 부정적인 변화에 대해 공개적으로 질문한다.

③ 현존하는 규범을 점검하고 대안을 모색해 볼 수 있도록 격려한다.

④ 집단이 행동과 감정의 통제와 자유 간에 적절한 균형을 유지할 수 있도록 돕는다.

3) 의사소통과 갈등

집단의 목적에 적절한 의사소통유형은 이미 이전 단계에서 형성되었다. 이제 이 단계에서는 문제, 의견에 대한 의사소통이 더욱 쉬워지고 구성원들 간의 의사소통도 보편적이다. 하지만 갈등은 계속해서 존재하면서 변화를 위한 역동적인 힘으로 작용한다. 권력이나 수용과 관련된 많은 개인이나 집단 내적 갈등이 이전 단계에서 해결된다.

갈등의 원인은 다양하다. 갈등의 원인은 종종 구성원들의 개인 내적인 충동 및 욕구와 관련이 있을 수 있으며, 구성원들의 통제나 애정 또는 소속에 대한 상이한 욕구일 수도 있다. 이러한 욕구들은 다른 구성원들의 욕구와 상호작용하게 된다. 갈등의 원인은 이러한 여러 요인 가운데 하나가 아니라, 이들 요인 간의 상호작용 때문에 발생한다. 일반적으로 집단은 이러한 갈등을 해결하고 관리할 수 있는 수단을 개발하는 데, 이 수단은 구성원들의 능력에 적절한 것들이다.

4) 목표성취

이 단계에서 집단내용의 두드러진 초점은 구성원들의 욕구에 집중되어 있는데, 이는 이들 욕구가 다른 구성원들의 욕구 및 집단의 일반적인 목적과 연관이 있기 때문이다. 구성원들이 염려하는 일반적인 주제가 논의되면서 종종 구체적인 문제로 진행되어 논의되거나, 역으로 구체적인 염려사항에서 일반적인 주제로 옮겨가기도 한다. 이들 주제는 구성원들의 특정 목표와 주어진 시점에서의 구성원들의 강점 및 한계에 따라 다르다. 성공적인 결과가 도출되는 경우는 대체로 다음과 같다.

① 행동과 상황 그리고 문제에 대한 기본적인 지식이 습득된 경우
② 타인과의 관계에서 자신에 대한 정서적·인지적 이해, 즉 대인관계에 대한 이해가 향상된 경우
③ 생활 전환과 위기를 포함하여 스트레스에 대처하는 능력이 발달된 경우
④ 사회적 역할의 수행능력이 발달하고 부적응적인 관계와 대화방식을 변화하는 능력이 발달한 경우
⑤ 사회적 자원을 활용하고 환경적 장애물을 제거한 경우

5) 실천기술

중간단계에서의 집단실천기술은 다음과 같다(이영호, 2022: 252-262 ; 윤경원, 2020: 299-302).

(1) 집단회합의 준비기술
사회복지사가 집단을 효과적으로 이끌어 나가기 위해서는 항시 회기에 따

른 모임의 장소와 시간을 정확하게 알리고, 회기에 따른 의제준비 및 전 회기의 토론을 요약하고, 구성원들의 흥미를 유발할 수 있는 재료를 준비하고, 구성원들의 토론을 자극하고, 그리고 적절한 시간을 배분해야 한다. 또한 구성원이 집단에 흥미롭게 참여할 수 있는 프로그램 활동을 준비해야 한다. 이러한 회합의 준비과정을 통해 집단은 구조화되고 결속력이 강화되어 발전하게 된다.

(2) 집단결속력을 향상하는 실천기술

집단의 결속력(group cohesion) 또는 응집력은 집단구성원들이 소속감이나 연대감을 느끼고 결속한 힘을 의미하는 데, 이러한 힘은 집단의 매력에서 나온다. 집단의 결속력이 강하면 구성원들은 자신에 대해서 더 잘 표현할 수 있고, 타인과의 관계를 활발하게 할 수 있어 구성원들이 서로에게 미치는 영향력도 커지게 되고, 집단을 통한 효과가 더욱 커지게 된다. 이러한 집단의 결속력을 결정하는 요인은 다음과 같다.

① 집단구성원들이 집단에의 참여를 소중하게 느끼고 사랑받는다고 느끼게 될 때, 그들은 집단에 대해 매력을 갖는다.

② 집단결속력은 집단에 참여함으로써 제공되는 자극제(인센티브)와 관련이 있다. 새로운 사람들과 만남, 수준 높은 구성원들과의 교류, 집단의 참여를 통해서 얻게 되는 자원과 이득 등이 있을 수 있다.

③ 집단구성원들이 집단에 대해서 높은 기대를 하게 될 때 집단결속력은 증가한다.

④ 이전에 참여했던 집단과 비교를 했을 때 현재 참여하고 있는 집단에 더 만족할 경우, 집단구성원들은 집단에 매력을 갖는다.

위와 같은 요인에 의한 집단결속력을 향상하기 위한 지침은 다음과 같다
① 집단토의와 프로그램 활동 등을 적극적으로 활용하여 구성원들 간의 상

호작용을 촉진시킨다.

② 구성원들이 적극적으로 참여하면 목표를 달성하고 변화를 이루어 낼 수 있는 유능한 존재라는 것을 인식할 수 있도록 돕는다. 구성원들은 스스로 가치 있고 능력 있는 존재라고 믿게 되면 집단활동에 더욱 적극적으로 참여하게 된다.

③ 구성원들의 욕구가 집단 내에서 충족될 수 있도록 원조한다.

④ 목표달성과 집단결속력은 밀접한 관계가 있으므로 구성원들이 목표에 초점을 두고 목표를 달성할 수 있도록 원조한다.

⑤ 구성원들이 비경쟁적인 관계를 형성하면서 협력할 수 있도록 원조한다.

⑥ 구성원들이 모두 참여할 수 있는 규모의 집단을 형성한다.

⑦ 구성원들이 기대치를 명확히 하고, 기대치와 집단의 목적이 일치하도록 한다.

⑧ 구성원들이 집단에 참여함으로써 얻을 수 있는 자극제(보상, 자원 등)를 제공한다.

⑨ 구성원들이 현재 참여하고 있는 집단에 긍지와 자부심을 느끼도록 돕는다.

⑩ 구성원들도 사회복지사와 마찬가지로 집단의 활동내용과 방향에 책임이 있다는 것을 인식하도록 한다.

(3) 집단과정을 촉진하기 위한 실천기술

중간단계에서는 집단이 건설적이고 생산적인 변화를 추구하고, 집단 또는 구성원들의 목적을 달성하기 위하여 집단과정을 촉진하는 기술이 필요하다. 여기서 사회복지사는 자기개방, 직면, 그리고 적절한 피드백 등의 기술을 사용할 것을 권유받고 있다.

① 자기개방기술

자기개방(self-disclosure)은 사회복지사가 언어적·비언어적 표현이나 행동을 통 해서 자신에 대한 정보를 의도적으로 개방하는 것을 의미한다. 이러한 사회복지사의 적절한 자기개방은 진실된 분위기를 조성하면서 집단과정을 원활하게 이끌 수 있다. 집단대상의 실천에서 사회복지사가 자기개방을 하는 경우는 사회복지사가 집단에서 일어나고 있는 것에 관해 자기 생각과 감정을 집단구성원들에게 공유하는 경우와 자신의 과거 경험 등을 집단구성원들에게 도움이 되도록 제시하는 경우이다. 그러나 지나치게 자신에 관해 이야기하면 클라이언트와 신뢰감을 느끼지 못할 수 있으므로 부적절한 자기개방이 되지 않도록 주의해야 한다. 자기개방을 할 경우는 집단의 목적과 관련이 있고, 클라이언트에게 도움이 되어야 한다.

② 직면기술

직면(Confrontation) 또는 대응은 사회복지사가 클라이언트의 상황에 관한 이야기를 적극적으로 경청한 결과에 대해서 어떤 모순점이나 다른 점이 발견되면 이를 클라이언트에게 표현해 주는 기술이다. 사회복지사는 클라이언트의 현재 상황을 그대로 전달해 주고, 클라이언트 자신이 묘사한 상황이 실제상황과 다를 경우, 이 정확히 인식할 수 있도록 대응하게 도와주는 것이다. 이러한 직면기술은 집단구성원들의 말과 행동이 불일치하거나, 전달하는 메시지의 내용 사이에 불일치를 보이는 경우에 사용하게 된다. 따라서, 직면 또는 대응 기술을 사용할 때 구성원들의 상황에 대해서 공감하며 이해를 바탕으로 그들의 행동을 명확히 하거나 검토·분석하여 적절하게 대응함으로써, 구성원들의 행동 및 사고 등에 존재하는 모순점을 극복할 수 있도록 도와주게 된다.

③ 피드백 활용기술

피드백(Feedback)은 집단구성원들에게 그들의 역할수행이나 서로를 어떻게 생각하는지에 대한 명확한 정보를 제공하는 것이다. 이러한 피드백은 집단구성원들 간에 자발적으로 주고받는 것이 좋으며, 사회복지사와 구성원들 사이에서도 의사소통기술을 사용하여 긍정적으로 이루어져야 한다. 또한 상대방이 느낄 수 있도록 솔직하게 피드백을 제공한다면, 구성원들은 자신들의 행동이 다른 구성원들에게 끼칠 영향을 이해할 수 있게 되고, 더 나아가 긍정적으로 변화할 수 있는 계기가 될 것이다. 일반적으로 피드백을 줄 때는 구체적이면서 대상자의 장점에 초점을 두는 것이 좋다. 또한 지나치게 많은 피드백을 동시에 제공하면 역효과가 있을 수 있으므로 피드백을 받는 사람의 관계를 이해하고 제공해야 한다. 예컨대, "지금까지 우리가 이야기한 것에 대해 어떻게 생각하십니까?", "질문이나 추가로 언급할 내용은 없습니까?", 그리고 "우리가 행동원칙에 관해 이야기했는데 어떤 생각이 듭니까?" 등이 있을 수 있다.

(4) 변화를 끌어내기 위한 실천기술

① 집단구성원의 내적 변화에 초점을 두는 개입기술
집단구성원의 인지적 측면에 초점을 두는 기술을 말하며, 인지의 역할을 강조, 사회적·행동적 역기능은 자신, 타인, 삶의 잘못된 신념으로 인해 초래된 결과이다.
② 집단구성원의 대인관계 변화에 초점을 두는 개입기술
집단은 집단구성원들의 행동을 직접 관찰할 수 있고, 또한 역할연습을 통해 특정 행동을 터득할 기회를 제공하고, 이는 대인관계상의 문제를 다루는 데 매우 중요한 개입방법이다.
③ 집단구성원의 환경변화에 초점을 두는 개입기술
개인의 환경변화가 이루어질 때 변화의 효과가 극대화되기 때문에 사회복지사는 개인의 변화뿐만 아니라, 환경의 변화에도 초점을 두어야 한다. 이해하

고 격려하며 지지할 수 있는 지지망을 확보 및 확충하는 데 초점을 두는 개입이 필요하다.

4. 종결단계

사회복지사는 집단의 종결단계에 이르러 클라이언트인 집단구성원과 긍정적인 감정 및 부정적인 감정을 동시에 느낀다. 여기에서 긍정적인 감정은 목표를 성취하고 다른 집단구성원을 도울 수 있었다는 자기 만족감에서 오는 자부심과 유능감 등을 느끼게 된다. 그러나 부정적인 감정은 서로 간의 연대관계가 깨어진다는 불안감이나 상실감 등이 나타날 수 있다. 이러한 양가감정이 조화를 이루도록 종결단계에 관심을 가져야 한다. 그래서 집단의 종결단계는 지도자나 클라이언트인 집단구성원 모두에게 가장 강한 정서적 경험을 하는 시기이며, 그동안의 집단경험을 완결하는 아주 중요한 시기이다.

집단 종결단계의 특성과 구성원의 과업 및 발생 가능한 문제 그리고 사회복지사의 주요 과제에 대해 살펴보면 다음과 같다(이영호, 2022: 262-266).

1) 종결단계의 특성

사회복지실천의 집단 종결단계의 특성은 다음과 같다.
① 종결에 따른 헤어짐으로 인해 다소 현실적인 슬픔과 노여움이 있을 수 있다.
② 클라이언트인 집단구성원들은 강도가 낮은 방법을 찾다 보니 한발 물러선 자세로 집단 종결에 참여할 것이다.
③ 클라이언트인 집단구성원들은 자신들이 취해야 할 행동과정들을 결정하려고 한다.
④ 집단실천현장에서 경험한 일부를 일상생활 속으로 이행할 수 있는 것에

대한 두려움뿐 아니라, 이별에 대한 다소의 두려움이 있을 수 있다.
⑤ 클라이언트인 집단구성원들은 그들의 두려움과 희망 그리고 서로에 관한 관심을 나타낼 수 있다.
⑥ 클라이언트인 집단구성원들이 일상생활에서 중요한 다른 사람들을 만나도록 준비하는 데, 일부나마 도움이 될 수 있다. 예컨대, 역할극이나 다른 사람들과 더욱 효과적으로 관련 맺기 위한 행동준비 등이 여기에 해당된다.
⑦ 클라이언트인 집단구성원들은 집단경험의 평가에 대해 적극적인 자세를 취할 수 있다.
⑧ 클라이언트인 집단구성원들이 종결 후 사후 회의 및 모임에 관하여 계획을 수립할 수도 있다.
⑨ 변화에 대한 그들의 계획을 수행하도록 용기를 갖게 한다.

2) 집단구성원의 과업과 발생 가능한 문제

집단사회복지실천의 종결단계에서 클라이언트인 집단구성원들이 직면해 있는 주요 과업은 그들의 학습을 강화하고, 이러한 학습을 외부환경으로 이동하는 데 있다.
과업을 위해 클라이언트인 구성원들은 집단경험의 의미를 검토하여 인식체계를 주입하고자 다음과 같은 과업을 하게 된다.
① 이별과 종결에 관해 클라이언트인 집단구성원들의 느낌을 다루게 한다.
② 학습준비를 위해 일상생활에 대한 구성원들의 학습일반화를 준비한다.
③ 피드백 제공을 위해 다른 사람들에게 그들이 인식하고 있는 방법에 대해 보다 나은 영상을 부여할 피드백을 제공한다.
④ 문제점 완성을 위해 어떤 완성되지 못한 과업이나 그들이 집단에서 제시했던 문제점 그리고 집단 내의 다른 사람들과 관련된 것을 다루게 한다.
⑤ 클라이언트인 집단에 대한 영향을 평가하는 것이다.

⑥ 변화계획으로 클라이언트인 집단구성원들이 원하는 변화와 그 변화를 가져오게 할 방법과 관련된 결정과 계획을 내리는 것이다.

3) 전문사회복지사의 주요 과제

(1) 불만족스러운 종결사유에 대한 이해

집단 종결단계에서 종결의 유형 가운데 최상으로 꼽히는 것은 클라이언트인 집단과 집단 내의 개별구성원의 치료목적이 성공적으로 달성되어 더 이상의 서비스가 필요 없는 상태로 종결되는 것이다. 그러나 어떤 예기치 못한 상황으로 인하여 조기에 종료되는 경우가 있을 수 있다.

클라이언트인 집단이나 집단 내 개별구성원이 계획에 없는 종결을 하는 경우, 사회복지사는 그 원인을 파악하여 구성원이 탈락하는 것을 방지하고 자신의 기술을 증진하도록 해야 한다. 클라이언트인 집단구성원은 집단이나 사회복지사를 통해 자신의 목적을 달성하는 데 전혀 도움이 되지 않을 수 있다는 것을 생각해야 한다. 그리고 어떤 갈등의 문제 및 불만으로 인해 조기에 종결해야 할 경우가 있다는 것을 항상 염두에 두고 준비해야 한다.

(2) 변화노력의 유지와 일반화

사회복지실천의 사회복지사는 클라이언트인 집단구성원들이 참여를 통하여 성취한 변화를 유지하고, 구체적인 변화를 구성원의 주요한 생활영역으로까지 일반화할 수 있도록 도와야 한다.

변화의 유지와 일반화를 위해서는 다음과 같은 방법이 있다.

첫째, 클라이언트인 집단구성원들의 일상생활과 밀접한 관련이 있는 현실적인 사례를 집단에서 다룬다.

둘째, 클라이언트인 집단구성원들의 문제에만 초점을 맞추지 말고 자신의 능력을 확인할 수 있게 하여 자신감을 고취해 나가도록 한다.

셋째, 변화유지능력을 방해하는 어려운 상황에 대비할 수 있도록 다양한 상황과 환경을 활용한다.

넷째, 변화를 통해 발생할 수 있는 긍정적인 결과에 초점을 맞추도록 한다.

다섯째, 공식적·비공식적인 모임을 통하여 변화를 유지하기 위해 자신의 노력을 재검토할 수 있게 한다.

여섯째, 클라이언트인 집단구성원들이 외부의 갈등인 비우호적인 환경에 대해 어떻게 대응해야 할지 미리 준비시킨다.

일곱째, 클라이언트인 집단구성원들이 그동안 배운 것들에 대해 자신감을 느끼고 요약하거나 대처기술을 이용하는 것, 그리고 자신의 문제를 스스로 해결할 수 있는 능력을 육성하도록 한다.

(3) 집단에 대한 의존성의 줄이기

사회복지사는 클라이언트인 집단구성원들이 집단에 대한 의존성을 줄이기 위해 외부의 지지와 구성원 자신의 기술 및 자원을 활용하도록 원조해야 한다.

집단 종결이 끝나기 몇 주 전부터 클라이언트인 집단의 종결에 대해 논의하도록 하고, 집단의 매력을 줄여나가기 위해 그동안 성취한 것을 요약하게 하거나 요구 문제가 완성되었음을 자체적으로 토론하게 한다. 또한 집단 종결단계에서의 회합시간을 장시간으로 계획하였다가 실제 시간은 단시간 내에 마치도록 통제한다.

(4) 종결에 대한 감정의 처리

집단 종결단계에서 클라이언트인 집단구성원과 사회복지사는 긍정적인 감정과 부정적인 감정을 동시에 갖게 된다. 우선, 긍정적인 감정은 최초의 목표를 성취하고, 타 구성원을 도울 수 있었다는 자부심과 만족감 그리고 자신에 대한 자존감 등이다. 그리고 부정적인 감정은 서로 간의 연대관계가 무너져간다는 불안감이나 자신이 거부되었다는 느낌 또는 상실에 따른 슬픔이다. 그래서 클라이언트인 집단구성원들은 집단이 종결된다는 사실을 무시하거나, 자신의 문제가 해결되지 않아서 집단이 여전히 필요하다는 점을 나타내기 위해 퇴행을 하기도 한다.

사회복지사는 집단의 종결 시점에서 자신의 감정을 클라이언트인 집단구성원과 상호 공유하면서 양가감정을 토론하며 격려해야 한다. 따라서, 집단 종결에 대한 부정적인 감정을 완화하기 위해 클라이언트인 집단구성원들의 강점을 인식하도록 하고, 종결되더라도 필요한 경우, 집단사회복지사와 후원기관이 함께 구성원에게 줄 수 있는 역할을 함께 모색하는 것이 필요하다.

(5) 미래에 대한 계획

집단 종결단계에서의 모든 것이 마무리된 다음에 클라이언트인 집단구성원의 요구가 충족되지 않거나, 성취하고 싶은 다른 목적이 있어서 부가적인 서비스가 필요한 경우가 있다. 이러한 경우, 구성원들이 부가적으로 회합을 희망한다면 재계약을 맺을 수 있다. 또한 사회복지사의 지도 없이 구성원끼리 만나는 자조집단을 만들도록 조언할 수도 있다. 그리고 구성원들이 새로운 위기상황 또는 문제의 재발 등으로 인해 서비스해야 할 때, 부가적인 서비스를 받을 방법에 대해 명확하게 설명해 주어야 한다. 아울러 사회복지사는 조기에 종결한 것에 대해서도 필요한 서비스가 제공되도록 배려하여 미래에 대한 계획을 수립한다.

(6) 의뢰 및 평가

집단 종결단계에서 부가적인 서비스나 자원이 필요한 경우 사회복지사는 동일기관 내의 타 부서 또는 타 기관으로의 서비스 연결을 해 주는 것이 필요하다. 그러나 이러한 서비스 연결 의뢰는 구성원과 사회복지사가 모두 동의한 경우에만 가능하다.

　사회복지사는 구성원이 의뢰될 부서나 기관에 대해 과거에 어떤 접촉이 있었는지를 확인하고, 이들에 대한 기본 정보를 공유해야 한다. 또한 구성원이 의뢰되는 부서나 기관을 찾아갈 수 있도록 지도하고, 필요하면 그동안 소속된 부서 및 기관의 직원과 동행하는 것도 좋은 방법이다. 그리고 사회복지사는 의뢰가 되었다 하더라도, 지속적인 서비스가 잘 이루어지고 있는지를 점검해야 한다.

　평가는 집단과 구성원의 목적달성 정도를 통해 개입의 효과성을 판단할 수 있는 근거를 제공하게 된다. 또한 구성원들은 집단에서의 만족과 불만족을 표현할 기회를 가지며, 사회복지사는 평가를 통해 획득된 정보를 활용하여 집단지도기술을 발전시킬 수 있다.

　평가는 과정평가와 결과평가로 구분하며, 여기에서 과정평가는 집단이 어떻게 진행되고 결속력과 규범 그리고 역할 및 의사소통 등의 속성이 어떤가에 초점을 두며 평가하는 방식이다. 그래서 구성원들로부터 집단의 장점 및 단점에 대해 피드백을 얻거나, 과정기록을 활용할 수 있다.

　결과평가는 클라이언트인 집단이 구성되어 처음 시작될 때 설정한 목표가 어느 정도 달성되었는가를 평가하는 것으로 단일사례설계나 만족도 설문조사 또는 유사 실험설계방법 등이 사용될 수 있다.

> **연습문제**

1. 집단 대상 실천의 장점으로 옳지 않은 것은?
   ① 타인의 문제에 관심을 갖고 공감하면서 이타심이 커진다.
   ② 유사 경험을 가진 사람들을 만나면서 문제의 보편성을 경험한다.
   ③ 다양한 성원들로부터 새로운 행동을 학습하면서 정화 효과를 얻는다.
   ④ 사회복지사나 성원의 행동을 모방하면서 사회기술이 향상된다.
   ⑤ 성원 간 관계를 통해 원가족과의 갈등을 탐색하는 기회를 갖는다.

2. 집단의 성과를 평가하는 방법으로 옳지 않은 것은?
   ① 사전사후검사   ② 개별인터뷰   ③ 단일사례설계
   ④ 델파이조사   ⑤ 초점집단면접

3. 집단대상 사회복지실천에 적용되는 원칙과 기술에 관한 설명으로 옳은 것은?
   ① 피드백은 동시에 많이 주어야 한다.
   ② 집단규칙은 사회복지사가 제공해야 한다.
   ③ 성원의 자기노출 수준은 집단발달단계와 관련이 있다.
   ④ 성장집단에서는 낮은 수준의 구조화가 효과적이다.
   ⑤ 종결단계에서는 이전보다 회합의 빈도는 잦게, 시간은 길게 한다.

4. 다음 설명에 해당되는 집단 사정도구는?

   - 집단성원이 동료성원에 대하여 평가하는 것이다.
   - 5개 또는 7개의 응답 범주를 갖는다.
   - 두 개의 상반된 입장에서 하나를 선택하도록 요청한다.

   ① 상호작용차트   ③ 의의차별척도   ⑤ 생활주기표
   ② PIE분류체계   ④ 소시오그램

5. 집단의 초기단계에서 고려해야 하는 사회복지사의 과업으로 옳지 않은 것은?
   ① 집단성원의 의무와 책임을 명확히 한다.
   ② 집단활동에 대한 참여 동기를 확인한다.
   ③ 집단구성 요소를 고려하여 집단을 계획한다.
   ④ 상호 관심사와 집단에 대한 기대를 공유한다.
   ⑤ 집단목표에 대해 성원들의 의견을 수렴한다.

6. 집단의 종결단계에서 사회복지사의 역할에 관한 설명으로 옳은 것은?
   ① 계획된 목표달성여부에 집중하며 의도하지 않는 결과는 확인하지 않는다.
   ② 참여자 간 서열화 투쟁이 시작되므로 책임을 설정한 계약을 재확인시킨다.
   ③ 집단의 목적에 따른 집단구성과 성원의 목적 성취를 원조한다.
   ④ 종결에 대한 양가감정을 이해하고, 이를 반영하여 다룬다.
   ⑤ 도움을 많이 받은 사람은 종결의 어려움을 덜 느끼므로 그렇지 않은 사람에게 집중한다.

7. 다음의 집단사회복지사의 활동이 주로 나타나는 단계는?

   ▶ 집단성원의 불안감, 저항감을 감소하기 위해 노력
   ▶ 집단성원 간 공통점을 찾아 연결시킴.
   ▶ 집단의 목적을 집단성원 모두가 공유하게 함.

   ① 준비단계   ② 초기단계   ③ 중간단계
   ④ 종결단계   ⑤ 사후관리단계

8. 집단 대상 사회복지실천의 장점이 아닌 것은?
   ① 일반화   ② 모방행동   ③ 정보전달
   ④ 성원의 순응   ⑤ 실존적 요인

정답   1. ③ 2. ④ 3. ③ 4. ③ 5. ③ 6. ④ 7. ② 8. ④

Chapter 09

지역사회 대상 실천기술

개요

지역사회복지는 지역사회주민의 복지향상을 목적으로, 전문가 또는 비전문가들이 지역사회의 수준에 개입하여 지역사회에 존재하는 각종 제도에 영향을 주고, 지역사회의 문제를 예방하고 해결하고자 하는 일체의 조직적·비조직적 사회적 노력을 의미한다. 여기에서는 지역사회 대상 실천기술을 학습하고자 한다.

학습목표

1. 지역사회의 개념 파악
2. 사회복지사의 역할 및 과제
3. 개인, 가족, 집단에 대한 상호 이해

학습내용

1. 지역사회의 개념
2. 지역사회의 기능
3. 지역사회의 유형
4. 지역사회복지실천의 모델
5. 단계별 실천기술

CHAPTER
09 지역사회 대상 실천기술

1. 지역사회의 개념

1) 지역사회의 정의

지역사회(community)라는 용어는 라틴어의 'communis'에서 유래된 것으로 communis는 com(함께)과 munis(봉사하는 일)의 합성어로 commune(친하게 교제한다)의 의미에 -ity를 붙여 공동체, 공동사회라는 뜻을 가진 명사가 된 것이다. 전통적 견해에서의 지역사회는 일정한 지역에서 정신적 공통사항을 바탕으로 혈연, 학연, 종교 등을 토대로 지역사회주민과 공동체 의식을 형성하는 한편 정치, 문화, 역사를 함께하는 지리적 지역사회였다. 중세에 communis는 '동료나 성곽 내에 거주하는 사람들의 총체'를 의미하는 용어로 사용되기 시작했으나, 우리나라에서는 지역사회, 공동체, 공동사회의 의미로 사용하고 있다. 이처럼 지역사회는 대체로 지리적인 경계를 기준으로 언급되는 듯 보이는데, 다소 모호하고 애매한 특성이 있고, 지역사회라고 정의할 수 있는 지역적 범위를 어떻게 규정할 수 있는가의 문제는 항상 논란이 될 수 있다(이평화 외, 2024: 16-17).

장미리 외(2022: 364)에 따르면, 지역사회는 공동체, 공동운명체의 뜻을 가진다. 지역사회는 일정한 지리적 구역을 전제조건으로 일정한 지역에 사는 사람들의 집합체를 말한다. 이에 공동체는 공동의 관심과 이해관계를 전제조건으로 기능적 기준에 의해 형성되며, 그 구성원이 공동의 이익을 추구하고, 이해관계를 같이 하는 개인이나 집단조직체를 의미한다. 지역사회의 개념을 지역적 의미만 강조하여 지역의 범위를 크게 잡으면, 언어의 의사소통이 불가능해도 '지역사회'라고 해야 한다. 따라서, 지역사회의 일반적 개념은 일정한 지리적 범위 내 사람들의 집단 또는 공동의 이해관계, 소속감, 문화에 기초하여 활동하는 사람들이 집단으로 구성하는 사회적 단위이다. 우리나라는 지역의 '행정구역'을 말하지만, 지역의 특수성은 상호작용이 빈번함을 말하기 때문에 행정구역과는 관계가 없다. 즉, 지역사회는 지리적 요건 구성과 구성원의 상호작용이 맞물려야 하는 것이다.

『지역사회복지론』
(이평화 외, 2024)

현승일(2012: 301)에 따르면, 지역사회는 사람들이 모여 일상생활을 하는 지역을 말한다. '지역'이라는 말이 시사하는 바와 같이 지역공동체에 관한 관심은 지리적 및 공간적 자연환경에 시각을 두고, 그러한 환경 가운데서 영위되는 삶의 특질을 밝히고자 하는 것이다. 이러한 시각은 인간 삶의 상당 부분은 물리적 환경과의 관계에서 환경에 영향을 주기도 하지만, 환경으로부터 커다란 영향을 받는다는 사실을 인식하는 데서 비롯된 것이다. 환경은 삶의 터전이기 때문에 그 터전은 인간의 사회관계(인간관계)·가치관·신념·규범·행동양식에 영향을 미치게 된다.

지역사회는 공동의 장소, 이해, 정체감, 문화와 활동에 기반하는 사람들이

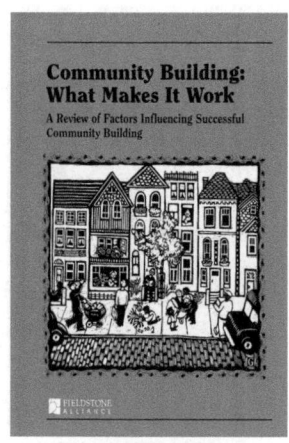

『공동체 구축』
(Mattessich et al., 1997)

구성한 사회단일체(Fellin, 2008)로, 일정한 지리적 공간 안에서 서로 사회적·심리적 인연을 가지고 있는 사람들(Mattessich et al., 1997)로 정의될 수 있다. 또한 지역사회는 일정한 지리적 공간인 생활권 안에서 상호작용을 통해 공통된 이해관계나 문화 등을 형성하여 공통의 경험과 공동생활을 누리는 일정 지역의 범위라 할 수 있다. 이러한 공동체 개념으로 볼 경우, 지역사회는 공동의 관심과 이해관계를 가진 사람들이나 집단적 모임의 특성이 강조되며, 현대사회에서의 지역사회는 지리적 특성을 넘어 기능적 특성이 강조되고 있다.

사회복지실천현장에서는 지역사회를 구성하는 주민을 비롯하여 지역사회의 지리적 위치, 지역사회 내의 기관 등에 따라 지역사회를 구분할 수 있다. 특히, 사회복지사가 활동하면서 밀접하게 관련하고 있는 지역사회를 중심으로 유형화하여, 영구임대아파트단지, 유흥가, 새로 개발된 지역사회, 농촌지역사회, 도시지역사회, 산업단지 등이 있다.

지역사회의 특성들을 기반으로 미루어 볼 때, 지역사회란 하나의 장소에 사는 사람들의 조직체로 공동의 관심과 공동의 이익행동을 추구하는 곳이 된다. 즉, 장소적인 개념을 강조하여 지역사회가 도시, 농촌, 이웃 등과 같은 지리적인 경계(Heitkamp et al, 1998)와 지리적 장소의 기능과 함께 공유하는 이익과 관심으로 지역사회를 바라보는(Kemp, 1995) 것으로 분류될 수 있다. 이러한 개념들을 통합하여 볼 때, 지역사회란 지리적인 영역을 바탕으로 하여 구성원들이 집합적 동질성을 가지고 상호 행동하여 공동의 욕구를 충족하고, 공동의 목적을 성취해 가는 기능적인 사회적 단위의 개념이다.

그러므로 지역사회는 일정한 지리적인 경계를 가진 지역에 거주하는 사람들이 상호작용을 하며 공동이익을 추구하고 전통, 관습, 문화 등을 공유하는 공동체라고 본다. 따라서, 지역사회는 지리적 의미와 기능적 의미를 함축하고 있으며, 일정한 지리적 범위 내 사람들의 집단 또는 공동의 이해관계, 소속감, 문화에 기초하여 활동하는 사람들이 집단으로 구성된 사회적 단위이다. 지역사회는 사회의 중요한 부분이며, 그 자체가 하나의 사회로서 가족, 집단, 조직의 행동에 영향을 미치고 그들에게 영향을 받으며 변화하고 발전한다.

지역사회의 특성은 다음과 같다(Fellin, 2001).

첫째, 지역사회는 역사적으로 그 의미가 변천했다.

둘째, 지역사회는 지리적 의미와 기능적 의미를 함축하고 있다.

셋째, 전통적 의미의 지역사회와는 다른 새로운 형태의 지역사회가 나타나고 있다.

넷째, 공동의 관심과 이해관계를 강조하는 기능적 의미의 지역사회는 공동체라는 성격을 가지고 그 의의가 부각되었다.

다섯째, 지역사회는 구성원의 동질적 정체성에 기초한 강한 정서적 유대를 가지고 있어서 인간의 감정이나 행동으로 표출될 수 있다.

2) 지역사회의 체계

지역사회는 가족, 집단 및 조직과 같은 하위체계와 사회나 문화와 같은 상위체계의 사이에서 중간적인 역할을 하는 중요한 사회체계이다. 지역사회는 주민들의 공통적인 욕구를 충족하고 문제를 해결하며, 그들을 사회화하고, 그들에게 문화를 전달한다. 또한 지역주민 각자는 지역사회와의 상호작용을 통해서 지역사회의 발전에 이바지하며 지역사회로부터 영향을 받는다.

사회체계적 접근에서 지역사회는 지역사회 내의 다양한 하부체계들이 어떻게 상호작용하는지를 분석하는 데 초점을 둔다. 지역사회의 주요 단위는 주로 공식적 조직으로 정부기관, 종교단체, 학교, 보건조직, 사회복지기관을 포함한다. 가족이나 각종 모임 같은 비공식적 집단도 지역사회의 기능에 이

바지하므로, 이들의 활동도 관심대상이 된다. 체계적 관점은 커다란 사회환경의 다양한 하부체계들이 지역사회에 미치는 영향을 인식하도록 도와주고, 지역사회가 더 커다란 사회환경에 영향을 주고받으며 변화하고, 내부적으로도 지역사회 내의 구성요소들이 상호 교류하며 변화한다는 점을 인식하게 도와준다(장미리 외, 2022: 365).

지역사회는 인간이 그곳을 떠나서는 살 수 없는 반드시 필요한 지리적 공간이며, 인간의 행동에 큰 영향을 미치는 사회적 단위이다. 특히, 지역사회는 종교단체, 학교, 대중매체 등을 통해서 개인의 행동에 중대한 영향력을 미치며, 산업체, 행정기관, 사법기관 등 다양한 지역사회기관들의 활동을 통해서 지역사회의 발전에 이바지하고 사회통제의 기능을 수행한다. 지역사회는 사회의 중요한 부분이며, 그 자체가 하나의 사회이다. 지역사회는 그곳에 위치한 가족, 집단 및 조직의 행동에 영향을 미치며, 그들에게서 영향을 받으며 변화된다. 지역사회는 거의 모든 학문분야와 전문분야에서 주요한 관심사가 되고 있다(이평화 외, 2024: 19).

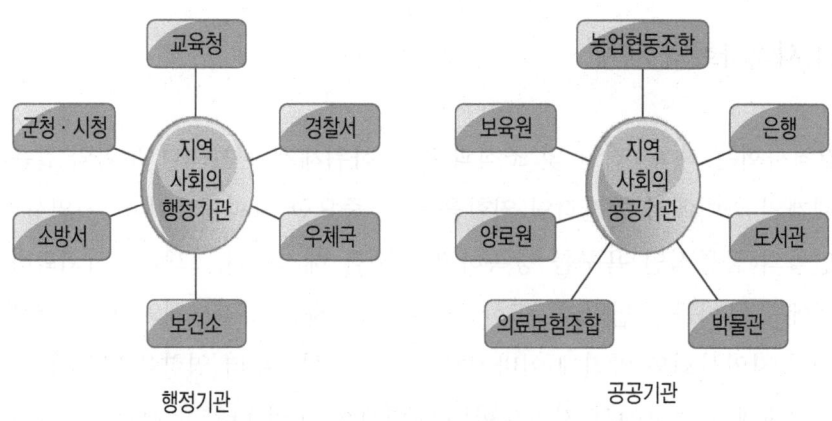

[그림 9-1] 지역사회협의체 구성도

3) 지역사회복지의 정의

지역사회복지(community welfare)는 일정한 공간에서 문화적 동질성과 공통된 가치체계를 갖는 사람들로 구성된 사회로서 지역사회와 사회복지의 합성어이다. 이러한 지역사회복지는 지역사회주민의 복지향상을 목적으로, 전문가 또는 비전문가들이 지역사회수준에 개입하여 지역사회에 존재하는 각종 제도에 영향을 주고, 지역사회의 문제를 예방하고 해결하고자 하는 일체의 조직적·비조직적 사회적 노력을 의미한다(이평화 외, 2024: 45).

지역사회복지의 개념은 협의의 개념과 광의의 개념으로 분리할 수 있다(이평화 외, 2024: 45~46).

먼저, 협의의 개념을 살펴보면, '지역사회복지'를 영국의 지역사회보호와 동일시하는 견해로서, 재가복지를 포함한 생활시설이 아닌 환경에서 서비스 대상자에게 각종 사회복지서비스를 제공하는 것으로 시설보호와 대치되는 개념이다. 따라서, 대인서비스와 밀접하게 관련된다. 지역사회 차원에서 복지대상자에게 제공되는 사회복지서비스를 강조하면서도 지역사회 차원에서 제도 변화를 추구하는 사회복지운동과 같은 노력들도 지역사회복지에 포함한다. 따라서, 제도나 정책의 변화와 같은 거시적 활동체계를 도외시하는 측면이 한계로 지적되고 있다.

광의의 개념을 살펴보면 다음과 같다.

첫째, 제도 차원의 개념이다. 제도적인 차원에서 지역사회복지는 법제도에 의한 모든 공·사의 사회적 노력을 포함한다. 우리나라의 「사회복지사업법」은 이에 대한 법적 근거를 제시하고 있으며, 지역사회복지 계획의 수립과 지역사회복지 협의체의 활성화로 지역사회복지 관련 제도와 실천현장은 민관협력의 제도적 지원체계로 나아가고 있다. 지역사회의 복지향상을 위해 전문 또는 비전문 인력이 지역사회 수준에 개입하여 지역사회에 존재하는 각종 제도에 영향을 주고, 지역사회의 문제를 예방하고 해결하고자 하는 일체의 사회적 노력을 의미한다.

둘째, 지역성이 강조되는 개념이다. 지역사회의 복지를 향상하려고 하는 노력은 어느 특수 전문분야에 국한되는 것이 아니고, 사회복지사업, 공중보건, 평생교육, 공공행정, 도시행정, 도시계획, 정신건강 등의 전문가들과 민간단체나 정치단체의 자원봉사자들에 의해 광범위하게 수행된다. 따라서, 지역사회복지 활동은 반드시 전문적인 활동(professional activity)으로 규정할 수는 없으며, 자연발생적인 민간활동(예, 두레, 품앗이 등)에서부터 근대화를 위한 지역개발운동(새마을운동, 4H 클럽 등), 현대의 민간자선활동, 그리고 전문적인 지역사회조직 사업을 모두 포함하는 포괄적인 성격을 띤다. 또한 아동 · 청소년 · 노인 복지라는 대상 중심의 복지활동보다는 지역성이 강조된다는 점이 그 특성이다.

셋째, 포괄적 개념이다. 지역사회복지란 자립생활이 곤란한 개인과 가족이 지역에서 자립생활이 가능하도록 관계망을 만들고, 필요한 서비스를 종합적으로 제공하는 것이며, 이에 필요한 물리적 · 정신적 환경조성을 도모하기 위하여 사회자원의 활용, 사회복지제도의 확립, 복지교육의 전개를 종합적으로 수행하는 활동으로 정의하고 있다.

이러한 정의는 복지교육을 통하여 주민의 주체형성과 참여를 촉구하고, 이를 기반으로 지역조직화를 이루어 나가는 특성이 있다. 또한 지역사회복지는 복지욕구에 대하여 공공이나 민간을 불문하고, 지역의 모든 자원을 동원하여 대응하는 '공사협동'의 이념을 기반으로 한다. 그 위에서 지역의 행정시책 · 시설기능 · 자원봉사활동 · 주민참여의 유기적인 협력과 그 시스템화를 중시한다. 이는 자원봉사활동론(voluntary action)으로 분류되기도 한다. 그러므로 지역사회복지는 지역사회 내에서 사회복지가 있어야 하는 개인이나 가족 등의 삶의 질 향상을 위해 지역사회자원을 활용할 수 있도록 조직을 통합하고, 환경개선서비스 및 개별적 사회서비스 시스템 등을 확보하여 운영하고 개선하려는 전반적 지역사회활동을 총칭한다.

2. 지역사회의 기능

지역사회는 일정한 지역에서 지역사회주민이 함께 거주하면서 상호관계를 맺고 생활하는 지리적 지역사회뿐만 아니라, 이해와 관심 및 기능적으로 생활하는 기능적 지역사회를 포함한다. 이러한 맥락 속에 1887년 퇴니스(Ferdinand Tönnies, 1855~1936)는 그의 저서『공동사회와 이익사회(Gemeinschaft und Gesellschaft)』에서, 지역사회 집단을 공동사회와 이익사회로 분류하였다. 그에 따르면, 공동사회는 '본질의지'에 의하여 형성되는 사회이고, 이익사회는 '선택의지'에 의해서 형성된다. 여기서 본질의지는 생활하면서 자연적으로 형성

『공동사회와 이익사회』
(2020)

되는 감정을 의미하고, 선택의지는 이념적으로 형성되는 인위적 감정을 의미한다. 지역사회는 지리적 및 기능적으로 개인과 가족, 그리고 사회제도가 만나 구성되는 집단이다. 기능적 관점에서는 공통된 지역사회의 목적 및 기능, 그리고 지역사회가 그 목적을 달성하기 위해 기능적으로 필요한 노력을 어떻게 지속해서 할 것인가를 강조한다.

워렌(Warren, 1963)은 지리적으로 인접한 생활을 하면서 지역사회주민이 만족한 생활을 하는 데 필요한 사회구조와 사회적 기능을 발전시켜 나간다고 강조하였다. 여기서 사회적 기능은 지역사회가 수행하는 다양한 사람들의 활동을 의미한다.

모든 지역사회가 공통적으로 수행하는 주요 기능은 다

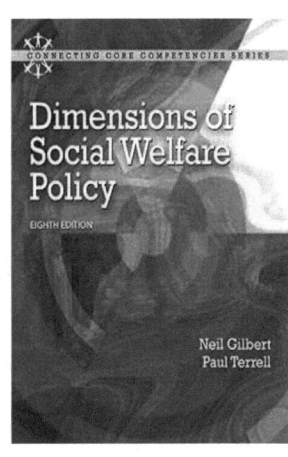

『사회복지정책의 차원』
(Gilbert, 2012)

음과 같다(Gilbert, 2012).

1) 생산, 분배, 소비의 기능

지역사회를 구성하는 주민들은 일상생활을 하는 데 있어서 필요한 물자(goods)와 서비스를 생산(production)하고, 분배(distribution)하고, 소비(consumption)하는 일련의 과정을 수행한다. 이러한 과정은 사람이 삶을 살아가는 데 있어서 가장 필요한 절차이다. 현대사회에서 지역사회주민에게 필요한 물자와 서비스를 생산하고 분배하는 기능은 주로 기업을 통해서 이루어지고 있으며, 정부기관, 전문기관, 교육기관, 그리고 종교단체 등도 경제적 기능을 담당하고 있다. 이러한 경제적 기능은 개인적 차원에서 볼 때, 생산방법과 개개인의 욕구충족방법에 영향을 주며, 지역사회 차원에서는 지역사회주민이 어느 정도 자립할 수 있는가를 결정한다. 또한 지역사회주민이 바람직한 삶을 영위하는 데 필요한 물자와 서비스를 어느 정도 제공할 수 있는가를 결정한다. 이렇게 생산, 분배, 소비의 기능을 담당하는 제도는 경제제도라 할 수 있다.

2) 사회화의 기능

사회화(socialization)의 기능은 지역사회가 공유하는 일반적 지식, 사회적 가치, 그리고 행동양식 등을 지역사회주민에게 전달하는 기능을 의미한다. 사회화 기능을 수행하는 사회화 과정을 통해 지역사회주민은 다른 사회구성원과 구별되는 생활양식을 이해하고 배우며, 또한 관습과 도덕 그리고 문화적 전통을 학습하게 된다. 이러한 사회화 과정은 한 인간이 태어나면서부터 가정을 중심으로 이루어지고, 학생이 되면 학교라는 공간 속에서 친구들과의 우정을 터득하고 지식을 배우게 된다. 또한 직장생활을 하면서는 직장의 동료와 퇴직하고 난 후에는 지역복지관 등에서 새로운 동료와 삶을 지속하게 된다. 사회화 기능을 담당하는 대표적 제도는 가족제도라 할 수 있다.

3) 사회통제의 기능

사회통제(social control)의 기능은 지역사회주민이 지역사회 내에서 사회규범(법, 도덕, 규칙 등)을 준수하도록 하는 것을 의미한다. 사회규범을 준수하도록 하는 통제력이 없으면 지역사회는 사회질서가 파괴되어 비행과 범죄가 빈번한 사회해체현상이 대두될 수 있다. 사회통제를 담당하는 일차적 기관은 정부로서 사법권과 경찰력을 동원하여 보편적으로 적용할 수 있는 법을 통해 통제력을 발휘할 수 있다. 또한 가정, 학교, 종교기관, 사회기관 등도 부분적으로 통제의 기능을 담당한다. 사회통제의 기능을 담당하는 대표적인 제도는 정치제도라 할 수 있다.

4) 사회통합의 기능

사회통합(social integration)의 기능은 사회체계(social system)를 구성하는 사회조직 간의 상호관계와 상호관계에 관련된 기능을 의미한다. 여기서 사회통합은 지역사회가 제공하는 제반 활동에 지역사회주민이 자발적으로 참여하는 것을 의미한다. 따라서, 구성원은 상호 간에 믿음과 신뢰를 바탕으로 협력해야 하고 사회체계가 정상적 기능을 수행하기 위해 어느 정도의 결속력(solidarity)과 사명감은 필요하다. 사회통합 기능을 담당하는 대표적인 제도는 종교제도라 할 수 있다. 또한 현대사회에서는 정치적, 사회적, 그리고 경제적으로 급격한 변화를 경험하고 있으므로 사회통합의 기능이 강조되고 있는 경향이 있다.

5) 상부상조의 기능

상부상조(mutual support)의 기능은 지역사회주민이 기존의 사회제도에 의해 기본적 욕구를 충족할 수 없는 경우에 강조되는 사회적 기능을 의미한다. 지역사회주민은 언제든지 개인적 사정으로 질병, 실업, 사고 그리고 사망 등에 이를 수 있다. 또한 경제제도의 실패로 자립할 수 없을 경우, 외부의 도움을 받게 된다.

전통사회에서 상부상조의 기능은 가족, 친척, 이웃 그리고 자선단체 등과 같은 일차적 집단에 의해서 주로 수행되었으나, 현대사회에서는 이러한 기능을 정부, 민간사회복지단체, 그리고 종교단체 등에서 수행하고 있다. 지역사회의 기능 중에서 상부상조기능을 담당하는 대표적인 제도는 사회복지제도라 할 수 있다. 또한 현대사회는 다양해지고 복잡해짐에 따라 개인과 집단이 각각의 기능을 전문적으로 수행하면서 전문화된 사회제도가 나타난다.

6) 방어

방어(defense)는 지역사회가 그 구성원을 보호하고 지키는 방법이다. 이러한 기능은 특히 안전하지 못한 지역사회에서 주요한 기능이 되어 왔다. 이러한 기능은 공간적 지역사회뿐만 아니라, 비공간적 지역사회에서도 관련된 기능이다. 예컨대, 동성연애자 집단의 경우 이러한 방어적 기능은 더욱 중요할 수 있는데, 이는 그들에게 피해를 줄 수 있는 집단이 있기 때문이다. 또한 외국에서 생활하는 이민자들의 경우에도 그 사회의 주류집단으로부터 자신들을 보호하기 위하여 방어기능을 갖게 된다.

7) 의사소통

의사소통은 생각을 표현하는 '공통의 언어 및 상징(symbols)'을 활용하는 것을 의미한다. 이러한 의사소통은 현대사회에 있어서 하나의 독립된 기능으로 간주한다는 것은 매우 의미 있는 일로 보인다. 의사소통은 그것이 언어나 문자이든, 그림 또는 소리를 통한 표현이든 간에 사람들을 결속하는 접착제적인 역할을 하는 기능이다.

3. 지역사회의 유형

지역사회의 유형은 다음과 같다(이평화 외, 2024: 26-27).

1) 공간적 의미의 지역사회

공간적 의미는 지리적·장소적 의미를 말하며, 지역사회는 전통적인 견해로 교역권 및 공동생활권과 같은 지역주민의 공통적인 생활 기반인 일정한 지리적 공간을 중심으로 사는 사람들의 집단을 의미한다. 즉, 사회적으로 동질성을 띤 지역으로서 주민들 간의 합의성, 일체감, 공동생활 양식, 공통적인 관심과 가치, 공동노력을 강조하며, 지리적인 특성과 지역 내에 거주하는 사람들의 상호작용에서 동질성을 동시에 고려하는 개념이다.

장소를 기반으로 하는 지역사회는 ① 생계욕구와 직면한 기능적·공간적 단위, ② 정형화된 사회적 상호작용의 단위, ③ 집합적 동질성의 상징적 단위로 규정된다. 장소에 기초를 둔 지역사회는 크기와 영역, 조밀도 등에 따라 변하며 근린지역사회, 지방지역사회, 대도시지역사회 등으로 언급된다.

2) 기능적 의미의 지역사회

기능적 의미의 지역사회는 현대적 견해로 공통의 이해관계나 특성 등에 따라 모인 사람들의 집합체를 의미한다. 지역사회가 어떠한 기능을 수행하는가의 관점으로 지역사회의 목적, 기능 또는 욕구가 해결되어야 하는 문제의 측면에서 정의된다.

비장소적 지역사회는 동질성을 지닌 '공동체(communities of identification)'나 '이익공동체(communities of interest)'로 나눌 수 있다. 동질성의 공동체는 어떤 특성이나 신앙, 민족, 종교, 생활방식, 이념, 사회계층, 직업유형, 성적 지향성, 취미활동 등을 중심으로 형성하며 이익공동체는 전문적 집단, 직장노조집단 등 구성원의 공동이익을 중심으로 형성한다. 특히, 담당기능의 특이성을 기준으로 도시를 분류하면 종합도시, 행정도시, 광업도시, 공업도시, 상업도시, 교육도시, 섬유도시, 연구도시, 군사도시 등으로 구분할 수 있다.

3) 개인적 지역사회

개인적 지역사회(personal community)는 복합적 구조의 지역사회 내에서 개인을 중심으로 규정한 지역사회에 초점을 두는 것으로, 지리적 특성, 동질성을 지닌 특성, 이익을 중심으로 하는 특성 모두를 포함할 수 있다. 개인적 지역사회는 지역사회복지실천과정에서 지역의 문제와 욕구를 사정하고, 개입의 범위와 방법을 선택하며, 자원동원의 전략을 수립하는 데 중요한 기초자료가 된다(전남련 외, 2013: 21).

4) 새로운 형태의 지역사회

인터넷의 등장으로 새로운 형태의 지역사회가 나타나고 있다. 시간과 공간을 뛰어넘는 사이버 공간에서의 새로운 지역사회로 부상한 사이버공동체, 가상공동체(virtual community) 시대의 지역사회가 등장하고 있다.

4. 지역사회복지실천의 모델

사회제도의 발전과 변화에 관심을 기울이며, 문제확인, 원인진단 해결책 수립 등과 주민의 조직 및 행동을 끌어내는 데 필요한 전략의 고안 등 조직을 꾀하는 활동으로써 도시나 농촌을 막론하고 의도적이며 목적적인 지역사회의 변화에 최소한 세 가지 접근법이 있다.

지역사회복지실천을 다음과 같은 세 가지 모델로 분류하였다(Rothman, 2005).

1) 지역사회개발모델

지역사회개발(community development)은 지역사회의 최대한의 창의와 지역민의 적극적인 참여로 전체 지역사회의 경제적·사회적 발전을 도모하기 위한 사업을 말한다.

지역사회개발모델(community development model)은 지역사회구성원의 자발적 참여와 역량개발을 통해 지역사회문제를 해결하고자 하는 것으로, 지역사회복지의 가장 전형적인 모델이다. 지역사회의 문제나 욕구를 다룰 때, 구성원들이 지역사회의 문제를 스스로 해결할 수 있는 능력을 강화하는 데 역점을 둔다. 즉, 지역사회구성원들의 의식개선과 역량강화를 통해 지역사회의 전반적인 역량을 개선하고 지역사회가 갖추는 통합능력을 높이고

자 하는 모형이다. 주로 지역복지관의 지역개발사업, 성인교육 활동 등이 여기에 해당된다.

2) 사회계획모델

사회계획(social planning)은 사회, 지역사회, 또는 조직체를 보다 향상하기 위하여 현재의 문제 또는 예상되는 미래의 문제를 파악하고 해결책을 제시하는 의도적이고 비교적 광범위한 노력을 말한다.

사회계획모델(social planning model)은 지역사회가 갖는 문제를 해결하는 데 있어서 합리적이고 전문적인 역량에 기초하여 효율적으로 문제를 해결할 수 있는 가장 적합한 방안을 마련하고자 하는 모형이다. 전문가가 개입하여 지역사회복지실천 과정을 주도하고 복지욕구가 있는 지역사회의 구성원에게 물자와 서비스를 제공한다. 즉, 최근의 복잡한 현대산업사회의 변화를 위해 거대한 관료적인 기관들을 움직일 수 있도록 고도의 전문성을 갖춘 인력이 있어야 하며, 사회문제해결을 위한 기술적인 과정을 강조한다.

3) 사회행동모델

사회행동(social action)은 넓은 의미에서의 사회복지활동의 하나로 대상의 요구에 따라 복지관계자의 조직화를 도모하고 여론을 환기시켜, 입법, 행정기관에 압력행동을 전개해 기존의 법제도의 개폐, 복지자원의 확충 및 창설 그리고 사회복지의 운영개선 등을 지향하는 조직 활동을 말한다.

사회행동모델(social action model)은 지역사회의 억압 받고 소외된 구성원이 사회경제적으로 더욱 나은 대우를 받을 수 있도록 하려는 접근 모델로, 의식화, 조직화, 권리요구와 같은 적극적인 방법을 사용하여 불평등 및 기회 제한의 문제 등을 개선하는 활동을 전개하며, 이런 활동을 통해 지역사회의 정의를 실현하고자 한다. 이는 곧 차별받던 지역사회구성원의 의지 및 역량을 강화하여 이들이 스스로 자신의 권리를 찾아 나설 수 있도록 도와준다. 지역사회의 불우계층을 사회정의와 민주주의에 입각해 보다 많은 자원과 향상된 처우를 지역사회에 요구할 수 있도록 지원한다. 일반적으로 소수인종집단, 여권신장운동, 노동운동조합, 소비자보호운동, 환경보호운동 등이 포함된다.

5. 단계별 실천기술

사회복지사는 지역사회복지실천가로서 다양한 역할, 즉 교사, 중개자, 촉진자, 촉매자 등의 역할을 수행해야 하는 위치에 있다. 지역사회복지실천의 범위는 지역생활 주변에서 발생하는 모든 사항이 포함되므로, 지역사회구성원들의 삶 안에서 보다 효과적으로 지역사회복지를 수행해 나가기 위한 실천기술들을 익혀야 한다. 그 내용은 다음과 같다.

1) 임파워먼트

지역사회의 임파워먼트 증진방법은 다음과 같다(이태희 외, 2023: 256-257).

(1) 의식제고
의식제고(consciousness)는 무력감을 느끼는 개인들을 한데 모아 문제의 원인이 자신들에게 있는 것이 아니라는 점을 알게 한다. 이러한 과정을 통하여 자신들을 억압하는 사회구조에 대해 비판적 의식을 갖추게 한다.

(2) 자기주장
문제의 원인과 소재를 파악한 다음에는 공개적으로 자기의 목소리를 내어 자기주장을 전개해나가는 것이 중요하다. 사회복지사는 이들이 공개적으로 자신의 주장을 전개하는 것에 대해 두려움을 갖거나 위축되지 않도록 도와주어야 한다.

(3) 공공의제의 틀을 갖추기

공공의제의 틀을 갖추기(framing the agenda)는 쟁점이 공공의제(public agenda)가 될 수 있도록 쟁점을 정리하고 대중의 관심을 확보할 수 있도록 의제화한다. 이 과정에서 시위나 대중매체 캠페인은 대중들의 관심을 유도할 수 있는 좋은 수단이 된다.

(4) 권력 키우기

권력 키우기(building power)는 자원 동원과 조직화를 통해 주민들의 권력을 키우는 과정이다. 사람의 수, 열정, 법적 행동, 전문성, 힘의 위협 등은 중요한 힘의 원천이 된다.

(5) 역량 건설

역량 건설(capacity building)은 대상자의 역량을 강화하기 위한 조직을 설립하고, 자신들의 주장을 효과적으로 표명하기 위한 캠페인을 전개하는 과정을 포함한다. 이를 통해 목표 완수라는 성공을 이루고 무력감을 극복하도록 한다.

(6) 사회자본의 창출

사회자본의 창출(creating social capital)에 있어서 사회자본은 지역사회구성원의 사회적 관계에 바탕을 둔 자원으로서, 물리적 자본과는 상대적 개념이다. 이러한 사회자본은 구성원 간의 협력과 연대감을 높이는 데 기여한다.

이러한 임파워먼트를 기반으로 구체적인 실천기법은 다음과 같다.

① 마을행사를 통해 지역사회주민 간의 연대의식 형성하기
② 주민에게 권한 위임하기
③ 지역행사 시 위임된 주민 지도력에 의한 업무분담 받기
④ 지방자치단체의 의원이나 행정기관 방문하기
⑤ 클라이언트집단의 문제를 지역사회 내 다양한 기관장에게 설득하기
⑥ 지역사회 공청회 개최하기
⑦ 클라이언트에 대한 개별옹호와 집단 옹호하기
⑧ 문제해결의 제도화를 위한 정책 당국자와 면담하기
⑨ 지방자치단체 행정기관이나 의회에 접촉하기

2) 옹호

옹호의 실천유형은 개별옹호, 집단옹호, 정치적 옹호가 있는데, 그 내용은 다음과 같다(김용환 외, 2023: 345).

(1) 개별옹호

사례옹호(case advocacy)라고도 하며, 개인이나 가족을 위한 옹호활동을 의미한다. 따라서, 개별옹호는 주로 특정 대상자의 욕구나 권익을 대변하여 필요한 자원이나 서비스를 확보하는 데에 초점을 둔다. 또한 개별옹호는 특정 기관으로부터 서비스 수혜 자격이 있는 대상자가 서비스를 받지 못하는 경우, 이러한 갈등을 해결하는 노력으로 옹호활동이 전개된다. 개별옹호의 목적은 일정한 혜택 또는 서비스를 받을 자격이 있으나, 이를 획득하지 못한 대상자가 해당 이득 또는 서비스를 획득하도록 도와주는 데 있다.

(2) 집단옹호

집단옹호(class advocacy)는 특정 대상자집단이나 제도의 문제점과 관련

된 옹호활동을 의미한다. 집단옹호는 해당 집단의 대상자들이 일정한 공통 욕구를 공유해서 사회여건을 변화하려는 일에 초점을 둔다. 이러한 집단옹호는 특정 대상자집단에 불리한 영향을 미치는 이슈를 사회적으로 다룸으로써, 현 상태에 중요한 변화를 일으키고 그들의 욕구와 권익을 대변하며 그들의 갈등을 해결하는 일련의 원조활동을 의미한다. 집단옹호 활동에는 민권운동, 주거권 실현운동, 사회복지권 운동, 장애아동의 교육권 운동 등이 해당된다.

(3) 정치적 옹호

정치적 옹호(political advocacy)는 공공옹호(public advocacy)라고도 하며, 주로 정치와 정책 영역을 대상으로 하는 옹호활동을 의미한다. 즉, 여성, 아동, 빈민, 소수인종, 그리고 장애인과 같이 비교적 무력한 집단들이 그들의 자원과 기회를 향상하도록 돕는 정책실천을 의미한다. 정책실천은 정책변화를 위한 노력을 의미하며, 정치적 옹호는 이러한 정책변화를 위해 무력한 집단들의 몫을 향상하키기 위한 노력이다.

이러한 기술을 토대로 정책입안자는 문제를 분석하고 정책제안서를 개발할 때, 바람직한 목적이 무엇인가를 결정해야 한다.

3) 사회행동

사회행동의 기술에는 일반적 전략, 정치적 압력 전술, 직접 행동, 법적 행동 등이 있다. 그 내용은 다음과 같다(길귀숙 외, 2015: 286-287 ; 김현호 외, 2017: 255).

① 일반적 전략

일반적 전략에는 힘의 극대화와 정당성 확보 등이 있다. 힘의 극대화는 조직이 지닌 힘(권력)을 극대화하는 작업은 단순히 조직의 권력 자원을 증대하는 것에 그치지 않는다. 그것은 상대방의 힘을 약화하거나, 자신에게 유리한 방향으로 이용하는 것까지 포함한다. 힘의 극대화는 상대방의 강점과 약점을 파악하는 것으로부터 시작된다. 힘을 극대화하기 위해서는 공격의 대상을 정확히 선정해야 하고, 강한 상대를 이기는 방법 가운데 하나는 상대방의 힘을 역이용하는 것이며, 상대방이 자신들의 가치와 규범을 제대로 지키지 않을 때, 사회행동조직은 이것을 쟁점으로 삼아 상대방에게 타격을 가하는 방법 등이 있다.

정당성 확보는 조직 내부와 조직 외부 양쪽에서 모두 확보되어야 한다. 조직 내부의 정당성 확보는 조직 구성원의 가치를 적절히 반영할 때 이루어진다. 이것은 조직가들이 전술 선택에서 자신의 가치와 선호를 구성원에게 일방적으로 강요해서는 안 된다는 의미이기도 하다. 또한 조직 외부의 정당성 확보는 대중의 승인을 받을 수 있는 전술을 사용하여야 한다. 특히, 폭력의 사용은 금물이다.

② 정치적 압력 전술

사회행동의 상당부분은 정치체계를 상대로 펼쳐진다. 정치체계는 극복의 대상이 되기도 하고, 목표를 이루기 위한 동반자가 되기도 한다. 이러한 정치체계에 영향력을 행사하기 위해서는, 먼저 정부 구조, 정책 형성과 입법 과정 등에 관한 충분한 지식과 정보를 갖추어야 한다.
정치체계에 영향력을 행사하는 방법에는 로비활동(lobbying)과 직접 참여의 두 가지가 있다. 로비활동은 자신의 이익을 관철하기 위해 정치인이나 관료를 설득하는 행위이고, 직접 참여는 단순한 청원자로 머물지 않고 의사결정 과정에 직접 참여하는 방법이다. 예컨대, 선거에 출마하거나 공직을 담당하는 경우를 말한다.

③ 직접행동

직접행동(direct action)은 로비활동과 같은 온건하고 간접적인 방법이 효과를 거두지 못할 때 사용하는 대결 전술의 하나이다. 직접행동은 문제를 가시화하는 데 큰 효과가 있다. 또한 직접행동은 표적에 대해 직접적인 타격을 가하는 동시에, 사회행동조직의 내부적 결속력을 높일 수 있다. 그러나 직접행동은 성공적인 자원 동원을 전제로 할 뿐만 아니라, 때로는 상당한 위험부담을 감수해야 한다. 직접행동의 유형에는 시위전술, 교육홍보전술, 불평전술, 경제전술 등이 있다.

④ 법적 행동

지역사회문제가 원만하게 해결되지 않아 법적으로 소송을 제기하는 경우를 의미한다. 이러한 법적 행동(legal actions, litigation)은 조직의 정당성을 높일 방법이기는 하나, 시간과 비용이 많이 드는 지루한 싸움이 될 수 있다.

이러한 법적 행동은 가처분 청구와 소송으로 구분하는 데, 가처분은 추가적인 사실을 수집할 때까지 상황을 악화시킬 가능성이 있는 행위를 중단하는 법적 수단이다. 그리고 소송은 법원에 손해배상을 청구하거나 잘못된 행위를 바로잡아 달라고 요구할 때 사용한다. 사회행동에서 자주 쓰이는 소송으로는 집단소송(class-action suits)과 정부기관을 대상으로 제기하는 행정소송 등이 있다. 집단소송은 일반적으로 조직의 구성원들이 집단으로 소송하는 것을 의미하고, 행정소송은 정부기관을 대상으로 제기하는 소송이다

4) 조직화

조직화(organizing)기술은 지역사회복지실천에서 가장 기본적이고 핵심적인 기술이다. 지역사회 전체 또는 일부 집단을 하나의 역동적인 실체(unity)로 만들어 가는 과정에서 활용되는 기술이다. 조직화는 대인관계의 기술이 중요하며, 다른 사람이 말하는 것을 이해하고 중요한 쟁점을 파악하는 능력을 갖춰야 한다. 즉, 조직화는 지역사회가 처한 상황과 해결 방향에 따라 목표를 세우고, 합당한 주민을 선정하여 모임을 만들고, 이 조직이 지

역사회의 욕구나 문제를 해결해 나가도록 돕는 것을 말한다. 다시 말해서 지역사회복지 조직화는 클라이언트(체계)의 문제를 해결하는 데 필요로 하는 인력이나 서비스를 규합하고, 나아가 조직의 목표를 성취하도록 합당하게 운영해 나가는 과정이다(이태희 외, 2023: 255-256).

조직화과정은 지역사회 내에 존재하는 문제나 어려움을 가진 집단들과 좋은 관계를 형성하는 것에서부터 시작한다. 시작단계는 사람들과 환경에 대한 사정, 계획 수립하기, 주민 접촉하기, 관계 형성하기, 조직가의 존재 알리기, 협력의 토대 만들기 등의 과업이 요구되어진다. 이와 더불어 준비단계가 이루어진 이후, 조직화단계는 주민들 간의 활발한 상호작용을 강화하고, 구체적인 과업들을 마련하여 실천적으로 조직구성원들이 주도적으로 문제해결에 참여하는 역할을 수행하도록 강조된다. 이러한 실천활동이 가능하게 하도록 사회복지사는 창조적인 분위기를 조성하고, 집단의 목적과 목표 역할과 기능 등을 구체화하는 작업을 통해 집단을 발전시켜 나가며, 구성원들의 역량을 강화하는 등의 실천기술을 적절하게 수행한다.

이후 조직화단계는 주민들 간의 활발한 상호작용을 강화하고 구체적인 과업들을 마련하여 실천적으로 조직 구성원들이 주도적으로 문제해결에 참여하는 역할을 수행하도록 강조된다. 이러한 실천활동이 가능하도록 하기 위해 사회복지사는 창조적인 분위기를 조성하고 집단의 목적과 목표, 역할과 기능 등을 구체화하는 작업을 통해 집단을 발전시켜 나가며, 구성원들의 역량을 강화하는 등의 실천기술을 적절하게 수행한다(김우호 외, 2019: 233).

조직화과정은 구성원 간의 갈등상황을 적절히 파악하고, 이를 중재할 수 있어야 하며, 누구나 자신의 목소리로 자신의 의견을 전달할 수 있는 개방적인 의사소통 구조를 마련하여야 하며, 구성원들의 생각을 이해하기 위해서 그들을 방문하고 그들과 이야기하며, 모임을 주선하여 생각을 모으고 나누는 등 신뢰 있는 관계를 형성하는 데 신중해야 한다.

5) 자원개발과 동원기술

자원이란 지역사회복지실천의 목적과 목표를 달성하는 데 필요하고 도움이 되는 모든 것을 말한다. 자원개발과 동원(resource mobilization) 기술은 지역사회의 문제를 해결하기 위해 필수적인 지역사회 내의 자원이 부족하거나, 외부의 자원이 필요한 상황에서 활용된다(김용환 외, 2023: 346).

자원동원기술은 지역사회 내 문제해결을 위해 현존하는 자원으로 불충분하여 자원을 확보하는 기술을 의미한다. 자원을 크게 인적자원과 물적자원으로 분류하여 볼 때, 인적자원의 개발과 동원의 방법은 기존에 존재하는 집단이나 조직체를 활용하는 방법과 다수의 개인에게 직접적인 참여를 촉진하는 방법, 개인으로 구성된 사회적 네트워크를 활용하는 방법이 있으며, 물적자원을 개발하는 방법으로는 마케팅전략을 통한 보다 전문적이고 구체적인 실천기법이 활용되고 있다.

연습문제

1. 지역사회의 특성이 아닌 것은?
   ① 지역사회는 역사적으로 그 의미가 변천하여 왔다.
   ② 지역사회는 지리적 의미와 기능적 의미를 함축하고 있다.
   ③ 전통적 의미의 지역사회와 다른 새로운 형태의 지역사회가 나타나고 있다.
   ④ 공동의 관심과 이해관계를 강조하는 기능적 의미의 지역사회는 공동체라는 성격을 가지고 그 의의가 부각되었다.
   ⑤ 지역사회는 구성원의 동질적 정체성에 기초한 강한 정서적 유대가 없다.

2. 학교주변의 유흥업소의 이전을 바라는 서명운동을 할 경우 사회복지사의 역할은?
   ① 옹호자 ② 조직가 ③ 조력가
   ④ 행동가 ⑤ 협상가

3. 다음 지역사회복지실천을 위한 사회복지사의 기술 중 연결이 바르게 된 것은?
   ① 자원개발·동원기술 : 지역사회 내 사람들 간의 관계를 강화함으로써 연계망이라는 사회적 자산을 형성한다.
   ② 옹호·대변기술 : 지역주민의 상담기능을 수행한다.
   ③ 임파워먼트기술 : 지역사회나 주민의 입장을 지지하고, 변화를 달성하기 위해 영향력이나 압력을 행사한다.
   ④ 연계기술 : 지역사회의 문제와 주민욕구에 대한 분석기술, 다양한 대안모색, 프로그램의 실행 기술, 관리·평가의 기술이 요구된다.
   ⑤ 조직화기술 : 지역사회복지실천의 가장 기본적인 기술이며, 지역사회 전체, 일부 집단을 역동적 실체로 만들어 나가는 과정에서 활용되는데, 지역주민의 생각을 이해하기 위한 방문, 모임 주선을 실시한다.

4. 한국의 지역사회복지 역사에 관한 설명으로 옳은 것은?
   ① 1960년대 – 지역자활센터설치.운영
   ② 1970년대 – 사회복지관 운영 국고보조금 지원
   ③ 1980년대 – 희망복지지원단 설치, 운영
   ④ 1990년대 – 재가복지봉사센터 설치, 운영
   ⑤ 2010년대 – 사회복지사무소 시범 설치 운영

5. 영국의 지역사회복지 역사에 관한 설명으로 않은 것은?
   ① 중복구호 방지를 위해 자선조직협회가 설립되었다.
   ② 1884년에 토인비홀(Toynbee Hall)이 설립되었다.
   ③ 정신보건법 제정에 따라 지역사회보호가 법률적으로 규정되었다.
   ④ 하버트(Harbert) 보고서는 헐하우스(Hull House) 건립의 기초가 되었다.
   ⑤ 그리피스(Griffiths) 보고서는 지역사회보호의 일차적 책임주체가 지방정부임을 강조하였다.

6. 지역사회 욕구사정 방법에 관한 설명으로 옳은 것은?
   ① 명목집단기법 : 지역주민으로부터 설문조사를 통해 직접적으로 자료를 획득
   ② 초점집단기법 : 전문가 패널을 대상으로 반복된 설문을 통해 합의에 이를 때까지 의견을 수렴
   ③ 델파이기법 : 정부기관이나 사회복지 관련 조직에 의해 수집된 기존 자료를 활용
   ④ 지역사회포럼 : 지역주민이 참여할 수 있는 공개 모임을 개최하여 구성원의 의견을 모색
   ⑤ 사회지표분석 : 지역사회 문제를 잘 파악하고 있는 사람들을 대상으로 정보를 확보

정답 1. ⑤ 2. ④ 3. ⑤ 4. ④ 5. ④ 6. ④

PART III

과정 실천기술

Chapter 10. 면접기술

Chapter 11 기록기술

Chapter 12. 평가기술

Chapter 13. 사례연구

Chapter 10

면접기술

개요

사회복지실천기술로서의 면접(Interviews)은 인간의 행동과 반응에 관한 전문적 지식과 정교한 인간관계기술을 갖춘 사회복지사가 클라이언트와 그의 문제를 이해하고 원조한다는 목적을 가지고 이끌어 나가는 전문적 대화이다. 면접은 클라이언트와의 대화 그 이상의 것이다. 면접은 문제가 있는 클라이언트를 돕기 위해 사용되는 목표지향적·의도적·계획적인 활동이다. 여기에서는 면접에 관하여 학습하고자 한다.

학습목표

1. 면접의 원칙 실천
2. 클라이언트에 대한 이해
3. 단계별 실천기술의 구분 이해
4. 과정 실천기술의 임상

학습내용

1. 면접의 개념
2. 면접의 종류
3. 면접단계의 실천기술
4. 면접과정의 실천기술

CHAPTER 10

면접기술

1. 면접의 개념

1) 면접의 정의

사회복지실천기술로서 면접(interviews)은 두 사람 이상이 특정한 목적을 달성하기 위해 함께 이야기를 나누는 것으로, 언어적·비언어적 의사소통의 다양한 방식을 사용한다. 특히, 사회복지실천현장에서의 면접은 전문적 관계에 바탕을 두고 의도적으로 나누는 전문적 대화로서, 사회복지사와 클라이언트 간에 계약된 활동으로 목적 지향적이고 공식적 활동이며 상호작용을 이루게 된다. 또한 클라이언트의 문제를 파악하고 실행, 평가하기 위한 전반적 실천과정이라는 측면에서 사회복지개입을 하기 위해 기본적이면서도 중요한 도구로 사용되고 있다. 이처럼 면접은 적절한 실천을 위한 정보수집의 도구가 되기도 하고 그 자체가 치료로 활용된다는 특징을 가진다(이태희 외, 2023: 53).

면접은 목적이 있고 목표지향적 특성을 지닌 전문적인 대화 또는 의사소통이며, 전문적인 기술이지만 사회복지사의 창의적 방법이 통합되는 예술이다. 모든 면접은 목적이 있고, 분야에 따라 구체적 기술이 적용된다. 따라서, 모든 사회복지사는 자신에게 적절한 스타일의 면접기술을 발달시켜야 한다.

효과적 면접에 영향을 미치는 사항들은 다음과 같다(Brown et al., 1992).
① 사회복지사의 자기인식 정도
② 주고받는 심리에 대한 고유한 역동성을 이해하는 것
③ 원조관계를 발전시킬 수 있는 사회복지사의 능력
④ 클라이언트를 존중하며, 클라이언트가 의사소통과정에 적극적으로 관여하도록 하는 사회복지사의 능력
⑤ 클라이언트에게 기술적으로 말을 하고 질문하는 사회복지사의 능력
⑥ 면접의 목적
⑦ 면접이 행해지는 분위기와 장소
⑧ 비밀보장의 정도
⑨ 전이와 역전이 등과 같은 면접과정에서 유발되는 역동성에 대한사회복지사의 인식

2) 면접의 특성

사회복지실천 면접은 두 사람 이상이 어떤 목적을 가지고 대화로 이루어진다는 점에서는 면접과 큰 차이는 없지만, 특별한 주제를 가지고 사회복지사에 의해 의도적·전문적으로 이루어진다는 점이 특징이다. 즉, 사회복지실천 면접은 인간의 행동과 반응에 대한 전문적 지식과 정교한 인간관계기술을 갖춘 사회복지사가 클라이언트와 그의 문제를 이해하고 원조한다는 목적을 가지고 의도적으로 이끌어 나가는 전문적인 대화라고 할 수 있다.

사회복지실천 면접은 다음과 같은 특성이 있는 일련의 커뮤니케이션이라고 할 수 있다(Compton et al., 2004).

첫째, 면접을 하기 위한 전후관계(context)나 장(setting)이 있다. 즉, 서비스를 제공 하는 기관이 있고, 그 기관의 상황적 특성이 있다. 특정 클라이언트에게 규정된 서비스를 제공하는 특정한 기관의 상황이 세팅되어 있으며, 커뮤니케이션의 내용은 한정되고, 특정 상황과 관련되지 않는 요인들이 제거되는 기초가 된다.

둘째, 구체적 목적을 달성하기 위한 과정으로 일정한 목표와 방향이 있다. 면접은 클라이언트와 사회복지사가 목적달성을 위한 일련의 과정을 밟기로 상호 협의한 상태에서 진행함을 의미한다. 즉, 면접은 우연히 만나서 정보를 교환하는 비공식적인 대화가 아니라, 면접의 목적은 커뮤니케이션의 한계를 정하고 불필요한 자료를 배제하는 근거로, 구체적인 목표달성을 위해 수행되는 과정이라는 것을 말할 수 있다.

셋째, 계약으로 이루어지는 것이다. 면접이 한정적이고 계약적이라는 것은 사회복지사와 클라이언트가 규정된 목적을 달성하기 위해 특수한 상황에서 활동한다는 의미이다. 즉, 면접은 클라이언트와 사회복지사가 목적을 달성하기 위해 일련의 과정을 면접하기로 상호 합의한 상태에서 진행하는 것을 말한다.

넷째, 면접에서는 사회복지사와 클라이언트의 특수한 역할관계가 규정된다. 즉, 사회복지사와 클라이언트에게 각각 정해진 역할이 있고, 그 역할에 따라 상호작용이 제한된다는 점에서 한정적인 요소가 있다.

3) 면접의 구성요소

(1) 내적 요소

면접의 내적 요소는 신뢰관계의 형성이다. 신뢰관계는 '라포(rapport)'라고 하며, 이는 클라이언트와 사회복지사 간의 상호이해와 관계를 수립하는 친근감, 신뢰감, 안정감, 조화, 공감, 화합 등의 정서적 유대를 의미한다. 신뢰관계는 사회복지실천현장에서 클라이언트의 존엄성, 자기결정 등을 실천할 수 있는 기초를 이루며, 실천의 성패를 결정하는 중요한 요인이 된다. 따라서, 면접의 초기과정에서 신뢰관계가 잘 형성되어야 클라이언트가 자신의 감정을 개방적으로 드러내고 본인의 문제들을 잘 표현하게 된다(이태희 외, 2023: 57).

신뢰관계를 높이기 위해서는 사회복지사의 케이스 개입에 대한 동기와 태도가 순수하고, 명료하며, 클라이언트의 욕구에 맞추어야 한다. 따라서, 사회복지사는 클라이언트의 문화와 가치관이 다르다는 것을 이해하고 비판과 편견 없이 수용하고 존중해야 한다.

(2) 외적 요소

면접의 외적 요소는 다음과 같다(이태희 외, 2023: 56).

① 장소

면접은 기관의 사무실, 클라이언트의 집, 학교, 직장, 공원, 카페 등 어디에서나 가능하지만, 원칙적으로는 기관의 상담실 등에서 주로 하고 있다. 기관의 상담실은 클라이언트가 편안함을 느끼며 물리적인 상황을 통제할 수 있으며, 사회복지사의 이동시간을 절약할 수 있다. 또한 가정방문은 클라이언트를 둘러싼 지역사회와 가정환경을 이해할 수 있고 가족과 면접할 기회가 더 많이 주어질 수 있으나, 전화나 손님의 방문 등으로 인해 주의가 산만할 수도 있다. 그리고 이외에 학교, 직장, 공원, 카페 등의 장소에서의 면접상담은 클라이언트가 기관에 오거나, 가정방문을 꺼리는 경우에 적절하다. 따라서, 사회복지사는 클라이언트의 문제해결을 위해 면접장소를 적절히 선정하여 활용하여야 한다.

② 시간

사회복지사는 면접할 날짜와 시간을 미리 클라이언트와 약속을 해야 한다. 면접예약을 통해 주어진 시간 동안 사회복지사와 클라이언트가 문제를 해결하기 위해 초점에 집중하는 적극적 참여와 노력이 이루어진다. 면접의 시간은 면접의 목적, 기관, 사례에 따라 다르지만, 일반적으로 한 시간 전후의 면접이 이루어질 수 있도록 사회복지사가 클라이언트에게 미리 알려주는 것이 바람직하다. 너무 짧은 면접은 클라이언트가 하고 싶은 말을 충분히 표현하지 못하고 사회복지사가 듣고 싶은 이야기를 못 들을 수 있어서 상호관계를 형성하지 못하고 중도에 끝나는 면접이 되기 쉽다. 반면에, 너무 긴 면접은 초점에 벗어난 면접이 진행될 수 있다. 따라서, 클라이언트의 주의집중 능력과 의사소통 능력에 따라 조정할 수 있다. 또한 면접기간은 일정한 규정은 없고, 클라이언트의 문제해결 진행정도에 따라 결정하는 것이 바람직하다.

③ 사회복지사의 태도

사회복지사는 다음과 같은 태도를 고려해야 한다.

첫째, 사회복지사는 기관 전통이나 클라이언트의 기대를 고려한 옷차림이나 행동을 해야 한다.

둘째, 클라이언트가 사회복지사에게 단순한 호기심이나 사회복지사의 자질을 탐색하고 사적인 관계를 만들거나 사회복지사에 대한 감정을 표현하기 위해 개인적인 질문을 할 수 있다. 사회복지사는 수용될 수 있는 질문은 간략히 말하고, 자신이 알지 못하는 질문은 자신의 한계를 스스로 인정해야 한다.

셋째, 관심, 따뜻함, 신뢰의 자세는 클라이언트의 특성을 인정하는 존중을 내포한다. 사회복지사는 클라이언트의 욕구에 관심을 보이고 도와주어 끊임없이 반응해 줌으로써 긍정적인 존중의 관계를 맺을 수 있다.

4) 면접의 원칙

사회복지실천은 끊임없는 만남을 통한 구체적인 개입활동이다. 그래서 사회복지실천기술을 활용하면서 가장 중요한 것은, '어떻게 클라이언트를 대해야 하는가?'이다. 즉, 클라이언트를 대하는 면담의 원리가 중요하다. 사회복지실천에서 다루는 클라이언트 면담의 원리는 서비스를 주는 사람의 입장이 아닌 수요자 중심인 '서비스를 받는 사람 중심 시각'에 기초한 '함께 문제해결의 과정을 밟아가는 면담'이라고 말할 수 있다.

이를 활용한 면담의 효과적인 원칙은 다음과 같다.
① 서로의 이야기에 집중하며 진지하게 듣고 감탄하기
② 한 번에 한 사람씩 나누기
③ 가능하면 현재에 머물기
④ 개인의 사례를 일반화하지 말기
⑤ 자신에게 정직하고 성실하기
⑥ 서로를 존중하기
⑦ 자신의 문제를 소유하기
⑧ 자신을 객관적으로 관찰하기
⑨ 훈련된 언어생활하기
⑩ 서로의 비밀을 존중하기

2. 면접의 종류

면접의 종류에는 면접의 목적에 따라 클라이언트에 대한 정보를 얻고자 하는 목적으로 이루어지는 정보수집 또는 사회조사 면접, 평가에 도달하기 위한 사정을 위한 것과, 치료적 목적을 가지는 변화를 위한 면접으로 분류할 수 있다. 그 내용은 다음과 같다(김효선 외, 2018: 194~195).

1) 정보수집 면접(informational or social history interviews)

초기면접단계에서는 클라이언트가 어떠한 문제를 가지고 왔는지, 어떤 도움이 필요한지 등을 질문하고 답하게 될 것이다. 또한 이 초기면접에서는 클라이언트에 대한 일반적인 사항, 즉 나이, 가족관계, 학력 등에 관한 정보를 주고받게 된다. 대부분의 사회복지기관이나 사회복지 시설에서는 초기면접 질문지가 준비되어 있다.

초기면접과정에서 파악해야 할 내용은 대체로 다음과 같다(Zastraw & Hessenauer, 2020).

『일반사회복지실천』
(Zastraw & Hessenauer, 2020)

① 일반적 사항 : 나이, 성별, 학력, 결혼상태, 주소 등
② 현재의 문제 : 현재 문제상황, 과거력(과거에 유사한 문제가 있었는지, 이를 위한 노력, 치료형태, 치료기관 등), 과거 병력
③ 가족력 : 클라이언트의 원가족과의 관계, 부모·형제관계, 핵가족 중심의 부부관계, 자녀관계 등
④ 개인력 : 아동기의 성장과정, 발달단계상의 문제, 학교생활, 직장생활, 결혼생활 등
⑤ 사회적·직업적 기능 정도

이러한 정보나 자료에 기초해 클라이언트의 개인적·사회적 문제의 시작과 과정, 원인 등을 살피게 되고 개입이나 치료를 위한 기반을 마련해야 한다.

2) 사정을 위한 면접(assessment interviews)

사정을 위한 의사결정 면접은 서비스의 적격 여부를 평가하고 결정하기 위한 것으로 사정면접이라고 할 수 있다. 즉, 어떤 서비스를 제공할지 구체적 서비스에 대한 의사를 결정하는 면접이다. 사정(assessment)은 문제가 무엇인지, 어떤 원인 때문인지, 그 문제를 해결하거나 줄이기 위해 무엇이 변화되어야 하는지에 대해 답하는 사회복지실천과정의 핵심적 단계이다. 예컨대, 아동복지 담당 사회복지사는 위탁보호 신청자나 입양 신청자와 함께 기관이 그에게 아동을 맡겨도 좋은지 어떤지를 결정하기 위해 면접을 하고, 노인복지 담당자는 재가복지서비스 대상자로서 적합한지를 결정하기 위해 면접한다. 면접은 정보수집보다 목적 지향적 특성이 있으며, 사정면접의 목적은 어떤 결정을 내리는 데 도움이 될 만한 필요한 정보만을 선택적으로 얻는 것이다. 클라이언트의 현재 문제상황, 그 문제해결의 목표 그리고 목표달성을 위한 개입방법의 결정 등이 사정면접을 통해 이루어지게 된다.

3) 치료적 면접(개입면접, intervention interviews)

치료를 위한 면접의 목적은 면접을 통해 클라이언트의 변화를 돕기 위한 것과 클라이언트의 더 나은 사회적응을 위해 환경을 변화하기 위한 것이다. 클라이언트의 변화를 돕기 위한 치료면접은 주로 클라이언트의 자신감과 자기효율성 강화, 필요한 기술훈련, 문제해결능력 증가 등을 목적으로 한다. 환경변화를 목적으로 하는 면담은, 클라이언트와 관련된 중요한 사람들과 이루어지기도 하고, 클라이언트의 권리와 이익을 옹호, 대변하기 위해 사회복지기관, 지역사회, 관련 공무원들과 이루어지기도 한다. 이러한 목적을 가진 면접은 사회적 상황을 변화하려는 노력을 포함한다. 변화가 일어남에 따라 면접 그 자체는 치료도구가 되며, 피면접자는 감정, 태도, 행동상의 변화를 시도한다. 면접이 치료적 목적을 가질 수 있지만, 변화를 추구하는 클라이언트가 면접에 나타나지 않을 수도 있다. 이러한 경우에는 클라이언트의 생활에 있어서 중요한 사람들과 면접을 할 수 있다. 이때 사회복지사는 클라이언트를 대신하여 중재나 대변자로 활동한다. 중재나 대변에 관여하는 사회복지사는 클라이언트를 대신하여 그들에게 영향을 미치려는 전략적 위치에 있는 중요한 사람들과 면접을 한다. 이 경우, 면접의 목적은 클라이언트의 이익 면에서 사회환경 내의 힘의 균형을 변화하는 것이다.

이러한 면접은 클라이언트가 변할 수 있도록 또는 클라이언트의 사회적 상황이 변화할 수 있도록 돕기 위한 것이다. 이 면접에서는 클라이언트의 감정, 태도, 행동을 효과적으로 변화하기 위해 클라이언트에게 자신감, 자기효율성을 강화하고 필요한 기술을 훈련하고 문제를 해결할 수 있는 능력을 키운다. 그러한 변화의 결과로 클라이언트가 더욱 나은 사회적 기능을 수행하도록 지원하는 것이다.

3. 면접단계의 실천기술

모든 면접은 시작단계, 중간단계, 종결단계가 있다. 그리고 면접의 각 단계는 각각 다른 목적과 목표를 가지고 있다. 새로운 클라이언트를 처음 면접하는 경우 라포형성과 평가에 초점을 맞추어야 하고, 평가면접의 경우 유용한 정보를 얻는 것이 일차적인 목표이며, 치료의 마지막 면접은 종결에 초점을 맞추어야 한다. 그러나 모든 면접은 클라이언트의 문제해결능력 향상과 감정의 표현을 통한 행동의 변화를 가져올 수 있도록 해야 한다.

면접의 실천기술단계는 다음과 같다(길귀숙 외, 2018: 228-229).

1) 시작단계

면접의 시작은 사회복지사가 클라이언트의 이름을 부르면서 시작되며, 가능한 한 클라이언트가 편안하도록 배려한다. 사회복지사는 클라이언트가 면접에 적극적으로 참여할 수 있도록 원조하고 긴장과 적개심이 감소되도록 노력한다. 이러한 과정은 사회복지사가 지난 회기 면접 이후 중요한 변화에 대해 질문을 함으로써 시작하며, 이를 통해 클라이언트의 상태와 관심사를 이해할 수 있다. 면접의 초기에 사회복지사는 면접의 목적을 상기하고 클라이언트가 가지고 있는 욕구나 문제에 대해 표현하도록 격려한다. 그리고 클라이언트에 관한 관심과 공감을 보여 줌으로써 신뢰관계를 형성하고 현재 상황을 평가한다. 만약 초기면접이라면 치료적 관계를 형성하는 것과 평가를 위해 시간을 할애한다.

2) 중간단계

중간단계의 면접은 주어진 과업에 따라 달라질 수 있으며, 치료계획의 수정, 활동계획, 장애물 제거 등이 될 수 있다. 사회복지사는 클라이언트의 말을 경청하고, 반응을 관찰하며, 면접의 목적을 달성하기 위해 다양한 기술을 활용한다. 사회복지사는 전문적 가치와 기술을 중심으로 클라이언트의 문제해결과정을 돕고 점검한다.

면접의 속도를 조정하고 적절한 시간 조절, 과업에 대한 초점 정리 등을 유지한다. 또한 의사소통의 효율성 정도를 매회 점검한다.

3) 종결단계

면접의 목적이 달성되었거나 시간이 마감되었을 때, 사회복지사는 면접을 종결하기 위해 준비하여야 한다. 면접종결 시 사회복지사나 클라이언트 모두가 불편해질 수 있다. 예컨대, 클라이언트가 면접 종결 5분 전에 갑자기 중요한 문제점에 관해 대화를 시작하거나, 면접을 지속하기를 강력하게 요청할 수도 있다. 사회복지사는 클라이언트가 면접종결을 수용할 수 있도록 종결 15분 전에 정확히 남은 시간을 알려주는 것이 좋다.

성공적 면접의 종결을 위해 사회복지사는 첫째, 클라이언트에게 면접 종결에 대한 느낌을 나누도록 격려하고, 둘째, 사회복지사가 클라이언트에 대한 긍정적 감정을 표현하며, 셋째, 클라이언트에게 면접의 내용을 요약한다. 면접을 요약하는 것은, 개입과정에 대한 초점을 유지하게 하고 그 내용이 서비스와 일치하는지 점검하는 데 도움이 된다.

다음 단계로 클라이언트와 사회복지사는 추후 면접을 계획한다. 만약 마지막 면접이거나 단회 면접이라면 클라이언트에게 작별인사를 할 기회를 주고, 새로운 문제가 발생하거나 어려움이 있을 때 언제든지 방문할 수 있다는 가능성을 제시한다.

종결은 클라이언트의 전체적 면접에 대한 인상을 결정하기 때문에 중요하다. 따라서, 종결은 서두르는 느낌을 갖지 않도록 충분히 시간 배정을 한다. 만약 사회복지사가 매회 성공적으로 면접을 종결했다면 전체적 서비스 종결도 잘 될 수 있을 것이다. 그러나 사회복지사가 철저히 준비했다고 하더라도 종결이 어려운 클라이언트가 있을 수 있다.

4. 면접과정의 실천기술

면접과정의 실천기술이란 상담과정에서 클라이언트의 의도를 올바르게 파악하고 상담을 성공적으로 이끌어 줄 방법, 즉 상담자가 클라이언트의 관계 속에서 지니고 있어야 할 의사소통기술이라 할 수 있다. 면접의 기술을 구체적으로 살펴보면 다음과 같다(이태희 외, 2023: 58-61).

1) 관찰

관찰은 면접의 가장 기본적인 기술로서 클라이언트가 말하고 행동하는 것에 주의를 기울여 있는 그대로를 보는 것이다. 관찰은 경청과 더불어서 사회복지실천 면접의 전 과정 동안 사용하는 중요한 기술이다. 특히, 사회복지사가 클라이언트의 표정, 손놀림, 눈 맞춤, 얼굴 붉힘, 억양 등의 비언어적 표현을 통해 클라이언트의 감정과 표현의 차이를 분명히 하여 클라이언트를 이해할 수 있다. 사회복지사가 관찰해야 할 내용은 클라이언트의 언어적(verbal)·비언어적(nonverbal) 표현, 시작하는 말과 종결하는 말의 내용, 대화 중에 주제의 이동이나 반복되는 언급, 내용의 불일치, 숨겨진 의미, 침묵 등이다.

사회복지사는 면접과정에서 클라이언트의 비언어적 단서들을 다음과 같은 방식으로 관찰한다.

① 냄새 : 술을 마셨는가?, 담배를 피우는가?, 위생상태는 적절한가?
② 보기 : 자세, 몸짓과 동작, 얼굴표정, 눈 맞춤, 의복이나 차림새, 외모, 눈물 등
③ 소리 : 말의 톤과 명확성, 속도, 성량, 호흡, 울음 및 웃음소리 등
④ 거리 : 클라이언트가 사회복지사와 가까이 있고 싶어 하는가?, 떨어져 있고 싶어 하는가? 등

사회복지사는 클라이언트의 비언어적·언어적 단서들을 관찰하고, 그에 따라 클라이언트를 더 깊이 이해하게 된다. 그렇지만 관찰기술은 양날의 칼과도 같다. 그러한 단서들을 취하여 클라이언트를 이해하는 데 도움이 될 수 있으나, 동시에 그러한 가정들 때문에 사회복지사의 시야가 좁아지고, 편견과 선입견으로 작용하여 결국은 사정과정의 어려움이나 오해를 불러일으킬 수 있다는 것이다. 나아가 이러한 편견으로부터 자유롭기가 매우 어렵다.

2) 경청

경청은 면접에서 가장 중요한 기술이다. 경청이란 사회복지사가 클라이언트의 말에 선택적으로 주목하는 것을 말한다. 즉, 클라이언트가 무엇을 말하

는지, 면접자의 질문에 어떻게 반응하는지를 듣는 것이다. 이때 경청은 클라이언트의 어려움에 공감하고 그에게 필요한 반응을 해가면서 적극적으로 잘 듣는 것이다. 경험이 부족한 사회복지사의 공통된 실수는 자신이 이야기를 많이 하고 클라이언트가 말할 기회를 적게 주는 것이다. 이러한 태도는 전문적 관계형성을 방해할 뿐 아니라, 클라이언트가 사회복지사의 신뢰감을 떨어뜨리게 한다.

효과적인 의사소통을 위한 중요한 관건은 상대적으로 더 비중을 두어야 할 클라이언트의 말과 행동을 선택하여 주목하는 것이다. 경청을 잘하는 방법은 다음과 같다.

① 클라이언트가 말을 할 때 적절한 반응을 보여 준다. 예컨대, 고개를 끄덕거린다든지, 단순한 "아", "예" 등과 같은 음성적 반응 등을 보여 준다.

② 사회복지사가 궁금하거나 내용을 잘 이해하기 위하여 적절한 질문을 하면, 클라이언트는 자신의 말을 경청하고 있다는 느낌을 받게 된다.

③ 클라이언트가 한 말에 대하여 반복과 환언을 실시한다. 반복과 환언을 통해 클라이언트의 말을 충분히 경청하고 있음을 표현할 수 있다.

3) 질문

대부분의 의사소통은 질문하지 않고는 대화가 이루어지지 않는다. 질문은 면접의 중심이 되는 기술이다. 면접자는 몇 마디의 질문으로 클라이언트에게 많은 이야기를 하도록 해야 한다. 특히, 클라이언트의 보조에 맞춰서 질문해야 하고, 우회적이며 도움을 주려고 질문해야 한다.

질문하는 목적은 필요한 정보를 얻기 위해, 클라이언트의 마음을 탐색하기 위해, 클라이언트의 말을 정확하게 이해하기 위해, 대화의 실마리를 풀기 위해 질문을 한다. 그리고 치료의 개입수단으로 질문을 하게 된다. 질문에는 여러 가지 기술이 있다.

(1) 개방형 질문과 폐쇄형 질문

① 개방형 질문

개방형 질문은 다양한 측면으로 탐색을 하도록 돕기 위해서 또는 명료화하고 초점을 맞추기 위해서, 감정을 탐색하기 위해서 주로 활용된다. 따라서, 초기면접이나 첫 만남에서 이용하는 것이 유용하다. 개방형 질문은 클라이언트가 생각하게 하고, 집중하고 몰입하게 함으로써 자신의 감정과 생각을 명확히 하도록 하며, 구체적인 예를 이끌어 낼 수 있다. 따라서, 다양한 측면에서 탐색을 가능하게 하며, 한 부분에 초점을 맞추도록 돕는다. 즉, 개방적 질문은 주관적인 견해를 도출하는 것이기 때문에 상대적으로 사람 지향적이다. 그리고 "…하시겠습니까?" 또는 "할 수 있어요?"라는 질문은 상대방에게 선택권과 융통성 또는 여유를 주는 질문으로 강요당하거나 지시 당하는 느낌을 주지 않게 된다.

개방형 질문은 가급적 짧고 간단해야 하며, 한 가지씩 함으로써 초점을 맞출 필요가 있고, 막연한 질문에서 더욱 구체적인 질문으로 범위를 좁혀 가면서 구체적인 정보를 탐색할 수 있도록 해야 할 것이다. 그리고 개방형 질문의 부담감이 있을 수 있기 때문에 개방형 질문과 폐쇄형 질문을 다양하게 혼합하여 사용하는 것이 도움이 될 수 있다.

② 폐쇄형 질문

폐쇄형 질문은 클라이언트가 구체적인 사항에 초점을 두도록 해서 면접의 초점을 유지하고자 할 때, 새로운 영역으로 들어갈 때, 면접의 방향을 변경할 때, 민감하거나 감정적인 주제여서 클라이언트가 이야기하는 것을 피하거나 어려워할 때, 간과한 세부사항을 보충하고자 할 때, 클라이언트가 당황하거나 정신이 다소 혼미하여 말에 초점이 없을 경우, 유용하게 활용할 수 있다. 또한 자신감이 없는 클라이언트를 대상으로 활용하기 좋고, 타인을 신뢰하지 못하거나, 말수가 적거나, 자기 생각과 감정을 표현하기 어려워하는 클라이언트인 경우 효과적일 수 있다. 그리고 심각한 정신적 외상이나 사고를 당한 클라이언트들도 개방형 질문에는 답하기가 어려우나 폐쇄형 질문에는 비교적 잘 답할 수가 있다.

반면에, 폐쇄형 질문은 문제를 다양하게 탐색해 볼 기회가 줄어들 수 있고(자유롭고 완전하게 탐색하는 것을 지연시킬 수 있다.), 클라이언트가 매우 제한된 범위 내에서 응답함으로써 정보와 사실 확보에 다소의 어려움을 가질 수 있다. 또한 특정 주제에 지나치게 집중함으로써 클라이언트가 마치 심문당한다는 느낌, 딱딱한 느낌이 들게 할 수도 있다. 그럼으로써 클라이언트가 면접을 지루하게 느낄 수도 있을 것이다. 특히, 폐쇄형 질문을 많이 할 경우에 클라이언트는 조사당한다는 느낌이 들 수 있으며, 불쾌할 수 있다. 따라서, 매우 급한 상황이 아니라면 폐쇄형 질문과 적극적 경청, 개방형 질문을 함께 사용하는 것이 좋을 것이다.

그러므로 개방형 질문은 자유로운 응답이 나올 수 있는 질문형태를 말하며, 폐쇄형 질문이란 비교적 제한된 답이 나올 수 있는 질문의 형태를 말한다. 어떠한 질문형태가 좋다고 말할 수는 없지만, 클라이언트의 생각이나 감정이 어떠한지 폭넓게 들어보고 싶은 경우에는 개방형 질문이 좋다.

> 개방형 질문 : "사회복지사에 대해서 어떻게 생각하세요?"
> 폐쇄형 질문 : "사회복지사는 좋은 직업이야. 너도 그렇게 생각하지?"

(2) 간접질문과 직접질문

> 직접 질문 : "사회복지사란 직업이 좋지?"
> 간접 질문 : "사회복지사는 클라이언트에게 꿈과 희망을 주는 직업이야."

직접질문은 문장의 형태가 의문문이고, 간접질문은 서술문의 형태로 이루어진다. 간접질문은 클라이언트 자신이 질문을 받는다는 느낌을 덜 받으며, 질문 공세를 받는다는 느낌을 주지 않는다.

(3) 질문 시 유의사항

사회복지사가 질문하면서 범하기 쉬운 것으로 유도하는 질문, 암시적 질문, 이중적 질문, 왜 또는 무엇을 질문이 있는데, 이때의 유의사항을 살펴보면 다음과 같다.

첫째, 잘못된 질문은 추궁하거나 대화의 흐름을 막는 역효과를 초래하며, 관계형성에 방해요소로 작용할 수 있으므로 상황에 맞는 적절한 질문을 사용한다.

둘째, 질문을 너무 많이 하면 클라이언트는 혼란을 느끼고, 너무 적게 하면 면접 시 부담을 가질 수 있다.

셋째, 질문 시 직접적 질문보다 간접적 질문을 하는 것이 바람직하고 개방형 질문을 통해 클라이언트의 욕구를 잘 파악하도록 한다.

넷째, 질문의 진행속도는 클라이언트의 반응에 맞추도록 한다. 또한 분석된다고 느끼게 하거나 필요 이상으로 깊게 알려고 하는 태도는 방어하게 만들 수도 있다.

다섯째, 이중구속 메시지(double-bind message)의 사용은 혼란을 초래하므로, 사회복지사 스스로 자신의 질문양상을 분석하도록 한다.

4) 반영

반영(reflection)은 클라이언트의 말과 행동에서 표현된 기본적인 감정, 생각 및 태도를 사회복지사가 다른 참신한 말로 부언해 주는 것이다. 이것은 클라이언트의 자기이해를 도와줄 뿐만 아니라, 클라이언트에게 자기가 이해받고 있다는 인식을 하게 된다. 그런데 클라이언트가 한 말을 그대로 다시 반복하는 식으로 반영해 주면, 클라이언트는 자기의 말이 어딘가 잘못되지는 않았나 하고 생각하게 되거나, 사회복지사의 그러한 반복에 지루함을 느끼기 쉽다. 그래서 가능한 한 다른 말을 실제로 사용하면서 관심을 가지고 이해하고자 한다는 태도를 보여야 한다.

5) 명료화

명료화(clarification)는 클라이언트의 말 속에 내포되어 있는 뜻을 클라이언트에게 명확하게 말해 주는 것이다. 즉, 클라이언트가 말하고자 하는 의미를 사회복지사가 생각하고, 이 생각한 바를 다시 클라이언트에게 말해 준다는 의미에서 클라이언트의 말을 단순히 재진술하는 것이 아니다. 다시 말해서 명료화는 클라이언트의 실제 반응에서 나타난 감정 또는 생각 속에 암시되었거나, 내포된 의미를 클라이언트에게 더 분명하게 말해 주는 것이다.

명료화하기는 주로 클라이언트가 더욱 더 명확하게 말하도록 격려하도록 클라이언트가 말한 것에 대해 사회복지사가 이해했음을 입증하기 위해 질문하는 것이다. 그러한 질문은 "당신이 말하기를"로 시작하기도 한다. 그러나 명료화하기는 면담의 흐름을 방해할 수 있는 '바꾸어 설명하기'와 같이 어떤 사람은 쉽게 기분이 나빠질 수도 있다. 이는 자신들의 의사소통을 잘못하는 것을 의미하거나, 은근한 비난으로 여기기 때문이다.

6) 직면

직면(confrontation)은 클라이언트가 자신의 문제를 유지하거나, 그에 영향을 미치는 사표 감정, 행동과 대면하는 것을 말한다. 직면은 클라이언트가 자신의 사고, 믿음, 감정과 행동에서 모순과 불일치의 맹점을 알고, 역기능적 행동을 생산하거나, 영속화하려는 경향이 있을 때 사용하는 것이 좋다.

직면은 클라이언트가 모르고 있거나 인정하기를 거부하는 생각과 느낌에 대해서 주목하도록 하는 사회복지사의 언급(또는 지적)이다. 예컨대, 클라이언트가 모르고 있는 과거와 현재의 연관성, 행동과 감정 간의 유사점 또는 차이점 등을 지적하고 그것에 주목하도록 하는 것이다. 직면은 클라이언트의 변화와 성장을 증진할 수 있지만, 클라이언트에게 심리적인 위협과 상처를 줄 수도 있다.

7) 해석

상담에서의 해석(interpreting)은 사회복지사에게 어떤 의미를 전달하고자 하는 사회복지사의 시도이다. 해석은 클라이언트의 여러 언행 간의 관계 및 의미에 대한 가설을 제시하는 것이다. 즉, 클라이언트가 과거의 생각과는 다른 각도에서 자기의 행동과 내면세계를 파악하게 하는 것이다. 해석의 의미나 범위는 전문가들에 따라 다르게 설명된다. 예컨대, 고전적 정신분석가들은 주로 내담자를 저항의 본질에 직면하려 하는 언급만을 해석으로 간주한다. 또한 '인간 중심적 치료'의 사회복지사들은 획일적인 해석은 피하고, 주로 감정의 명료화나 반영을 사용한다. 이들은 해석이 저항을 조장하며, 사회복지사에게 너무 많은 치료적 책임을 갖게 한다고 주장한다. 그러나 실제로는 감정의 반영도 대부분 온화한 해석이다.

해석의 방법에는 행동 및 성격 변화의 원리와 가정에 따라 결정되는 것이 적절하므로 해석 방법의 일반적 지침을 말하기는 힘들다. 사례에 따라 적절히 그리고 다양하게 활용될 수밖에 없을 것이다.

> **반영 · 명료화 · 직면 및 해석 반응의 구분(예)**
>
> 다음은 클라이언트의 꿈 이야기에 대해서 반영 · 명료화 · 직면 및 해석이 어떻게 다르게 나타날 수 있는지를 예시한 것이다(김보기 외, 2021b: 309-310 재인용).
> 클라이언트 : "지난 밤 꿈에 저는 아버지와 사냥을 하러 갔는데 제가 글쎄 사슴인 줄 알고 쏘았는데, 나중에 가까이 가보니깐 아버지가 죽어 있었습니다." 그래서 깜짝 놀라 잠에서 깨었습니다. "디어 헌터(Deer hunter)"라는 영화를 본 지 며칠 안 되어 그런 꿈을 꾸었는지 모르겠어요."
> - 반영 : "그런 끔찍한 꿈을 꾸고 마음이 몹시 당황했군요."
> - 명료화 : "꿈이었겠지만, 총을 잘못 쏴서 아버지를 돌아가시게 한 죄책감과 같은 것을 느꼈는지도 모르겠군요."
> - 직면 : "너무 권위적이고 무관심한 아버지가 혹시 사고로 세상을 떠났으면 하는 생각이 마음 구석에 있었는지도 모르겠군요."
> - 해석 : "부모에게 효도해야 한다는 동양문화권에서 볼 때, 그런 꿈을 꾸었다는 사실에 마음이 심란하기도 하겠지요. 그리고 한편으로는 권위적 존재에 대한 적개심으로 간접적으로나마 인정하고 표현했다는 점도 중요하겠지요."

8) 요약하기

요약하기는 한 주제에서 다른 주제로 넘어가기 전에 그동안 논의된 바를 요약하여 핵심을 잡아주거나, 지나치게 긴 클라이언트의 말을 정리하여 장황한 주제가 어떻게 연결되는지를 간략히 설명해 주는 것이다. 그리고 한 세션이 끝날 때 그날 세션에서 다루었던 내용을 정리함으로써, 그 내용이 다음 세션으로 연속될 수 있도록 도와준다. 면접과정에서 나온 주요 내용을 연결하여 요약해 주는 것이다.

9) 분위기 조성

 분위기 조성은 면접을 위해 심리적으로 편안한 분위기를 만드는 기술이다. 이를 위해 서로에 대한 이해와 개방성을 촉진할 수 있는 방향으로 분위기를 조성해야 한다.
 면접 분위기를 조성하기 위해서는 일단 자연스럽게 자신의 관심사에 관해 이야기할 수 있도록 가벼운 일상 대화로부터 시작하여 클라이언트의 관심사와 문제에 초점을 두어 진행하도록 한다.

10) 초점화

 클라이언트가 어떤 주제에 대해 회피하고자 말을 모호하게 하거나, 두서없이 말을 산만하게 하고 혼란스러워할 때, 사회복지사가 간단히 언급함으로써 다시 초점을 맞추는 것이다. 클라이언트가 자기 문제를 언어로 표현할 때 말속에 숨겨진 선입견, 가정, 혼란을 드러내어 자신의 사고과정을 명확히 볼 수 있도록 해 준다.

연습문제

1. 면접에서 피해야 할 기술이 아닌 것은?
   ① 개방형 질문
   ② 모호한 질문
   ③ 유도 심문
   ④ '왜?' 라는 질문
   ⑤ 복합질문

2. 개방형 질문의 예시로 옳지 않은 것은?
   ① 선생님은 어제 자녀와 대화를 나누셨나요?
   ② 부모님은 그 상황에서 무엇을 생각하셨을까요?
   ③ 그 상황에서 선생님의 기분은 어떠하셨나요?
   ④ 어떤 상황이 되면 문제가 해결되었다고 생각하세요?
   ⑤ 그러한 행동을 하게 되면 선생님의 가족들은 어떤 반응을 보이시나요?

3. 면접에 관한 설명으로 옳지 않을 것은?
   ① 사회복지사와 클라이언트 사이의 특정한 역할 관계가 있다.
   ② 시간과 장소 등 구체적인 요건이 필요하다;
   ③ 목적보다는 과정 지향적 활동이므로 목적에 집착하는 것을 지양한다.
   ④ 클라이언트의 어려움을 극복하는 데 필요한 변화들을 가져오기도 한다.
   ⑤ 클라이언트를 이해하는 데 필요한 정보를 수집하기도 한다.

4. 사회복지실천 면접에서 경청에 관한 설명으로 옳지 않은 것은?
   ① 클라이언트의 진술을 즉각적으로 교정해 주는 것이 핵심이다.
   ② 클라이언트에 관한 중요한 정보를 얻는 방법 중 하나이다.
   ③ 클라이언트의 표정이나 몸짓도 관찰하여 의미를 파악한다.
   ④ 클라이언트의 사고와 감정을 이해하려는 적극적 활동이기도 하다.
   ⑤ 클라이언트와 사회복지사 사이의 신뢰관계형성에 도움이 된다.

5. 면접의 설명으로 옳지 않은 것은?
   ① 특정한 역할이 있다.
   ② 특수한 장(場)이 정해져 있다.
   ③ 계약에 의해 이루어진다.
   ④ 목적지향적이다.
   ⑤ 면접장소가 제한적이다.

6. 사회복지실천에서 면접의 특성에 관한 설명으로 옳지 않은 것은?
   ① 클라이언트에 대한 이해를 촉진하기 위해 면접이 필요하다.
   ② 사회복지실천 단계마다 면접의 목적은 달라진다.
   ③ 면접 장소는 사회복지 기관의 사무실이나 상담실로 한정한다.
   ④ 사회복지사와 클라이언트의 역할은 서로 다르다.
   ⑤ 정보수집을 위한 면접보다 치료적 면접이 더 목적지향적이다.

7. 면접방법으로 옳지 않은 것은?
   ① 생태도와 가계도 같은 도구를 이용한다.
   ② 제3자를 통해 획득한 내용을 주로 이용한다.
   ③ 객관적 정보를 얻기 위해 폐쇄적 질문을 하기도 한다.
   ④ 클라이언트에게 많은 정보를 얻을 수 있도록 개방적 질문을 한다.
   ⑤ 클라이언트가 많은 이야기를 할 수 있도록 자연스러운 분위기를 조성한다.

8. 다음 중 개방형 질문인 것은?
   ① 오늘 많이 피곤해 보이시네요.
   ② 어떤 이야기를 나누셨나요?
   ③ 자녀의 학교선생님은 체벌을 많이 합니까?
   ④ 오늘 방 청소를 했나요?
   ⑤ 따님과 얘기해 보셨나요?

정답 1. ① 2. ① 3. ③ 4. ① 5. ⑤ 6. ③ 7. ② 8. ②

Chapter 11

기록기술

개요

사회복지실천 기록은 사회복지사가 개입한 사례를 계획에서부터 종결과 사후지도까지 전 과정을 합당한 형식을 갖춘 틀에 따라 객관적으로 서술하는 것을 말한다. 기록은 문서화라는 작업을 수행하는 것으로서, 이를 통하여 클라이언트에 대한 개입과정의 정보를 보존하는 것이다. 여기에서는 기록기술을 학습하고자 한다.

학습목표

1. 기록의 원칙 숙지
2. 기록의 유형에 따른 실제 연습
3. 기록내용의 실천기술 응용능력 제고

학습내용

1. 기록의 개념
2. 기록의 종류
3. 기록의 유형
4. 기록의 관리
5. 기록내용의 실천기술
6. 기록 시 고려사항

CHAPTER

11 기록기술

1. 기록의 개념

1) 기록의 정의

    기록은 사회복지 임상실천과 사회복지행정에서 매우 중요한 역할을 한다. 기록은 클라이언트의 욕구 및 상황을 확인·기술·사정하고, 서비스의 목적과 활동을 비롯한 서비스 전달과정을 나타내며, 클라이언트에 대한 개입의 효과성 여부를 평가하는 것까지 포함한다(김혜란 외, 2022: 383).

    기록은 사회복지실천과 사회복지행정에서 매우 중요한 부분으로, 사회복지사의 책임성과도 밀접한 관련이 있으며, 최근에는 전자문서의 활용과 기관에 대한 행정지도 등과 관련하여 기록의 중요성이 강조되고 있다. 기록은 클라이언트의 상황을 확인, 기술, 사정하고, 서비스의 목적과 활동을 비롯한 서비스전달 과정을 나타내며, 클라이언트에 대한 개입의 효과 여부를 평가하는 근거를 제공하며, 의사소통을 돕고 클라이언트와 사회복지사에게 환류를 제공하는 중요한 실무 도구로써 사용되고 있다(조미숙 외, 2020: 337).

사회복지실천 기록은 사회복지사가 개입한 사례를 계획에서부터 종결과 사후지도까지 전 과정을 합당한 형식을 갖춘 틀에 따라 객관적으로 서술하는 것을 말한다. 기록은 문서화라는 작업을 수행하는 것으로서, 이를 통하여 클라이언트에 대한 개입과정의 정보를 보존하는 것이다(홍봉수 외, 2023: 301).

사회복지실천 및 개입과정에 대한 기록은 사회복지실천가의 전문적인 개입행위와 클라이언트의 성장 또는 변화양상을 객관적·순차적·구체적으로 기술하는 것으로서, 사회복지실천활동의 필수적인 업무이며, 실천기술 일부라고 할 수 있다. 효율적인 기록을 위해서는 면담을 할 때마다 점검과 평가를 하는 것이 유용하다. 만약 클라이언트가 면담 중 기록에 대해 신경을 쓰거나 주저함을 보이면 사회복지사는 반드시 클라이언트와 의사소통을 해야 하고, 면담의 장애로 판단되면 기록을 중단해야 한다(Kadushin & Kadushin, 2013).

기록은 사회복지실천과 서비스전달에 중요한 역할을 해 왔다. 사회복지사들은 클라이언트에 대해 기록을 해야 하고, 서비스의 목적, 과정, 영향에 대해서도 기록을 해야 한다. 즉, 클라이언트의 상황을 측정한 내용을 기록해야 하며, 서비스의 목적과 과정을 서술해야 하며, 활동의 결과와 진전 내용도 평가해야 한다. 기록은 사례에 대해 알 필요가 있는 사람에게 언제든지 정보를 줄 수 있게 하려고 정보를 보존하고, 서비스전달을 촉진하며, 기관 내외의 전문가들과의 의사소통을 가능하게 하며, 실천가들을 교육 및 감독하고, 서비스의 질을 높이며, 조사연구를 돕는 데 사용된다. 무엇보다도 기록의 주요 목적은 책임성(accountability)이다. 사회복지실천가들은 자신의 서비스를 기록하고 설명하고 평가함으로써, 클라이언트, 기관, 지역사회에 대한 법적·윤리적 책임을 져야 하는 것이다(Kagle & Kopels, 2008).

그러므로 사회복지실천가는 기록을 통해서 개입의 목적이 달성되고 있는

가를 확인할 수 있으며, 제공하고 있는 서비스에 대해 전문가로서의 책임성을 증명할 수 있다.

2) 기록의 필요성

기록은 사회복지사가 자신의 사례를 철저히 기록함으로써 개입과정 중에 순간적으로 요구되는 아이디어의 발상과, 사례종결 이후 사례발표를 위한 기초자료로 활용하는 데 크게 도움이 되고 있다.

사회복지실천에서 책무성(accountability)에 대한 요구가 증가함에 따라 기관 자체의 이용은 물론 클라이언트와 가족, 다양한 관련 지역사회기관, 감독 및 기금조성을 위한 조직, 각종 공적인 집단에게 필요한 정보를 제공하는데 기록이 많이 이용되고 있다. 따라서, 사회복지사는 이러한 기록의 필요성을 인식하고 나아가 기록이 민·형사 등 법률적인 문제와 소송과정에서 필요시 이용될 수 있다는 점도 유념해야 한다.

사회복지실천 기록의 필요성은 다음과 같다(Kagle & Kopels, 2008).
- 클라이언트의 욕구를 파악하고, 개입하기 위한 기초자료를 얻는다.

『사회복지기록』
(Kagle & Kopels, 2008)

- 기관의 수급자격을 입증할 문서로 활용한다.
- 클라이언트와 서비스에 관한 정보가 필요할 때, 이용할 수 있도록 보존한다.
- 전문가들 간에 협조체계를 원활하게 해 준다.
- 담당 사회복지사가 부득이하게 바뀌는 경우, 기록을 보고 현재까지 진행한 서비스 과정을 알 수 있다.
- 사회복지사의 사고를 구조화하는 데 도움이 된다.
- 클라이언트와 사회복지사 간의 정보공유로 의사소통을 촉진시킨다.
- 슈퍼비전, 자문, 동료들의 피드백 등을 받을 수 있는

근거가 된다.
- 교육 훈련과 연구 조사자료로 활용된다.
- 서비스 효과성과 효율성, 서비스 질을 평가하는 데 사용된다.
- 사회복지사와 기관이 행정절차 규정 등을 준수하는지 알려 준다.
- 행정상의 결정을 내려야 할 때, 정보를 제공한다.
- 서비스비용을 청구하고 프로그램을 시행하기 위한 재원을 확보하는 데 사용된다.

3) 기록의 목적

기록은 정보를 보존하고, 서비스전달을 촉진하며, 기관 내·외의 전문가들과 의사소통을 가능하게 한다. 또한 실천가들을 교육 및 감독하고, 서비스의 질을 높이며, 조사와 연구를 돕기 위해서 사용된다. 무엇보다도 기록의 주요 목적은 책임이다. 사회복지실천가들은 자신이 제공한 서비스를 기록하고 설명하며 평가함으로써, 클라이언트와 기관 및 사회에 대한 법적·윤리적 책임을 지게 된다. 그 내용은 다음과 같다(홍봉수 외, 2023: 302-305 ; 최세영, 2022: 288-289).

(1) 사회복지실천활동의 문서화

사회복지실천가들은 사례의 시작부터 종결까지 클라이언트의 신상·욕구 문제, 클라이언트에게 제공되는 서비스와 그 진행사항, 그리고 목표달성에서 결과 등에 관한 정보를 문서로 만들고 보존하기 위하여 기록한다. 또한 클라이언트와의 만남뿐만 아니라, 지역사회기관들과의 회의 및 사회복지기관 내의 사례회의 등에 대해서도 문서화한다.

(2) 효과적인 서비스를 위한 모니터링

사회복지실천가는 그날 이루어진 면접이나 서비스에 대해 기록하면서 자신의 사고를 조직화할 수 있다. 사실에 대한 정보와 관찰을 체계적으로 기록하는 과정을 거침으로써 심층적인 사정과 계획을 수립할 수 있게 된다. 또한 체계적인 기록은 서비스가 진행되는 동안 시간경과에 따라 클라이언트에게 제공된 서비스 활동을 검토 및 평가하고 수정하는 데 활용된다.

(3) 사례의 지속성 유지

기록은 사례를 담당하고 있던 사회복지실천가의 휴가나 부서 재배치 또는 사직 등으로 업무를 인계할 때, 사례를 인수하는 다른 사회복지실천가가 해당 사례에 대해 현재까지의 진행과정을 파악할 수 있게 해 준다. 즉, 서비스의 목표·계획, 진전사항 등에 관한 기록을 통하여 그 사례가 지속적인 서비스를 받을 수 있도록 해 준다.

(4) 전문가 간 의사소통의 활성화

여러 전문가가 함께 일하는 기관에서 기록은 전문적 공조체계를 원활히 해 주는 도구로 활용된다. 일반적으로 병원이나 정신건강센터 등에서는 사회복지실천가, 정신과의사, 심리치료사, 간호사 등 여러 전문직의 구성원들이 하나의 사례에 대하여 팀이 되어 함께 일하며, 이들은 하나의 기록부를 사용한다.

(5) 슈퍼비전의 활성화

기록은 학생이나 초보 사회복지실천가들에게 사회복지 실무와 기관의 업무과정을 가르치기 위한 교육의 도구로 활용된다. 또한 사회복지기관의 관리자나 슈퍼바이저가 사회복지실천가가 수행하는 서비스의 내용 및 관점을 알고 평가하기 위한 수단으로 활용된다.

(6) 클라이언트와 정보공유

 기록은 클라이언트와 정보를 공유하고 의사소통을 할 수 있는 도구이며, 실제로 클라이언트가 치료에 반응하도록 돕기 위한 치료의 도구로 활용될 수 있다. 특히, 여러 가지 실천방법 중에서는 기록과정을 클라이언트와 직접 함께하도록 권장하는 방법도 있다.

(7) 행정적 자료

 기록은 클라이언트의 욕구, 서비스의 유형, 직무관리, 직원의 직무수행, 자원의 분배에 관한 행정적 결정을 내리기 위한 정보를 제공하는 데 사용된다.

2. 기록의 종류

 기록의 종류에는 노트, 편지, 클라이언트나 클라이언트집단에 주어진 서비스에 관한 기록 자료가 있다. 기록형태는 녹음기를 사용한 면담, 마이크로필름, 비디오테이프, 컴퓨터에 입력된 자료, 메모 등이 있다. 그 내용은 다음과 같다(길귀숙 외, 2018: 252-254 ; 최덕경 외, 2015: 225-227).

1) 메모하기

 메모(note taking)는 면접의 통합적 부분이다. 메모는 사회복지사의 지난 면접에 대한 기억을 상기하고 클라이언트가 한 계약이나 사회력에 관한 정보, 전문적인 중요 사항 교환, 해결되었거나 미결로 남아 있는 사항에 대한 정리 등을 기록하는 데 필요하다. 그러나 면접의 목적이 메모하는 것보다 우선시되어야 하고, 면접 전 클라이언트의 동의를 받아야 한다.
 기록을 위하여 사회복지사는 간단히 메모할 수 있다. 메모가 필요한 경우, 좀 더 나은 이해와 면접에 대한 평가 때문에 또는 지도 감독을 받기 위해 메모를 하겠다고 미리 클라이언트에게 양해를 구하는 것이 좋다.

그러므로 메모의 작성요령은 클라이언트에게서 시선을 돌리거나 종이를 보지 않고 신중히 메모하는 것이다. 또한 면접의 단편적 내용을 적절하게 기억할 수 있도록 주요 어구나 낱말을 적는다.

2) 녹음, 녹화하기

녹음이나 녹화 역시 메모와 마찬가지로 클라이언트에게 사전 동의를 구하여야 한다.

녹음과 녹화(tape recording & video taping)는 메모하는 것보다 모든 대화의 내용을 기록하여 제공하기 때문에 효과가 있으나, 녹음은 채록하는 데 많은 시간과 노력을 요구한다. 녹화는 최근 들어 상담과 면담의 기술을 향상하는 방법으로 많이 쓰이고 있다.

3. 기록의 유형

사회복지실천현장에서 사용되는 기록유형은 최소기본기록, 과정기록, 이야기체기록과 문제중심기록 등이 있다. 그 내용은 다음과 같다(홍봉수 외, 2023: 312-322 ; 김혜영 외, 2023: 316-328 ; 최세영, 2022: 298-307 : 조미숙 외, 2020: 342-354).

1) 최소기본기록

최소기본기록(minimum basic recording)은 단순하고 경제적인 기록양식으로, 기본적인 신상정보인 클라이언트의 이름, 주소, 전화번호, 직업과 수입, 가족이나 친척의 주소와 전화번호와 면접날짜, 클라이언트의 주요한 문제, 목적, 개입계획, 클라이언트의 반응, 탐색이 필요한 영역, 필요한 자원, 클라이언트를 위해 필요한 활동과 종결상태를 포함한다.

2) 과정기록

과정기록(process recording)은 사회복지실천에서 가장 오랜 역사가 있는 기록법으로 면접과정 중에 일어난 모든 일을 꼼꼼히 있는 그대로 기록하는 것이다. 초창기 사회복지사들은 클라이언트와 그가 처한 상황을 분석하기 위해 클라이언트의 말과 행동, 관찰, 신념 및 추측 등 기억할 수 있는 모든 것을 기록하였다. 이 방법은 정확한 피드백을 얻을 수 있어 실습생이나 직원교육에서 사정기술 또는 면접기술 등의 훈련에는 유용하나, 시간이 오래 걸리고 번거로워 최근에는 별로 사용하지 않는다. 오히려 면접의 전 과정이 꼭 기록되어야 할 경우, 비디오 촬영을 활용하는 방법을 쓰는데, 이때에는 클라이언트의 동의를 얻어야 한다.

3) 이야기체기록

이야기체기록(narrative recording)은 개별적이며 독특한 기록양식으로 클라이언트 상황과 서비스 교류의 특수한 본질을 반영할 수 있어서 임상실무를 기록하는 데 유용하다. 이 유형은 시간대별로 서술하거나 요약체로 할 수 있다. 요약체기록은 일정 기간별로 묶어서 서술하는 형태인데, 일지기록을 바탕으로 작성한다. 대개 사회복지실천 과정 단계에 따라 요약하는 것이 효과적이며, 요약의 내용에는 면담일시와 대상, 장소, 문제탐색, 표적문제와 개입전략의 요약 및 계약, 개입 단계에서는 클라이언트의 과업수행 과정과 표적문제의 진행상태, 사회복지사의 과업수행이 포함되고, 마지막으로 종결 단계의 문제상태와 사후지도계획이 포함된다. 이야기체 기록은 시간 소모적이고 비용이 많이 든다.

4) 문제중심기록

문제중심기록(problem-oriented record, POR)은 단순히 기록차원을 넘어 문제해결 접근방법을 반영한다. 문제중심기록은 첫째, 우선 문제를 파악하기 위한 자료수집, 둘째, 문제의 규정과 구체적 문제목록 작성, 셋째, 개입계획, 넷째, 개인의 수행 및 점검으로 영역이 나누어져 개입의 초점을 잘 보여 주며, 효율성을 향상한다는 평가를 받고 있다.

문제중심기록을 많이 사용하는 기록포맷은 SOAIGP이다.

S - 주관적 정보(Subjective Information) : 클라이언트 측면에서 보는 상황에 대한 정 보관찰, 임상적 검사, 체계

O - 객관적 정보(Objective Information) : 전문가의 관찰, 임상적 검사, 체계적 자료 수집으로 이루어진 정보

A - 측정(Assessment) : 주관적 및 객관적 정보를 검토하여 얻은 전문가의 결론

I - 인상(Impression) : 사회복지사가 받은 인상, 가설, 사정 또는 평가

G - 목표(Goals) : 현재 목표

P - 계획(Plan) : 전문가의 문제해결 방안

문제중심기록은 계획이 완성되면 개입과 점검과정에서 주가적인 정보를 진행노트에 기록하고, 각종 양적인 정보는 체크리스트나 표 또는 그래프로 구성된 진행도(flow chart)에 기록하고 기록자의 코멘트를 첨가한다. 그러나 SOAIGP를 이용한 구조화된 기록은 클라이언트를 총체적으로 보지 못하고, 간결한 정보 중심으로 구성되어 기계적이라는 단점도 지적되었다.

5) 목표중심기록

목표중심기록(goal-oriented record, GOR)은 1970년대에 개발되었다. 목표중심기록은 과제중심모델이나 목표성취척도(goal-attainment scaling)로부터 발전을 보게 되었다. 목표중심기록의 특징은 목표의 구체화이다. 클라이언트의 목표성취를 돕기 위한 과업이나 활동의 기록도 또한 특징이다.

두 가지 강조점이 있는데, 문제에 대한 구체적 기록과 목적에 관해 구체적으로 기록하는 것이다. 목표를 성취하기 위한 과제가 점검된다.

6) 요약기록

요약기록(summary recording)은 일반적으로 사회복지기관에서 가장 많이 사용되는 기록형태로 시간의 흐름에 따라 변화된 상황, 개입활동, 중요한 정보 등을 요약하여 기록하는 것이다. 1회의 면접에서 파악한 것을 전체적으로 요점을 정리하여 기술한 방식이며, 압축기록이라고도 부른다.

요약기록은 날짜와 클라이언트의 기본적인 사항을 적은 뒤 개입내용과 변화상황을 요약하면 된다.

첫째, 면접할 동안 사회복지사와 클라이언트가 한 말을 반복하지 않는다.

둘째, 주된 관점은 클라이언트이며, 사회복지사는 진단적 요약, 사회복지사가 받은 인상 또는 사정과 같은 특정문제와 관찰이나 감정과 분석적 사고를 기록한다.

셋째, 요약기록은 결과를 서술하는 것이지만, 보통 사회복지사가 그 결과를 얻기 위해 취한 모든 단계를 서술하지는 않는다.

7) 시계열기록

시계열기록은 사회복지실천 서비스의 목표를 달성하는 과정에 대한 정보를 제공하기 위한 것으로 서비스 효과를 기록하는 것이다. 서비스의 목표가 설정되면 측정도구가 결정되고 측정과정이 시작되며, 기록작업도 시작된다. 시계열기록의 장·단점은 다음과 같다.

(1) 장 점

첫째, 클라이언트의 행동과 태도, 또는 반응의 변화 여부에 대해 그리고 목적을 달성하기 위한 움직임이 있었는지를 보여 주기 위해 시각적으로나 통계적으로 분석될 수 있다.

둘째, 사회복지사와 클라이언트가 목적을 설정하고 성취하는 데 초점을 둔다.

(2) 단점

첫째, 측정과정이 개입과정과 개입의 효과에 영향을 미칠 수 있다.

둘째, 사회복지실천을 방해할 수 있으며, 너무 시간 소모적이거나 기관, 소송의뢰인, 또는 다루어야 할 문제에 적합하지 않을 수 있다.

셋째, 클라이언트의 행동을 중심으로 기록하고 실천하는 경향이 있다.

4. 기록의 관리

면접기록은 클라이언트 개인에게는 대단히 소중한 내용일 수 있다. 클라이언트 자신만이 간직하고 싶은 이야기를 사회복지사와의 대화 속에 노출하기도 하기 때문에 클라이언트와 면접하는 사회복지사는 기록의 관리를 철저히 해야만 한다. 기록된 파일을 책상 위에 놓고 자리를 비우거나, 기록이 컴퓨터 화면에 노출된 상태에서 자리를 비우는 일 등은 사회복지사로서 자질을 의심하게 하는 사례가 될 수 있다. 어떠한 형태의 기록이든 사회복지사는 신중하고 철저하게 관리함으로써, 클라이언트의 비밀을 보장해야 할 의무와 책임이 따른다.

기록이라는 것은 사람들에게 전달하기 위해 어떠한 사실이나 중요한 사항을 작성하고 기입하는 것이며, 이를 문서화한 경우를 말한다. 또한 기록의 경우에는 면접을 진행하면서 얻게 되는 다양한 정보를 문서로 남김으로써, 계획적인 면접을 의식적으로 전개해나갈 수 있다. 또한 면접의 질을 향상시킬 수 있는 수단이 될 수 있고, 나아가 어떠한 문제가 발생했을 경우에는 면접자의 책임소재를 명확하게 할 수 있다. 「사회복지사업법」 제43조의2(시설의 평가)에 의거하여 3년마다 1회 이상 사회복지시설종사자의 전문성, 시설환경, 서비스의 만족도 등에 대해 평가하도록 사회복지시설 평가제가 도입되었다('사회복지사업법 시행규칙' 제27조2(시설의 평가)). 이에 따라, 사회복지현장에서 평가에 대한 부담과 함께 시설평가와 관련하여 각종 기록의 보관과 주요 양식에 대한 점검 등 기록 활동에 대한 업무 비중이 커지고 있다. 전문적 실천요구에 있어 사회복지사는 실천의 단계마다 각 활동을 기록하고 이를 보관해야 하는 의무가 있다. 비밀보장과 사적 권리보호의 중요성이 강조되면서 전문가적 관심이 증가하였고, 컴퓨터 활용과 보급이 확대되면서 기록의 보관에 있어 명확한 관리지침이 요구되었다. 동시에, 정보공개와 알 권리에 대한 요구는 새롭게 사회복지실천기록과 관련된 법적 분쟁이나 윤리적 쟁점을 확대할 것으로 전망된다(장수미 외, 2017: 324).

기록과 관련한 주요한 관리지침은 다음과 같다(Reamer, 2005).

첫째, 문서화된 기록내용과 관련하여 양적·질적 측면에서 적절하게 작성되어야 한다. 기록내용이 너무 많거나 지나치게 적으면 또는 잘못된 내용인 경우, 클라이언트에게 해를 입힐 수 있으며 사회복지사가 법적 책임을 질 수도 있다. 특히, 위기 상황과 개인 정보, 부부와 가족의 서비스 기록 등은 주의해야 한다.

　둘째, 기록 시 사용되는 언어와 전문용어는 기록내용만큼이나 중요한 요소임을 인지해야 한다. 부정확하고 임의로 사용되는 언어는 사회복지사, 슈퍼바이저, 기관에 큰 문제를 일으킬 수 있다. 사회복지사는 좀 더 명료한 용어를 사용하고, 결론을 명확히 제시하며, 비난조의 언어를 피하고, 무엇보다 기록내용이 외부기관에 의해 검토될 수 있음을 인식해야 한다. 또한 클라이언트의 사생활을 반드시 지켜 주어야 한다.

　셋째, 신뢰성을 확보해야 한다. 사례기록과 행정파일은 사회복지사의 활동과 관련하여 논쟁이 발생할 경우 필수적인 증거자료가 된다. 구체적으로 클라이언트에 대한 사정평가의 적절성, 경계유지의 유무, 서비스 종결의 평가, 슈퍼비전과 자문의 제공 유무 등을 확인하기 위한 근거가 된다. 이에 적확한 기록이 매우 중요하며, 객관적으로 기록의 신뢰도를 높이기 위해서는 기록 시간을 지연하지 않는 것이 중요하다. 기록은 면접 동안 또는 면접 후 24시간 이내에 이루어져야 한다. 또한 예측적인 기록을 피하고, 철자와 문법에 맞게 작성한다. 간혹, 실수했을 때 숨기고 회피하게 되면 신뢰성이 떨어지므로 오류가 발견되었을 때는 이를 인정하고 수정해 나가야 한다.

　넷째, 기록과 문서 접근에 있어 비밀보장원칙을 보장하도록 노력하여야 한다. 사실상 비밀보장은 절대적 가치일 수 없다. 법률과 규칙, 계약, 법원의 규칙 등 다양한 예외적 경우에 한해 기록을 공개할 수 있다. 이러한 경우에라도 고지된 동의원칙을 실천하고, 기록 공개에 있어 사적 정보를 보호할 수 있는 최선의 노력을 기울여야 한다. 또한 사회복지사는 컴퓨터 활용과 관련된 안전상의 위험에도 관심을 가져야 한다. 다양한 상황에서 기록과 문서가 노출될 수 있으므로 사회복지사는 법적 기준과 적용 가능한 규정 등을 명확히 인식하고 있어야 하며, 불법적 접근을 예방하는 안전한 곳에 기록을 보관해야 한다.

5. 기록내용의 실천기술

기록은 클라이언트와 상황에 대한 정보를 저장해야 하고, 클라이언트에게 서비스를 제공하는 과정에서 밟아진 전문적 의사결정과 실천과정, 근거, 서비스 내용 및 결과를 포함한다. 또한 기록은 효율적이며, 사적 권리를 보호해야 한다. 기록이 효율성을 가지려면 초점이 분명하고 간단명료해야 하고, 사적 권리를 보호하려면 외부의 접근이 제한되어야 한다. 그리고 책무성을 달성하기 위해서는 서비스 중심적이어야 한다. 즉, 책무성을 통해서 사회복지기관의 활동 및 그 효과를 입증하고, 재원으로부터 자금을 지원받기 위해 서비스 중심으로 기록하는 것이 필요하다(Kagle & Kopels, 2008).

서비스 중심 기록은 대상자의 선호, 기관의 기준, 업무진행에 부합하면서 동시에 서비스 목적과 계획, 방법 등을 포함한다. 서비스 결정과 행동의 근거를 제공해 주고, 서비스가 대상자 욕구, 상황과 자원에 어떻게 영향을 미치는지 등의 정보에 초점을 둔다. 이러한 기록내용을 실천단계별로 구조화하여 살펴보면 다음과 같다(Kagle & Kopels, 2008 ; 홍봉수 외, 2023: 308-312).

1) 초기단계

초기단계는 서비스탐색단계로 볼 수 있다. 관계형성과 인테이크(intake) 작성, 사정 및 개입 계획의 수립 등 서비스 초기단계에 요구되는 실천과업에 따라 기록내용과 관련 양식이 있다.

첫째, 인테이크 양식을 통해 파악할 수 있는 인구통계학적 정보에는 클라이언트의 기본적 정보가 수집되고 기록된다. 이 정보는 전문적 판단을 요하는 것은 아니지만 서비스 자격 여부를 판단하고, 클라이언트의 특성을 파악하고 확인하는 데 활용된다. 인테이크양식에 함께 기록되는 내용 중 서비스 초기단계에 파악해야 하는 내용은 서비스 접근방법과 서비스가 필요한 이유다. 서비스에 접근하는 방식은 자발적인 요청과 타 기관에 의한 의뢰, 발굴 등 다양하다. 서비스 접근방법에 따라 초기 개입과 기록의 초점은 달라진다. 클라이언트가 직접 서비스를 요청하는 경우에는 클라이언트가 기관의 서비스를 어떻게 인식하고 있는지를 알려 주고, 클라이언트가 다른 기관에서 의뢰된 경우에는 클라이언트가 의뢰된 경로, 현재의 문제에 대한 인식 등을 기록한다.

둘째, 현재와 과거의 클라이언트 및 상황에 대한 탐색을 위한 정보를 수집하고 이를 기록하는 데, 이를 '사회력(사회적 사정 보고서)'이라고 한다. 사회력은 클라이언트의 기능수행과 그를 둘러싼 상황을 사회적 측면에 초점을 두고 묘사하는 것이다. 클라이언트의 문제를 역사적·생태학적 맥락에서 이해하기 위하여 현재 클라이언트의 상황을 이해하는 데 필요한 정보를 기록한다. 클라이언트의 기능 수행 및 관련된 환경체계 사이의 상호작용과 활용 가능한 자원 및 그 적합성 여부 등 상호작용적 초점을 반영하도록 한다.

셋째, 초기단계의 기록에는 클라이언트의 문제해결을 위해 필요한 이용 가능한 자원, 사회복지서비스, 자원의 부적합 요인과 장애 요인 같은 자원활용과 관련된 내용을 기록한다. 이를 위해 가계도와 생태도 등을 활용할 수 있으며, 이들 사정도구의 활용에 더하여 전문적 준거틀에 따라 클라이언트의 상황과 서비스 진행과 관련된 요인들을 분석하고 사회복지사의 소견과 사정의 내용을 기록한다.

넷째, 사정에 근거하여 서비스 목적과 계획을 기록하고, 이에 관한 내용을 클라이언트와 합의하여 계약서를 작성할 수 있다. 서비스의 목표와 계획은 서비스가 성취하고자 하는 바를 제시하고, 서비스가 어떻게 진행될 것인지에 대한 구체적 진술이다. 따라서, 이러한 목표와 계획은 분명하게 기술되어야 한다. 또한 이러한 서비스 목적과 과정에 관한 상호 간 결정은 계약을 통해 공식화되는데, 문서로 작성될 경우 클라이언트의 날인과 함께 보관되어야 하며, 구두로 할 경우 주요 내용에 대한 개략적 진술을 기록으로 남겨야 한다(Kagle & Kopels, 2008).

사회력의 개요(사회력 작성을 통해 탐색할 영역)

- 개인적 정보 : 지적 및 신체적 발달, 건강, 정신건강, 문제행동 및 반응 유형, 지식과 정보 및 인지유형, 감정 및 정서적 반응, 교육, 직업, 재정, 법적 쟁점
- 대인관계 : 결혼과 가족, 동료집단과 비공식적 사회망, 업무 관계
- 사회적 정보 : 문화적 특성, 지역사회의 주요 자원 및 특성
- 제도적 관계 : 학교 및 교육조직, 직장, 법체계, 사회복지기관 및 프로그램과의 관계 등
- 물리적 환경 : 의식주, 지역사회와 이웃, 교통수단, 업무 환경 등

---

2) 중간단계

서비스중심기록은 책무성에 대한 기대를 충족하기 위해 시간의 경과에 따라 결정과 관련 행동의 근거 및 결과를 문서화한다. 계획수립 이후 서비스가 시작되면 개입활동은 중간노트(midterm note)를 통해 지속해서 기록된다. 중간노트는 '과정노트(process note)'라고 불리는데, 이는 중간노트에 클라이언트의 변화와 향상의 과정을 보여 주어야 함을 의미한다.

중간노트는 서비스 과정과 진전에 대한 사정도 포함된다. 이 사정은 서비스 과정에 대한 클라이언트의 참여, 클라이언트와 욕구, 상황의 변화, 목표성취와 관련된 상황변화 등 다양한 요소들에 근거한다. 중간노트가 주어진 사례에 대한 사회복지사의 지속적 관찰과 사정에 대한 비구조적 기록이라면, 서비스 재검토는 서비스 결정과 서비스 활동에 대한 공식적 재평가를 기록하는 것이다. 서비스 재검토는 많은 경우 사례회의를 통해 이루어지며, 책

무성을 위해 기록된다. 재검토 기록은 구조적 양식을 따르는 경우가 많으며, 사례진행과정에 대한 그동안의 중간노트 기록을 구조적 틀에 맞추어 요약·정리하는 경우가 많다. 사례에 대한 의견으로 사회복지사, 다른 서비스 제공자(팀 구성원), 슈퍼바이저, 클라이언트 등의 의견을 모두 포함한다. 일반적으로 날짜, 참여자, 제안 내용, 결정 내용 등이 기록되며, 사회복지서비스의 목적과 계획에 새로운 제안과 결정을 반영하여 수정할 수 있다.

중간노트의 주요 내용은 클라이언트의 변화, 그에 대한 사정, 사회복지 서비스활동과 내용, 중요한 사건의 보고, 사회복지서비스의 목적·계획과정·진행에 대한 사정, 사회복지서비스의 목적이나 계획의 변화 등이다. 중간노트는 개별상담뿐 아니라, 집단모임의 과정기록이 포함되기도 하며, 서비스 과정과 진전에 대한 중요한 정보가 정기적으로 추가된다. 추가된 내용을 근거로 서비스 목적이나 목표 또는 계획이 조정될 수 있다. 구체적으로 다음과 같다.

① 지난번 기록 이후의 클라이언트 상황과 상태의 변화에 대한 기록
② 지난번 기록 이후의 클라이언트 상황과 상태변화에 대한 사정
③ 마지막 기록 이후의 서비스 활동과 서비스 과정에 대한 기록
④ 중요한 사건의 보고
⑤ 서비스의 목적, 계획, 과정, 진행에 대한 사정
⑥ 서비스의 목적 또는 계획의 변화

3) 종결단계

종결단계는 사회복지실천의 마지막 단계다. 이때 기록은 서비스 종결의 이유와 종결 시 사례의 상태를 문서화하는 종결요약서를 포함해야 한다. 서비스는 사전에 수집된 계획에 따라 종결될 수도 있고, 내담자의 독립적 결정이나 예기치 못한 상황 때문에 조기에 종결될 수도 있다. 사회복지실천의 책무

성과 평가, 향후의 계획을 위해 사회복지서비스의 종결 이유와 방법을 기록한다.

종결요약은 서비스가 마무리된 후에 준비한다. 서비스 활동을 개괄적으로 요약하고, 종결 당시의 서비스 결과를 기술한다. 사회복지서비스의 개괄적 서술, 서비스 개시 이유, 서비스 진행 동안의 클라이언트와 그 상황, 서비스의 목적, 계획과 과정, 중요한 사건, 종결 시 클라이언트와 그 상황, 서비스에 대한 평가, 향후 서비스와 사후 검토를 위한 제안 등을 기록한다.

서비스 종결 이후에도 클라이언트가 달성한 변화의 지속적 유지를 위한 사후지도(follow-up)가 필요하다. 이에 클라이언트의 현재 상황 및 상태, 향후 서비스에 대한 제안, 클라이언트와 관련된 모든 행동에 대한 정보 등을 기록한다.

클라이언트에 대한 서비스가 종결된 이후에도 클라이언트에게는 또 다른 변화들이 생길 수 있기에 사회복지사는 종결된 사례들에 대해 수개월에 걸쳐 사후관리를 하고 있다. 이러한 과정은 서비스 제공에 대한 영향을 평가하는 데도 유용하다. 클라이언트와 기관 사이의 공식적, 비공식적 사후관리에 대한 기록들은 다음의 용도에 사용된다.

① 기관 정책의 준수를 보여 주는 때
② 서비스 활동을 기록하는 때
③ 서비스의 영향을 평가하는 때
④ 사례가 새로 시작되거나 클라이언트가 다른 곳으로 서비스 의뢰될 때를 위해 서비스의 지속성 유지를 위해

종결보고서 작성내용은 〈표 11-1〉과 같다.

〈표 11-1〉 종결보고서 작성내용

항 목	내용 및 방법
성과목표별(단기, 장기) 성과내용	• 목표 내용: 대상자와의 상담을 통해 서비스 제공 계획 수립 시 설정한 장단기목표 기록 • 성과 구분: 목표달성 정도 평가 기록 • 성과내역: 목표별 성과 내용 기록
사례관리자의 의견	• 성과 목표달성 여부를 기초로 사후관리에 따른 서비스 지속 여부의 필요성과 타 기관 의뢰 필요성 등 종결과 관련한 사례담당자의 의견 기술
대상자의 변화	개입을 통해 대상자 및 가족의 변화된 정도 기술
종결평가 결과 및 의견	• 사례회의를 통해 대상자의 변화와 적절한 보호조치가 이루어졌는지를 평가하고, 이에 대한 논의 결과를 요약하여 기록 • 사후관리에 대한 의견 중 중요한 계획 등을 구체적으로 기록

자료: 김보기 외(2021b: 331) 재인용.

6. 기록 시 고려사항

좋은 기록을 위해서는 체계적으로 준비하고 문장력을 향상할 필요가 있다. 사회복지사는 클라이언트를 만나기 전, 만나는 동안, 또는 만난 이후에 각각 기록할 준비가 되어 있어야 한다. 클라이언트와 만나기 전, 특히 서비스 관계 초기에 사회복지사는 기록에 필요한 정보를 문의할 준비를 해야 하며, 기관에서 사용하는 양식, 간단한 서식, 방침을 검토하여 필요한 정보가 무엇인지 알아야 한다. 클라이언트를 만나는 동안이나 만난 이후에는 서비스를 제공하는 동안 얻어진 것과 밝혀진 것에 대하여 짧게 메모해 두는 것이 좋다. 중요한 단어와 문장은 사회복지사가 필요한 정보를 기억하는 데 큰 도움이 된다.

사회복지기록에 있어서 유의할 사항은 다음과 같다(Kagle & Kagle, 2008).
- 서비스의 결정과 행동에 초점을 둔다.
- 사정, 개입, 평가의 기초가 되는 클라이언트와 상황에 관한 정보가 들어 있다.
- 각 단계에서 목적, 목표, 계획, 과정과 진행을 포함하여 서비스전달에 관한 정보가 들어 있다.
- 상황묘사와 사회복지사의 견해가 명확하게 분리되어 별도의 제목으로 작성되어, 읽는 사람들이 사회복지사의 관찰 사항과 해석을 구분하여 이해할 수 있다.
- 구조화되어 있어서 정보를 효과적으로 문서로 만들 수 있고, 쉽게 색출해 낼 수 있다.
- 서비스전달이 잘 묘사되고, 모든 문서가 정확하여 유용하다.
- 기록이 간결하고, 구체적이며, 타당하고, 명확하며, 논리적이고, 시기적 절하며, 의미 있고, 사실에 근거한다.
- 전문가적 윤리를 바탕으로 한다.
- 수용된 이론에 기초한다.
- 전문가의 견해를 담으면서도 클라이언트의 관점을 무시하지 않는다.

연습문제

1. 좋은 기록의 특징으로 옳은 것은?
   ① 서비스의 결정과 실행에 초점을 둔다.
   ② 상황 묘사와 사회복지사의 견해를 구분하지 않는다.
   ③ 비밀 보장을 위해 정보를 쉽게 분류할 수 없게 한다.
   ④ 모든 문제나 상황을 가능한 자세하고 풍부하게 기술한다.
   ⑤ 클라이언트의 관점은 배제하고 전문적 견해를 강조한다.

2. 문제중심기록의 특성으로 옳지 않은 것은?
   ① 현상의 복잡성을 단순화하고 부분화를 강조하는 단점이 있다.
   ② 문제유형의 파악이 용이하며 책무성이 명확해진다.
   ③ 클라이언트의 주관적 진술과 사회복지사의 관찰과 같은 객관적 자료를 구분한다.
   ④ 클라이언트의 문제상황을 진단하고 개입계획을 제외한 문제의 목록을 작성한다.
   ⑤ 슈퍼바이저, 조사연구자, 외부자문가 등이 함께 검토하는 데 용이하다.

3. 문제중심기록의 방식인 SOAIGP 방식에 대한 설명이 맞는 것은?
   ① 클라이언트의 문제나 욕구를 역사적 맥락에서 이해하기 위한 기록이다.
   ② 사회복지기관에서 가장 많이 활용된다.
   ③ 심리사회적 관심보다는 생의학적 관심에 초점을 맞춘다.
   ④ 클라이언트와 사회복지사와의 상호작용을 있는 그대로 기록한다.
   ⑤ 교육적 목적으로 가장 많이 활용한다.

4. 사회복지기록의 목적이 아닌 것은?
   ① 서비스의 효과성을 높이기 위하여
   ② 개입과정을 점검하기 위하여
   ③ 근거자료를 만들기 위하여
   ④ 전문직 간 의사소통을 촉진하기 위하여
   ⑤ 사회복지사의 개인적 만족을 위하여

5. 기록에 관한 설명으로 옳은 것은?
   ① 과정기록은 주관적이다.
   ② SOAIGP기록은 슈퍼비전에 효과적이다.
   ③ 이야기체 기록은 문제해결방식을 반영한다.
   ④ 요약기록은 기록자의 능력에 의존하는 정도가 높다.
   ⑤ 과정기록은 사회복지사가 가장 많이 사용하는 기록 유형이다.

6. '좋은 기록-좋지 않은 기록'이 옳게 짝지어진 것은?
   ① 표현이 간결한 기록 – 수동형 문장 사용
   ② 표현이 논리적 기록 – 사실에 근거한 기록
   ③ 표현이 과장된 기록 – 낙인화된 기록

7. 다음에 해당되는 기록방법은?

   - 교육과 훈련의 중요한 수단이며, 자문의 근거자료로 유용
   - 면담 전개 과정을 시간의 흐름에 따라 기술하는 방식
   - 사회복지사 자신의 행동분석을 통해 사례에 대한 개입능력 향상에 도움

   ① 과정기록   ② 문제중심기록   ③ 이야기체기록
   ④ 정보시스템을 이용한 기록   ⑤ 요약기록

정답 1. ① 2. ④ 3. ③ 4. ① 5. ① 6. ② 7. ①

Chapter 12

평가기술

개요

사회복지실천에서 평가는 사회복지 분야의 프로그램 또는 기관의 계획에 따른 실천활동 등을 포괄적이면서 체계적으로 판단하는 것을 의미한다. 평가기술은 개인, 가족, 집단의 클라이언트를 대상으로 사회복지사가 서비스를 실천하는 활동에 초점을 두고 실천의 결과를 사정하는 기술이다. 여기에서는 평가기술을 학습하고자 한다.

학습목표

1. 평가의 유형에 따른 적용방안 마련
2. 평가의 측정방법 숙지
3. 평가에 대한 현실적 수용

학습내용

1. 평가의 개념
2. 평가의 유형
3. 평가의 측정방법
4. 평가의 한계

CHAPTER 12

평가기술

1. 평가의 개념

1) 평가의 정의

사회복지실천에서 평가란 사회복지 프로그램 또는 기관의 계획, 수행, 활용 등 포괄적 활동 등을 체계적으로 판단하는 것을 의미하며, 사회복지실천에서의 평가는 개인, 가족집단, 지역사회를 대상으로 한 사회복지사의 개입 활동의 효과성과 효율성, 변화의 정도 등을 검증하는 것을 말한다(이태희 외, 2023: 295-296).

평가는 사회복지실천과정과 개입성과를 과학적 방법에 따라 측정하는 것이다. 평가는 사회복지사와 사회복지기관이 클라이언트와 지역사회구성원에게 책무성(accountability)을 증명하는 작업이기도 하다. 사회복지사의 책무성이란 클라이언트에게 계약내용대로의 서비스를 제공할 책임이며, 사회복지 전문직의 윤리와 가치를 서비스전달과정에서 잘 지켜낼 책임이며,

기관의 프로그램과 정책 및 지침에 맞는 서비스를 제공할 책임이다.

사회복지실천에서 평가는 사회복지 분야의 프로그램 또는 기관의 계획에 따른 실천활동 등을 포괄적이면서 체계적으로 판단하는 것을 의미한다. 따라서, 평가기술은 개인, 가족, 집단의 클라이언트를 대상으로 사회복지사가 서비스를 실천하는 활동에 초점을 두고 실천의 결과를 사정하는 기술이다(Zastrow, 2015).

평가에 대한 개념은 문헌마다 조금씩 다르나, 양적 및 질적인 특성을 파악한 후 가치판단을 통하여 미래 방향을 설정해 주는 의사결정의 특징이 있다. 여기서 양적인 평가는 정량적 기준에 의해 제시되는 양적인 평가방법이고, 질적인 평가는 정성적 기준으로 제시되는 주관적 관점에 의한 평가방법이다.

평가의 개념을 크게 다음과 같이 세 가지로 나누어 살펴볼 수 있다(윤선오 외, 2016: 286).

첫째, 광의적 차원으로 사회복지실천 평가란 사회복지실천활동이 얼마나 효과적이었는지, 효율적이었는지를 판단한다.

둘째, 협의적 차원으로 사회복지실천 평가란 사회복지사의 개입 노력을 사정하는 것을 말하며, 개인, 가족, 집단, 지역사회 대상으로 실시한 개입이 변화를 일으켰는지, 어느 정도의 변화가 생겼는지를 사정하는 것이다.

셋째, 프로그램 평가로서, 이것은 실천적 조사연구의 한 유형으로서 사회복지서비스가 필요한지, 서비스가 계획한 대로 수행되었는지, 서비스가 목적한 대로 클라이언트의 욕구나 문제에 효과적이었는지를 평가하는 것이다.

2) 평가의 중요성

사회복지실천은 클라이언트의 문제해결을 위해 계획한 목표를 개입으로 달성할 때 그 효과를 인정받게 되며, 사회복지실천현장에 있는 사회복지사와 클라이언트 그리고 재원을 제공한 기관의 경우 사회복지실천을 통해 이루어진 투입과 산출에 대해 구체적으로 알고 싶어 한다. 최근 프로그램 평가는 프로그램의 존속 여부를 결정지으며, 클라이언트 지원의 전제조건이 될 만큼 그 중요성이 더해가고 있다.

최근 사회복지실천영역에서 평가가 중시되는 이유는 다음과 같다(김혜영 외, 2023: 336-337).

첫째, 사회복지서비스의 양적 팽창은 사회복지사업에 할당된 자원이 효과적으로 사용되고 있는가에 대한 신뢰성 검증을 요구하고 있다. 사회복지서비스는 그 성격상 필요한 대부분 자원을 외부 관련 기관들에게 의존하기 때문에 외부로부터 끊임없이 조직 운영과 서비스의 효과성에 대한 증명을 요구받는다. 또한 사회복지공동모금회를 비롯한 여러 재정지원기관의 프로포절 선정기준에서 평가의 중요성이 강조되는 추세는 사회복지실천의 책무성과 서비스의 질적 발전에 많은 영향을 미친다.

둘째, 평가를 위한 법적 근거가 마련되었다. 1997년에 개정된 「사회복지사업법」에서는 3년마다 1회 이상 사회복지시설 종사자의 전문성, 시설환경, 서비스의 만족도 등에 대해 평가하도록 규정하고 있다. 이러한 법적 장치는 사회복지계에 평가를 도입할 수 있는 근거를 마련하였으며, 한국사회복지협의회에서는 별도의 평가실 운영으로 합리적 평가지표와 평가체계의 개발을 통한 사회복지시설에 대한 객관적인 평가틀을 마련하고 있다. 사회복지시설 평가 이후 다양한 부가급부는 사회복지시설의 기능 강화를 통해 사회안전망을 강화하고, 시설운영의 선진화를 통하여 국민의 복지수준 향상에 이바지할 수 있다.

셋째, 사회복지 내부에서 성숙하여 온 평가의 필요성과 이해의 증대를 들 수 있다. 전문사회복지사라면 클라이언트, 자기자신, 그리고 다른 전문가들에게 자신이 실천한 방법과 기술이 효과가 있으며, 믿을 방법이라는 점을 증명할 수 있어야 한다. 특히, 사회복지실천의 전문영역에 대해 다양한 분야에서 도전해 오고 있는 지금의 현실에서 사회복지실천이 그 전문성을 객관적으로 인정받는 방법은 평가를 통하여 그 효과성과 효율성을 제시하는 것이다. 체계적인 평가는 사회복지실천방법과 기술에 대해 신뢰할 만한 정보를 제공해 주며, 사회복지사의 실천능력을 증진해 줄 것이다. 또한 훌륭한 평가가 이루어진다면 사회복지사가 자신의 업무효율성을 입증할 수 있는 결과를 얻게 하며, 더불어 다양한 부문에서 자원을 제공받을 수 있는 기회를 증진해 줄 것이다.

넷째, 사회복지 수요 증대에 따른 사회복지시설 운영상태에 대한 정보제공으로 사회복지시설에 대한 국민의 선택권 확대 및 선택권을 보장할 수 있다. 사회복지시설 평가는 사회복지시설 운영수준에 대한 지역별·시설종별 차이를 파악하여 시설운영의 상향평준화를 위한 노력의 기초가 되며, 국민들에게는 기관의 운영수준에 대한 정보를 제공함으로써 스스로 이용기관을 선택할 기회를 부여할 수 있다.

그러나 아직 사회복지실천현장에서 평가는 충분히 이루어지고 있지 않다. 대부분 사회복지사들이 자신의 개입성과에 관해서는 관심이 있지만, 그 성과를 체계적으로 평가하는 경우와 과학적 연구로 이어지는 경우가 드문 실정이다. 현장의 과도한 업무와 충분하지 않은 재정 때문이다. 그리고 실천가들의 평가방법에 대한 노하우의 문제와 사회복지실천의 특성이 객관적이고 과학적인 평가를 어렵게 하는 것 등을 들 수 있다. 하지만 점차 사회복지실천현장에서 평가의 중요성은 강조되고 있으며, 따라서 체계적 평가가 요구된다.

3) 평가의 기능

사회복지실천기술의 평가는 다음과 같다.

첫째, 개입의 목표가 달성되었는지를 객관적으로 결정할 수 있다. 평가를 위한 객관적 절차 및 도구를 사용하며, 클라이언트의 변화 및 개입 목표달성 정도를 측정하면 클라이언트에게 변화가 일어났는지, 목표가 달성되었는지에 대해 객관적이고 정확한 판단 및 결정할 수 있다.

둘째, 사회복지실천의 효과성을 입증할 수 있다. 개입의 목표달성 여부와 달성 정도를 측정함으로써 사최복지실천의 효과성을 입증할 수 있다.

셋째, 자원의 사용에 대한 책임성을 입증한다. 사회복지실천의 평가결과는 재정적인 지원이나 지역사회의 승인이 필요할 때, 사회적 자원을 효과적이고 효율적으로 사용했다는 근거가 된다.

넷째, 평가와 관련된 사람들에게 정보를 제공한다. 평가를 통해 클라이언트뿐 아니라, 실천가, 프로그램 관리자, 재원 제공자, 정책 수립자 등에게 서비스나 프로그램에 관련된 다양한 정보를 제공한다.

다섯째, 사회복지실천 과정을 모니터한다. 사회복지실천 과정에서 클라이언트는 어떻게 반응하고 있는지, 계획했던 변화가 일어나고 있는지 등 과정에 대해 모니터를 할 수 있다.

여섯째, 사회복지사의 능력 향상 및 사회복지실천 과정 개선에 기여한다. 사회복지사가 사회복지실천 내용에 대해 점검하고 평가함으로써 반성할 기회를 갖고, 새로운 활동에 반영함으로써 사회복지실천과정을 개선할 수 있다.

2. 평가의 유형

사회복지실천에서 평가는 자료의 속성, 평가시기, 개입대상에 따라 다음과 같이 다양하게 분류된다(Hepworth et al., 2018).

1) 성과(결과)평가

성과평가(outcome evaluation)는 설정했던 목표들이 얼마나 달성되었지를 평가하는 것이다. 즉, 개입과정을 통해 원했던 변화가 일어났는가 하는 평가이다. 그러나 결과를 측정하려면 무엇보다도 그 결과가 개입으로 인해 일어났다는 것을 검증해야 한다. 클라이언트의 변화는 개입 외에도 다른 여러 가지 변수에 의해 영향을 받으므로 결과가 개입의 순수한 효과라고 보기 어려운 경우가 많다. 따라서, 이러한 문제점을 극복하기 위해 가장 많이 사용하는 조사설계방법이 사전·사후로 평가하는 방법과 개입한 실험집단과 개입하지 않은 통제집단을 비교하는 방법이다. 두 방법 모두 결과를 개입의 영향으로 해석하는 데 있어 객관성을 갖기 위해 사용되는 것이다.

『직접사회복지실천』
(Hepworth et al., 2002)

(1) 사전·사후 비교방법

사전·사후 비교방법은 사회복지실천과정을 평가하는 데 가장 많이 사용하는 방법으로 우선 평가하고자 하는 문제와 그 측정도구를 명확히 해야 한다. 그리고 개입하기 전에 문제가 어느 정도인지를 측정하고, 개입 후 다시 같은 방법으로 문제의 정도를 측정하여 그 변화를 개입의 결과로 보는 것이다. 예컨대, 부부갈등이 있는 커플들을 대상으로 부부기능을 높이기 위한 집단프로그램을 시행하고 그 결과를 평가할 때, 개입 이전 일주일간의 부부기능(의사소통기능, 문제해결기능, 부부역할 수행기능 등)을 평가하고 프로그램을 시행한 후 다시 부부기능을 측정한다. 그 결과, 의사소통기능은 사전보다 사후에 긍정적 변화가 일어났으나, 문제해결기능과 역할수행기능에는 별로 변화가 없다면, 그 프로그램은 부부의 의사소통 기능향상이라는 목표만을 달성했다고 평가할 수 있다.

이와 같은 변화상황 또는 목표달성을 확인하기 위해 다음과 같은 그래프를 활용할 수 있다. 이런 그래프는 사회복지사에게도 도움이 되지만 클라이언트가 그 가족에게 변화상황에 대한 피드백을 제공하는 데 매우 유용하다(Zastrow, 2015).

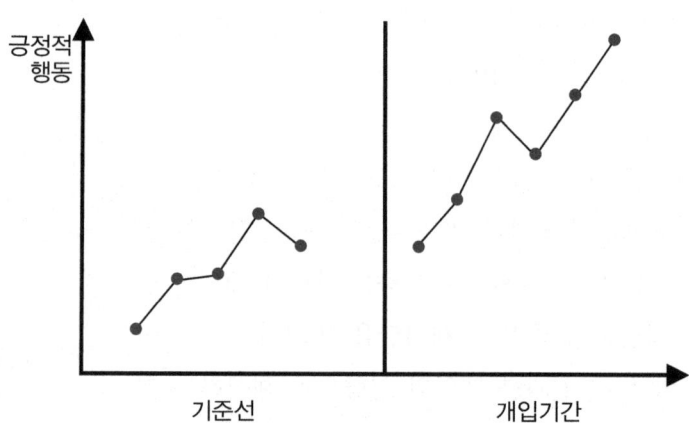

자료: 양옥경 외(2018: 285).

[그림 12-1] 사전 · 사후 비교 그래프

(2) 통제집단과 실험집단의 비교

이 방법은 개입한 집단과 개입하지 않은 집단을 비교하여 그 차이를 개입의 결과로 추정하는 것이다. 이 방법은 사전 · 사후 비교 방법에 비해 적게 사용되는데, 그 이유는 우선, 개입이 필요한 집단에 의도적으로 개입을 하지 않는다는 것이 사회복지윤리에 맞지 않기 때문이다. 또한 두 집단 간의 차이를 개입의 결과로 보려면 두 집단 간에 다른 변수의 영향은 거의 통제되었다는 전제가 있어야 하지만, 실제 그런 집단을 설정하기가 현실적으로 어렵기 때문이다. 여기서 두 집단의 비교는 개입 이후 사후만을 대상으로 할 수도 있으나, 객관성을 높이기 위해서는 사전 · 사후를 모두 비교하는 것이 좋다. 사후만을 측정할 경우, 개입 이전에 이미 존재하는 두 집단의 차이를 알 수 없기 때문이다. 예컨대, 폭력을 보이는 청소년들을 위해 학교사회복지사가 폭력예방 프로그램을 시행한 경우, 이 프로그램의 효과를 측정하기 위하여 프로그램에 참석하지 않은 같은 학교에 있는 같은 학년의 폭력 청소년을 통제집단으로 설정하여 참석한 집단과 통제집단의 폭력행동의 빈도를 사전·사후로 비교한다. 그 결과, 통제집단의 경우 폭력행동이 10% 줄어든 반면에, 실험집단은 80% 폭력행동이 줄어들었다면, 이러한 결과를 통해 학교사회복지사의 프로그램이 '폭력행동의 감소'라는 목표를 달성했다고 할 수 있다.

2) 과정평가

과정평가(process evaluation)는 실천의 과정을 살펴보는 것으로, 서비스 제공의 여러 단계에서 진행한 활동들이 목표달성에 어떻게 기여했는지에 초점이 맞추어진다. 즉, 성과평가에서 간과되기 쉬운 개입이나 프로그램의 준비, 진행, 종결과정 등이 계획대로 시행되고 있는지를 분석하는 평가이다. 필요할 경우 개입계획을 수정·보완하는 지침으로 활용될 수도 있다. 이러한 의미에서 과정평가는 원조과정의 점검이라고 할 수 있다. 과정평가는 "어떤 서비스를, 누가, 누구를 위해, 얼마나 많은 이용자에게, 얼마 동안, 얼마의 비용으로 제공했는가?"라는 질문에 대한 답을 찾는 것이다. 실천과정에서 진전(progress)에 도움이 되거나 방해가 되었던 방법과 기술에 대한 피드백은 사회복지사가 특정한 기술을 연마하고, 미래에 더욱 차별화된 기법을 활용하도록 돕는다.

형성평가(formative evaluation)라고도 불리는 이 방법은 프로그램의 요소들이 원하는 변화를 가져오는 데 효과적이었는지, 사용했던 기법이 기관의 일반적인 규준에 맞는 것인지를 평가한다. 예컨대, 자기 주장적인 클라이언트에게 사용했던 기법은 우울한 클라이언트에게는 오히려 역효과를 가져올 수 있다(Hepworth & Larsen, 2018).

과정평가의 도구는 변화를 달성하는 데 도움이 되었던 실천과정의 측면을 구체적으로 측정하기 위해 사용된다. 개입과정의 효과성을 정확하게 측정하기 위해서는 면담기록, 클라이언트의 자기 모니터링, 관찰 등 여러 가지 방법을 병행하는 것이 바람직하다.

3) 실무자 평가

실무자에 대한 평가는 사회복지사적 행동, 태도, 속성 등이 개입과정에 어떤 영향을 미쳤다고 생각하는지에 대한 피드백을 요청하는 것으로 사회복지사는 어떠한 비판도 각오해야 한다(Hepworth & Larsen, 2018). 이때 사회복지사는 실천가로서 갖는 장점과 단점을 솔직히 지적해 주도록 요청함으로써 자신을 잘 알 기회를 갖는다. 클라이언트는 사회복지사의 태도를 '말이 빠르다', '무시하는 말투이다', '건방지다', '쌀쌀맞다', '다정하다', '편하다' 등으로 평가하기도 하고, 사회복지사 자신이 모르는 버릇을 기초로 "왜 그렇게 볼펜을 물어뜯느냐.", "머리를 너무 긁적인다." 등의 평가를 하기도 한다. 부정적인 평가는 고통스럽기는 해도 사회복지사가 자신의 태도와 행동이 개입결과에 어떤 영향을 미치는지 지각하는 데 매우 중요한 의미가 있다.

3. 평가의 측정방법

사회복지실천에서 평가를 위한 측정방법은 다양하나 평가목적에 부합되는 평가 방법과 도구를 선택하는 것이 중요하다. 즉, ① 측정하려는 것은 무엇인가, ② 서비스 결과가 클라이언트의 문제를 해결할 수 있는가, ③ 평가방법은 신뢰도와 타당성이 높은가, ④ 측정은 장애 특성을 진단하기 위한 것인가, 교육적 결정을 위한 것인가, 연구 목적을 위한 것인가, ⑤ 측정도구는 개인용인가, 집단용인가, ⑥ 무작위 집단을 대상으로 할 것인가, 아니면 유사집단을 대상으로 할 것인가 등의 구체적인 목적을 갖고 평가를 해야 한다. 일반적으로 평가하는 측정방법은 직접관찰법, 자기보고식 평정척도, 그리고 표준화된 측정도구(설문지, 평정척도, 체크리스트, 기타 측정도구 등) 등이 많이 사용된다.

평가의 측정방법은 다음과 같다(김현호 외, 2017: 374-375).

1) 직접관찰법

직접관찰법은 클라이언트의 행동변화를 직접 관찰하는 것으로 클라이언트의 문제나 목표달성 정도가 변화하고 있는지를 판단하는 것이다. 예컨대, 놀이관찰이나 친사회적 행동관찰의 사례에서 행동의 빈도를 기록할 수 있다. 즉, 아동이 하루 동안 화를 내거나 공격적인 행동을 보이거나 우는 행동 등의 횟수를 기록하는 것이다. 또한 수학시간에 문제를 정확하게 푸는 건수를 기록하는 것이다. 반면, 시간표집법은 제한된 시간 내에 발생하는 행동의 횟수를 기록하는 것이다. 예컨대, 유아들의 놀이를 5분 동안 30초 간격으로 나누어 놀이행동에서 반사회적 행동이 몇 번 나타나는지를 기록한다.

2) 자기보고식 평정척도

자기보고식 평정척도는 클라이언트의 결과를 측정하기 위해 내적 상태(생각, 사고, 신념, 감정 등)를 측정하는 방식이다. 예컨대, 분노나 우울한 감정과 같은 클라이언트의 주관적 사고, 감정의 강도, 인식의 정도, 문제발생 정도에 대한 인식 등을 평가할 때, 1점 : 기분이 아주 나쁘다, 2점 : 나쁘다, 3점 : 보통이다, 4점 : 좋다, 5점: 기분이 아주 좋다 등으로 평가하는 것이다.

3) 표준화된 측정도구

표준화된 측정도구는 구조화된 문서에 의해 작성된 평가지로 검사지, 설문지, 평정척도, 체크리스트 등이 많이 활용된다. 예컨대, 우울증의 변화를 평가하려면 표준화된 우울증 척도를 사용하고, 알코올중독을 평가하기 위해서는 알코올중독 자가진단검사 등을 활용한다. 이러한 측정도구를 활용할 때는 누구나 같은 방법으로 일정한 점수와 기입의 절차에 따르고, 방법론적인 적합성(신뢰성, 타당성 등)을 충족하고, 그리고 검사 점수를 해석하는 데 활용되는 측정규칙이 있어야 한다.

4. 평가의 한계

평가란 사회복지실천이 클라이언트에게 어떤 영향을 주었는지에 대해서 그 성과를 드러내는 데 있어서 사회적으로 책임성과 과학성을 확보하기 위하여 건설적 대안과 방향을 도출하기 위한 노력이다. 그러나 때로는 이 평가들이 오용되거나 잘못 해석될 가능성도 있기에 평가의 한계를 제시하면 다음과 같다(이태희 외, 2023: 301-302).
 ① 일반화의 한계
 ② 잘못된 평가도구 선택 시 잘못된 결과 도출
 ③ 평가과정에서 클라이언트를 배제하는 윤리적 문제 야기
 ④ 평가에 대한 직원들의 불만
 ⑤ 평가과정에서 서비스의 제공을 방해
 ⑥ 프로그램 성과에 대한 대안적 설명 필요
 ⑦ 예측하지 못한 평가결과의 도출에 대한 책임성 등의 문제 야기

이러한 다양한 한계와 문제점들을 극복하기 위해서는 사회복지사에게 전문적 지식의 개발과 서비스의 효과성을 입증하기 위해 평가·설계 등의 중요성을 일깨워 주어야 할 것이며, 검증된 평가결과의 보급을 통하여 가장 적절한 서비스를 효율적으로 진행할 수 있도록 해야 할 것이다.

연습문제

1. 클라이언트의 인식에 기초한 질적 평가의 목적이 아닌 것은?
   ① 긍정적 피드백으로 사회복지사의 소진 예방
   ② 의도된 성과 외에 부가적인 성과 확인
   ③ 기여 요인과 방해 요인에 대한 피드백
   ④ 변화의 일반적인 요인 외에 특수한 요인을 발견하고 실천에 통합
   ⑤ 클라이언트의 시각에서 프로그램 의미 도출

2. 알코올중독 노숙인의 자활을 위해 다차원적으로 개입한 후, 단일사례설계를 활용하여 사업의 성과를 평가하려고 한다. 이때 성과지표로 사용 가능한 자료가 아닌 것은?
   ① 밤사이 숙소 밖에 버려진 술병의 수   ② 직업훈련 참여 시간
   ③ 직업훈련의 성격   ④ 스스로 측정한 자활의지
   ⑤ 단주 모임에 나간 횟수

3. 가정폭력 가해자를 대상으로 다음의 훈련을 실시하였다. 평가 시 '암시적 행동에 대한 개별측정척도'를 활용하지 않는 것은?
   ① 폭력을 유발하는 단서를 식별하는 훈련
   ② 긴장고조 상황에서 타임아웃 하는 훈련
   ③ 분노를 피하는 자기대화훈련
   ④ 시각적 현상화훈련
   ⑤ 사회기술훈련

4. 도벽습관이 있는 아동에 대한 행동치료 평가 시 활용한 단일사례설계의 유형은?

   • 아동의 도벽행동에 대한 치료를 먼저 시행한 후, 문제행동 변화를 측정한다.
   • 개입효과를 확인하기 위해 치료를 잠시 중단한다.
   • 다시 치료를 시행하면서 아동의 행동 변화를 관찰한다.

   ① AB   ② ABA   ③ BAB   ④ ABC   ⑤ ABAB

5. 청소년을 위한 10주간의 진로집단 활동 전후에 진로 효능감 검사를 하여 결과를 비교하였다면 이 평가방법은 무엇인가?
   ① 형성평가　　② 성과평가　　③ 과정평가
   ④ 만족도 평가　⑤ 실무자평가

6. 형성평가에 관한 설명으로 옳지 않은 것은?
   ① 프로그램의 최종 목표달성 여부를 효과성과 효율성 측면에서 평가한다.
   ② 개입이 이루어지는 동안 발생하는 자료를 수집하여 환류하는 것을 중시한다.
   ③ 현재와 미래에 관련된 프로그램 수행상의 문제해결이나 결정을 내리기 위해 실시한다.
   ④ 프로그램의 전달체계, 기관의 운영상황, 클라이언트의 욕구 등을 염두에 두고 시행한다.

7. 사회복지실천에서 평가에 대한 설명으로 바르지 못한 것은?
   ① 사회복지사가 개입과정과 내용에 대해 모니터할 수 있다.
   ② 평가의 일차적인 목적은 개입의 효과성을 판단하는 것이다.
   ③ 개입의 결과뿐만 아니라 개입과정에 대한 평가도 중요하다.
   ④ 자원 사용에 대한 책임성을 입증하는 수단이 된다.
   ⑤ 동일한 비용으로 높은 효과를 냈을 때 효과성은 증가한다.

8. 사회복지실천평가의 중요성을 맞게 고른 것은?

가. 실천방법과 기술의 효과성 증진	나. 실천가의 전문성 강화
다. 목표의 효율성 명확화	라. 다양한 자원동원 증진

   ① 가, 나, 다　② 가, 다　　③ 나, 라
   ④ 라　　　　　⑤ 가, 나, 다, 라

정답 1. ⑤ 2. ③ 3. ⑤ 4. ③ 5. ② 6. ③ 7. ⑤ 8. ①

Chapter 13

사례관리

개요

1970년대 탈시설화와 지역사회보호를 계기로 도입된 사례관리는 단순한 서비스로는 삶의 질을 향상할 수 없을 정도로 복합적이고 장기적인 욕구가 있는 클라이언트의 역량을 강화하기 위한 통합적인 서비스를 제공하는 사회복지실천기술이다. 여기에서는 사례관리를 학습하고자 한다.

학습목표

1. 사례관리의 목적 이해
2. 사례관리의 구성요소 숙지
3. 사례관리의 모델 이해

학습내용

1. 사례관리의 개념
2. 사례관리의 모델
3. 사례관리자의 역할
4. 사례관리의 실천기술

CHAPTER
13 사례관리

1. 사례관리의 개념

1) 사례관리의 정의

현대적인 의미의 사례관리(case management)는 1970년대 시작되어 1976년 미국사회사업가협회에서는 사회복지실천의 관심이 치료에서 보호로 변화되고 있다. 사례관리가 클라이언트 보호를 위한 실천의 새로운 출발점을 나타내는 개념이라고 제안되면서, 1980년대 이후 본격적으로 사회복지현장에서 사용되기 시작했다. 정신장애인을 비롯하여 노인, 아동, 장애인과 같은 다양한 대인서비스 영역에서 주목받았다. 역사적으로 사례관리는 더욱 좋은 서비스의 제공을 통해 서비스 조정을 하는 동시에, 효율적이고 비용 효과적인 방법으로 휴먼서비스를 전달하고자 하는 이원적인 목표를 지녀 왔다(이승연 외, 2023: 318).

사례관리는 단순한 서비스로는 삶의 질을 향상할 수 없을 정도로 복합적이고 장기적인 욕구가 있는 클라이언트의 역량을 강화하기 위한 통합적인 서비스를 제공하는 사회복지실천방법이다. 한국에서는 사회복지서비스의 주요한 방법이자 전달체계로 자리 잡고 있다. 최근 양극화로 심화하는 빈곤문제와 정신질환과 장애, 폭력 등의 문제로 인한 복합적인 욕구를 지닌 대상자들이 증가함으로써, 이에 잘 대처할 수 있는 사례관리의 필요성이 증대하고 있다. 또한 보편적 복지의 후퇴와 함께 서비스의 사각지대나 불필요한 서비스 중복의 문제를 효율적으로 해결할 수 있는 효과적인 방법으로 또는 서비스전달체계로 사례관리가 주목을 받고 있다. 그러나 한국의 사례관리가 준비 안 된 상황에서 혼란스럽게 사용되고 있어서 다양한 부작용도 야기되고 있으며, 사례관리가 통제의 도구로 활용되고 있다는 비판도 받고 있다(김혜란 외, 2023: 364-365).

미국사회사업백과사전(NASW, 1987)에 나타난 정의를 살펴보면, 사례관리란 복잡한 여러 가지 문제와 장애를 가지고 있는 클라이언트가 적합한 형태로 적절한 시기에 그들이 필요로 하는 모든 서비스를 받을 수 있도록 보장하는 것이다. 따라서, 포괄적 서비스를 제공하려는 방법으로 정의하고 있다. 또한 사례관리를 가능하게 하는 차원과 촉진하는 차원으로 구성된 실천개념이라고 정의하기도 한다. 즉, 가능하게 하는 역할이란 개인이나 집단이 독립적으로 가능할 수 있도록 그들의 잠재력을 최대화하는 것이며, 촉진하는 역할은 도움이 필요한 클라이언트의 사회적 제도, 조직, 기관 사이를 연계하는 것으로 보고 있다(Moore, 1990).

사례관리는 일회성 사건이 아니라, 지속해서 전개되는 과정이다. 사례관리자는 장기간에 걸쳐 서비스를 제공하는 데, 그 접촉 빈도 및 강도는 클라이언트의 상황이나 요구에 따라서 다양하게 변한다. 사례관리는 클라이언트가 사회적·의료적으로 위기에 처해 있을 때 그리고 관계형성 초반에 집중적으로 제공된다. 클라이언트의 상황이 원만히 진행되고 있을 때는 접촉의 빈도가 줄어들 수 있다.

현재 사례관리는 일반적으로 받아들여지고 있는 용어로서, 개인, 가족, 집단을 비롯한 클라이언트들이 의료·법률 및 사회사업서비스와 적절한 보호를 받을 수 있도록 도움을 주는 활동을 지칭한다. 일반적으로 사례관리라는 이름으로 통용되고 있는 개념 및 과업은 때에 따라서는 사례조정, 보호관리, 보호조정, 서비스조정, 서비스통합 또는 서비스관리라는 말로 불리기도 한다(Weil & Karls, 1985).

사례관리의 개념은 혼란스러울 정도로 다양하게 정의되고 있는데, 비슷한 용어의 구별은 다음과 같다(김용환 외, 2022: 309-310).

사례(case), 보호(care), 관리(management) 등의 용어가 사용되고 있는데, 사례관리와 논쟁이 있다. '사례'라는 표현이 인간의 가치를 격하하는 부정적인 의미를 담고 있다는 비판이 있지만, 사례관리가 개인에게 초점이 맞추어져 있으므로 사례가 적합한 용어라는 의견도 있다. 용어로서 사례관리가 보호관리(care management)보다 더 적합 하다고 여기는 관점에서는 '보호'라는 용어가 클라이언트의 의존성을 의미하며, 클라이언트와 서비스 제공자 간의 수직적 관계를 암시하는 것으로 간주한다. '관리'라는 단어에 대한 거부감도 있다. 즉, 관리에는 통제, 지시, 취급 등의 의미가 포함되어 있어 클라이언트의 참여나 임파워먼트의 이념을 충분히 반영하지 못한다고 지적하고 있다.

임파워먼트 이념을 반영할 뿐 아니라, 주요 기능으로서 서비스 연계 및 조정을 적절히 표현하는 용어로 '서비스 조정'이나 '사례조정'과 같은 용어가 제안되기도 하였다.

2) 사례관리의 목적

우드사이드와 맥클람(Marianne R. Woodside & Tricia McClam)은 1944년 그들의 저서 『일반사례관리: 서비스전달수단(Generalist

Case Management: A Method of Human Service Delivery)』에서 그들이 주장하는 사례관리의 주요 목적은 다음과 같다(Woodside & McClam, 2017 ; 이승연 외, 2023: 319-321).

『일반사례관리』
(2017)

(1) 보호의 연속성

사례관리의 대상은 쉽게 해결될 수 없는 만성적이고 복합적인 욕구를 지니고 있으므로 중증장애인 등의 경우에는 평생 보호를 받아야 할 필요가 있고, 장기적인 지원이 필요한 경우가 많다. 따라서, 어떤 일정한 장소나 기간 내에서 계속해서 서비스를 제공하는 것이 필요하다. 보호의 연속성은 횡단적 차원과 종단적 차원으로 나눌 수 있다. 횡단적 차원에서의 연속성은 주어진 시점에서 이용자의 다양한 욕구충족을 위해 포괄적인 서비스를 제공하는 것이다. 여기에는 서비스 개입과 함께 환경에 대한 지지, 클라이언트와 가족과의 관계 유지, 위기개입, 서비스의 단순한 연계를 넘어선 사회적 네트워크가 포함된다. 종단적 차원에서의 연속성은 시간의 경과에 따라 변화하는 개인의 욕구에 반응하는 서비스를 지속해서 제공해 주는 것을 의미한다. 서비스의 시작인 전화 통화부터 서비스가 종료될 때까지 중단되지 않고 제공되는 것이다.

(2) 클라이언트의 역량강화

사례관리에서는 일차적으로 대상자의 보호가 중시되지만, 가능한 한 클라이언트가 스스로 살아갈 수 있도록, 즉 클라이언트가 사례관리자의 도움 없이도 자원과의 연결을 유지하며 살아갈 수 있는 역량을 강화하는 것을 목적으로 한다. 클라이언트 역량강화를 위한 또 하나의 방법은 그를 고객으로 대우하는 것이며, 클라이언트의 강점에 입각한 서비스를 제공하는 것을 의미한다.

(3) 서비스의 통합성

복합적이고 변화하는 이용자의 욕구를 해결하기 위해 기관과 지역사회의 자원과 서비스를 통합적으로 확보하는 것이 필요하다. 서비스통합은 서비스의 파편화와 중복을 감소하고 제공된 서비스의 상호작용을 촉진한다.

(4) 서비스 접근성 향상

클라이언트는 자신이 활용할 수 있는 자원에 대한 정보가 부족하거나 이용 가능한 자원을 알아도 다양한 장애물로 인해 서비스 접근이 제한되는 때도 있다. 이를 위해 찾아가는 서비스, 정보제공과 의뢰, 자원개발과 연계, 자원활용, 역량강화 등과 같은 적극적인 방법을 통해 자원과 서비스에 대한 클라이언트의 접근성을 높인다.

(5) 사회적 책임제고

사례관리는 제공되는 서비스의 책임성을 중시한다. 따라서, 사례관리 과정에서 주요 결정은 사례관리자 혼자 하는 것이 아니라, 팀에서 결정하며, 외부 전문가와 슈퍼바이저를 포함한 통합회의의 개최도 중요하다.

(6) 평가의 중요성

사례관리는 클라이언트 삶의 질을 향상하고자 하는 목표와 함께 공급자의 관점에서 보호비용을 조절하고 효율성을 극대화하며 관리하고자 하는 갈등적인 목표를 지닌다. 사례관리는 개별맞춤형 서비스로 삶의 변화를 측정하는 성과평가가 기본적으로 중시된다. 그리고 1980년대 이후 사회복지서비스의 공급 주체가 중앙정부에서 지방정부로 분권화됨에 따라 한정된 복지자원의 효율적인 배분과 새로운 서비스전달방식에 관한 관심이 고조되면서 서비스의 효과성과 효율성을 중시하는 사례관리 방법이 더욱 주목을 받게 되었다. 따라서, 사례관리는 서비스가 클라이언트의 욕구에 적합하면서도 서비스가 중복되지 않고 보호와 전달체계의 경제적 효율성과 효과성을 요구하며, 더불어 높은 전문성, 높은 수준의 보호, 지속적인 개선 등을 요구하는 신관리주의의 대표적인 방법으로 평가되기도 한다.

평가는 사례관리의 과정과 성과가 주 대상으로, 클라이언트에게 적절하게 제공되고 있는지, 클라이언트의 변화와 만족, 서비스의 통합, 서비스와 성과의 질에 대한 평가가 이루어진다.

3) 사례관리의 구성요소

사례관리의 본질적인 의미와 목적에 부합하기 위해서 사회복지실천현장에서 갖추어야 하는 제반 조건이 사례관리의 구성요소에 해당한다. 앞에서 제시한 사례관리의 정의와 목적으로부터 사례관리의 구성요소는 크게 다섯 가지로 구분될 수 있는데, 그 내용은 다음과 같다(김영미 외, 2022: 164-167 ; 길귀숙 외, 2018: 345-347 ; 엄명용 외, 2018: 430-435).

(1) 클라이언트

클라이언트는 대부분 복합적인 욕구가 있으므로 하나 이상의 사회자원을 필요로 하지만, 자원의 소재와 이용방법에 대해 잘 모르는 사람을 말한다. 현재 사회복지기관을 중심으로 지역의 저소득층 가족, 아동, 청소년, 노인 등 신체적·정신적·경제적·사회적 문제 등 복합적 문제를 가진 다양한 클라이언트가 대상이 된다. 중요한 것은 클라이언트의 범주에 대한 행정적인 기준을 정해 놓는 것이다. 다시 말해서 사례관리 대상자의 자격 조건과 선정 기준, 사례관리 대상자의 규모, 사례관리 대상자의 유형 등과 같은 사항을 규정하는 것이 필요하다. 이러한 사항에 대한 행정적인 기준을 마련함으로써 클라이언트의 상황과 특성에 맞는 관리가 가능해질 수 있을 것이다.

(2) 사례관리자

만성적이고 복합적인 욕구를 지닌 클라이언트를 지원하는 사례관리자의 전문성과 숙련성은 3차 의료기관의 전문의가 일하듯이 매우 중요하다. 사례관리자는 인간중심의 가치와 철학을 바탕으로 클라이언트에 대한 임상적인 능력과 자원조정, 네트워크 그리고 옹호적인 실천기술 등을 가지고 있어야 한다. 한국의 사례관리 환경은 아직 미흡하여 사례관리의 실천 기반이 매우 취약한 실정이다. 이로 인해서 사례관리자는 업무량보다 많은 사례를 맡는 경우가 많고, 타 업무를 수행하면서 사례관리도 부가적으로 수행하는 등의 업무적인 부담이 크다.

사례관리자는 사례관리 수행에 필요한 전문적인 지식과 기술상담기술, 자원개발 및 관리능력, 네트워킹능력 등을 개발함으로써, 사례관리를 위한 역량을 강화하는 것이 필요하다. 그리고 조직적인 차원에서는 사례관리자의 전문적인 역량을 잘 발휘할 수 있도록 슈퍼비전 체계를 갖추는 것이 필요하며, 소진을 예방할 수 있어야 한다. 사례관리 업무 자체가 업무의 난도가 높은 편이며, 사례관리로 인한 업무량이 과중하고, 사례관리의 성과가 잘 드러나지 않기 때문에 업무적인 스트레스가 높은 편이다. 사례관리자의 교체는 클라이언트와의 관계의 유지, 서비스의 지속적 유지 등 사례관리의 전 과정에 커다란 장애를 제공할 수 있다. 따라서, 사례관리자를 고용한 주체는 사례관리자의 전문적 역량강화와 더불어 소진 예방을 위해 다각적인 관심과 지원을 아끼지 말아야 한다.

(3) 사회자원

대상자를 변화하는 데 역점을 두는 임상사회복지실천과는 달리 사례관리는 대상자의 역량강화와 함께 다양한 사회자원을 효율적으로 연계하고 조정하는 기능을 중시하는 방법이다. 자원에는 공식적·비공식적 자원 그리고 공공·민간 자원 등이 있다. 사례관리에서는 미리 개발되어 준비된 공식적 자원도 중요하지만, 클라이언트의 비공식적인 자원(가족, 친척, 동료, 이웃, 자원봉사자 등)의 개발과 연계가 중시된다. 따라서, 사례관리기관은 자신의 기관이 보유하고 있는 자원에 대한 조직화는 물론, 지역사회, 나아가서는 국가단위에서 활용할 수 있는 공적·사적인 자원망을 개발하고 조직화해야 한다. 지역사회 자원을 조직화할 때 업무의 효율성을 위하여 기존에 조직화되어 있는 자원망을 최대한 활용하도록 한다.

(4) 사례관리과정

사례관리를 시간상으로 전개해 가는 요소로 사례관리과정을 들 수 있다. 이 과정은 보통 접수, 사정, 개입계획, 서비스 조정, 점검과 재사정, 평가와 종결, 사후관리 등으로 진행된다.

(5) 사례관리 운영체계

사례관리는 클라이언트에게 필요한 통합적 서비스를 전달하는 작동체계이기 때문에 효율적인 운영체계의 구축이 필요하다. 사례관리 운영체계는 기관 내부 운영체계와 외부 운영체계로 구분할 수 있다. 기관 내부 운영체계는 사례관리 전담팀을 구성하고, 프로그램과 서비스 제공팀, 자원개발 및 주민조직화팀을 구축하고, 팀 또는 기관 사례회의를 통해서 상호 협력해 나간다. 기관 외부 운영체계는 지역사회 내에서 클라이언트의 삶과 밀접한 관련이 있는 공공과 민간의 서비스제공기관들로 구성된 통합사례관리팀을 구축하고, 클라이언트를 돕는 데 협력할 수 있는 다양한 기관들이 함께 하는 통합사례회의를 통해 협력을 강화하도록 해야 한다. 이러한 운영체계 이외에도 슈퍼비전 체계, 솔루션위원회 등과 같은 지원체계가 필요하며, 공공부문과 민간부문이 함께하는 사례관리 전달체계의 구축이 필요하다.

2. 사례관리의 모델

사례관리의 실천모델은 임상적 접근을 중요시하는가 아니면 서비스의 관리 기능, 즉 행정적 기능을 중시하는가, 그리고 지향하는 목적이 무엇인지, 사회복지실천현장이 일차적 현장인지 아니면 이차적 현장인지에 따라서 다양하게 제시된다. 따라서, 사례관리자는 자신의 서비스 대상과 소속된 기관의 성격에 적합한 사례관리모델을 정립하고 적용하는 것이 필요하다. 사회복지현장의 특성, 개입기간, 사례관리자의 역할 수준 등이 고려되어 다양한 차원에서 사례관리모델의 적용성을 높이려는 노력이 있었다.

사례관리실천에서 활용되는 핵심적인 모델을 설명하면 다음과 같다.

1) 매과이어의 모델 분류

매과이어(Lambert Maguire)는 2001년 그의 저서 『임상사회복지(Clinical Social Work: Beyond Generalist Practice with Individual, Group and Families)』에서 사례관리의 모델을 다음과 같이 분류하고 있다.

(1) 전통적 장기모델 : 관리보호 단기모델

전통적 장기모델은 치료될 수 없는 장기적이고 만성적인 건강문제나 정신보건문제를 다루는 전통적 사례관리모델이다. 복합적 인과관계를 추구하고, 비관적 예후(prognosis)에 대해 기대를 하고 있고, 장기보호가 필요하고 자원의 조정을 필요로 한다. 관리보호단기모델은 시간 제한적이고 집중적이며, 자원의 조정과 연계에 초점을 두고 치료를 중시하고 있다는 점이 전통적 장기모델과 구별되는 특성이다. 이 모델 역시 복합적 인과관계를 중시하고 조정된 보호가 필요하며, 시간 제한적이고 집중적인 서비스의 관리를 목표로 한다.

(2) 일반사회복지모델 : 전문사회 복지모델

일반사회복지모델은 사례관리자가 클라이언트에게 사례관리에 관한 모든 (차원의 다양한) 서비스를 제공하는 모델이다. 한 사회복지사가 모든 서비스를 제공하기 때문에 상충되는 조언을 피할 수 있으나, 전문가의 역량 부족 문제가 한계로 작용한다. 전문사회복지모델은 특정 영역과 문제를 전담하는 전문사례관리자와 전문가들 간의 업무 공유가 중시되며, 이들 간의 조정과 팀워크가 중시된다.

2) 사례관리의 제공자에 따른 모형

웨일과 칼스(M. Weil & J. Karls)는 1985년 그들의 저서 『사례관리(Case Management in Human Service Practice)』에서, 사례관리의 모델을 다음과 같이 분류하고 있다.

『사례관리』
(1991)

(1) 통합전문가모형

통합전문가모형은 사례관리자가 개별 클라이언트 또는 클라이언트집단의 서비스 조정에 대한 책임을 지고 있으며, 사례관리자는 사회복지실천, 간호, 공공복지, 심리학, 대인서비스 등에 대한 훈련 등으로 직접 서비스, 조정, 옹호 등을 제공한다.

일차적 치료자모형이란 사례관리자와 클라이언트와의 관계가 치료적인 모형으로, 사례관리자는 석사학위 사회복지사, 심리학자, 정신의학자 등으로 전문인력이며, 클라이언트의 관심사와 문제에 대한 치료자 지식을 기반으로 치료자·클라이언트 간의 신뢰가 가장 중요한 모형이라 할 수 있다.

(2) 학제 간 팀 모형

학제 간 팀 모형은 구성원 각자가 특정한 전문영역의 서비스 활동에 개별적 책임을 지며, 다양한 학문분야 간 전문화된 팀의 개념에 기반하는 모형으로 전문화된 사례관리자들이 공동으로 사례관리의 모든 과정을 구성하는 모형이다. 이 모형은 전문분야에 의해 담당 사례를 결정하며, 학제 간 팀의 역할은 접수, 서비스 연결, 서비스 접근 및 점검과 같은 활동을 통한 책임을 공유하는 역할을 담당하고, 사례관리팀은 다양한 전문가들로 구성되며 독립적이면서도 밀접한 협력관계를 이룬다.

(3) 가족모형

가족모형은 부모가 발달장애 아동의 사례관리자로서, 또는 성인자녀가 허약한 노인의 사례관리자로서 역할을 수행하며, 가족이 사례관리과정에 대한 훈련을 받게 되면 보호의 연속성과 서비스의 질에 대하여 효과적일 것이라는 믿음에 기초한 모형이다.

이 모형은 전문가와 부모·성인자녀와의 협력관계를 발달하는 것이 중요하며, 대부분의 대인서비스체계가 복잡하므로 많은 전문가가 교섭하는 데 어려움이 존재하지만, 가족구성원을 위한 사례관리와 옹호에 대한 훈련은 가족에게 능력을 부여하는 경험이 될 수 있다.

(4) 지지적 보호모형

지지적 보호모형은 농촌지역사회나 도시 저소득층 밀집지역에서 활용하는 것으로, 지역사회 내에서 만성 정신장애인을 부양하는 데 필요한 심리적 지지가 그들의 자연적인 이웃과 일반 대중들 내에 존재한다는 신념에 기초한 모형이다. 이 모형은 지역주민들은 직접적인 정신보건서비스를 제공할 수 있으며, 클라이언트와 그들이 필요로 하는 지역사회 지지를 효과적이고 경제적인 방법으로 연결할 수 있고, 지지적 보호자들은 일반대중 가운데 선정하며, 특수한 훈련을 받고 이들 대부분을 한 명의 클라이언트와 일하도록 할당한다.

(5) 자원봉사자모형

자원봉사자모형은 기관의 직원과 자원봉사자와의 공동협력을 통하여 일하는 것으로, 지역사회 자원봉사자가 일정 기간 훈련을 거쳐 사례관리기관이 전문가의 지도감독을 받으면서 만성정신장애인, 신체장애인, 허약한 노인, 발달장애아동 등의 사례관리자로 활동하는 모형이다. 자원봉사자가 클라이언트에게 직접적 서비스 제공, 서비스를 점검하거나 조정하며, 자원봉사자는 준전문가로서 클라이언트를 원조하는 보조협력자의 역할을 수행하고, 클라이언트의 복지에 대한 책임이 있으며, 임무에 대한 적절한 교육과 지도 감독을 받도록 해야 한다.

(6) 종합서비스센터모형

종합서비스센터모형은 사회적·정서적 지지, 직업훈련, 기숙시설 등을 포함한 포괄적 서비스를 제공하는 모형으로, 만성정신장애인, 발달장애인시설의 수용자, 자립생활센터의 거주자, 지체장애인, 장기건강보호가 필요한 사람 또는 위탁 보호가정의 청소년들에게 서비스를 제공한다. 전형적 종합서비스센터는 거주자들에게 기본적인 서비스만을 제공하며, 만성정신장애인 또는 약물남용자 등을 위한 재활프로그램과 같은 것들은 다른 기관으로부터 서비스제공을 받는다. 센터에서의 사례관리는 클라이언트들과 함께 거주하는 직원에 의해 수행된다.

3) 서비스 수준에 따른 분류

로즈와 무어(S. M. Rose & V. L. Moore)는 1995년 그들의 논문 「사례관리

(Case Management)」에서, 그들은 사례관리실천의 중심초점을 클라이언트와 서비스 제공자 중 어디에 두느냐에 따라 클라이언트 중심 모형과 제공자 중심 모형으로 구분하였는데, 그 내용은 다음과 같다(Rose & Moore, 1995).

(1) 클라이언트 중심 모형

클라이언트 중심 모형은 클라이언트와 사례관리자와의 관계에 초점을 두는 모형이다. 이 모형에서 사례관리자는 클라이언트를 적극적인 행동의 주체로 보고 그들의 강점, 잠재력, 성장가능성, 능력 등을 확인하고 개발하는 데 역점을 둔다. 또한 사례관리자는 클라이언트의 욕구를 포괄적으로 사정하고, 비공식적인 지원체계의 역할을 강조하며, 클라이언트의 자율성 증대와 자기 확신의 성장에 관심을 집중시킨다.

(2) 제공자 중심 모형

제공자 중심 모형은 서비스 계획에 초점을 두는 모형이다. 이 모형은 클라이언트를 수동적인 객체로 보고, 그들의 문제와 병리를 확인하고 해결하는 데 역점을 둔다. 이 모형은 클라이언트를 서비스 계획에 대한 적극적인 참여자가 아닌 순응자로 보며, 현존하는 서비스에 대한 안내와 의뢰에 역점을 두고, 공식지원체계의 활용을 강조하며, 문제확인과 클라이언트의 치료계획 준수에 관심을 집중시킨다.

3. 사례관리자의 역할

사례관리자의 역할은 다음과 같다(김영미 외, 2022: 172-176 : 김철진 외, 2016: 253-255).

1) 통합 조정자의 역할

사례관리자의 역할 중 가장 우선되는 것은 통합 조정자(coordinator)의 역할이다. 사례관리자는 한 사례를 담당하여, 종결할 때까지 제공되는 모든 서비스를 총괄하고, 서로 중복되지 않으며, 협력하여 개입의 효과와 책임성을 높일 수 있도록 조정한다. 사례관리자는 클라이언트의 욕구 정도와 다양성에 대해 잘 알아야 하고, 사례관리 프로그램을 조직하고, 이들에게 제공되는 다른 개입과정과 지역사회 안에서의 유용한 지지적 자원의 관계를 알맞게 조정해야 한다.

2) 옹호자의 역할

사례관리자는 클라이언트를 옹호함으로써, 이들이 자신들의 권리를 찾고 정부와 지역사회로부터 유익한 지원을 활용하도록 돕는다. 이를 위해 정보제공과 교육, 지역사회조직과 사회제도상의 개선을 시도한다. 옹호전략은 직접 담당자에게 항의하는 것, 특정한 지식을 활용하는 것, 담당자의 상관에게 항의하는 것, 공식적 민원신고를 이용하는 것, 외부 권위에 항의하는 것, 법적 대응을 하는 것 등이다. 예컨대, 지역주민들이 그룹홈 유치를 제지하려 할 때, 영향력 있는 유지들을 동원하여 공청회를 개최함으로써 상황을 유리하게 끌어낼 수 있다.

3) 공동협력자의 역할

사례관리자는 서비스를 제공하는 타 조직이나 기관의 직원들과 협의하여야 한다. 이를 위해 사례관리자는 팀 접근의 진행과정을 잘 이해하고 팀에서 공동협력하는 역할을 담당한다.

4. 사례관리의 실천기술

1) 목표 수립하기

목표설정은 계획수립단계로 계획수립이란, 사정평가에서 나타난 여러 가지 사항에 대해 변화를 일으키기 위한 목적으로 수립하는 것이다. 계획은 클라이언트의 문제나 상황에 대한 자료수집과 사정이 이루어진 후에 수립하며, 사회복지사와 클라이언트와의 공동의 합의적 노력이 강조되는 단계이다.

2) 실행단계

사례연구의 실천기술에서는 다음과 같은 실행과정을 거친다(김용환 외, 2022: 321-323 ; 이승연 외, 2023: 325-331).

1단계 : 욕구사정 내용에 대한 숙고

첫째, 사정단계에서 이루어진 욕구사정 내용을 종합적으로 정리하고 분석하여 계획수립의 근거가 되는 욕구사정 평가내용이 과연 적절하고 현실성이 있는지를 최종 검토하고 숙고하는 작업이 필요하다.

둘째, 사례관리자의 이러한 최종 검토는 대상자를 피상적으로 이해하지 않고, 그의 삶을 본질에서 이해하며 변화에 대한 진정한 기대를 반영하는 것이다.

셋째, 대상자도 이 과정을 통해 삶의 의지를 북돋고 변화의 동기를 확인하는 기회가 된다. 이는 결과적으로 문제해결에 걸림돌이 되는 내·외적 장애 요인을 극복하는 의지로 작용할 수 있다.

2단계 : 장·단기 변화목표 수립

첫째, 변화목표설정은 대상자와 충분히 의논한 결과로 합의된 것이어야 하며, 적절한 타협이나 사례관리자의 일방적인 판단과 유도에 의해 결정되는 것이 아니어야 한다. 협력과정을 통해 함께 만들어 내는 것이다.

둘째, 계획수립은 기본적으로 1년을 단위로 하되, 여건에 따라 재수립될 수 있다. 이런 맥락에서 장기목표는 최소한 6개월 이상의 기간이 소요되는 것이며, 단기목표는 3개월 전후로 달성 가능한 것을 말한다. 장·단기 목표는 큰 틀에서 관련성이 있어야 한다. 일반적으로 제시된 욕구는 장기목표(최종목표)와 합의된 목표는 단기목표(단기과제)로 간주할 수 있다.

셋째, 단기목표는 가능한 클라이언트가 중요하게 생각하고 시급성이 있고, 달성 가능한 것부터 설정하는 것이 좋다.

3단계 : 서비스 제공자·기관의 선정

첫째, 목표달성을 위해 누가 어떻게 참여하고 협력할 것인지를 선정한다. 이때 사례관리자 혼자 하는 것보다는 기관 내·외부의 사례회의 등을 거쳐 최선의 계획을 설정하는 것이 좋다.

둘째, 서비스는 내·외부 공식지원을 비롯하여 클라이언트의 비공식적 지원이나 지지체계도 함께 참여하는 것이 필요하다.

셋째, 잠정적인 서비스 기관이나 제공자가 선정된 후에는 그들을 접촉하여 가능성을 확인하고 협력을 촉구하며, 서비스제공에 대한 동의를 얻는다. 그리고 이러한 결과를 대상자에게 알려준다.

4단계 : 시간계획 수립

첫째, 정해진 서비스를 어느 정도의 기간 어떤 주기로 받을 것인지에 대해서도 계획을 수립한다.

둘째, 외부기관을 활용할 때는 시간계획을 해당 기관에 일방적으로 위임하기보다는 가능한 한 대상자의 목표달성에 도움이 되는 수준에서 충분한 서비스가 제공되도록 협조를 구하는 것이 좋다.

셋째, 시간계획은 고정된 것이 아니라, 상황변화에 따라 융통성을 갖고 다시 계획할 수 있다.

5단계 : 계약수립

첫째, 장·단기 목표 및 서비스 제공기관, 그리고 시간계획이 확정되면 대상자와의 계약이 필요하다. 계약서에 들어갈 사항은 기관 사정에 따라 달라질 수 있으나, 가능한 한 서비스 계획표의 하단에 대상자 또는 의뢰인이 직접 서명하도록 하는 것이 좋다.

둘째, 대상자와 계약을 수립할 때는 문제를 해결하거나 삶이 변화하기 위해서는 대상자의 적극적인 참여가 중요하고, 주변인들과 공동으로 협력하는 것이 필요하다는 것을 인식하도록 해야 한다.

6단계 : 서비스계획표의 공유

첫째, 서비스계획표가 완성되면 이를 대상자와 공유하도록 한다. 대상자에게도 사본을 주어 전체 진행과정을 쉽게 알 수 있도록 하며, 자신이 해야 할 역할과 과제를 인식하도록 한다.

둘째, 차후 상황이 바뀌어 서비스계획표가 수정되어야 할 경우, 그때도 위와 유사한 과정을 거쳐 대상자가 수정된 계획표에 대해 충분히 알고 있어야 한다.

3) 단일사례설계

(1) 단일사례설계의 개념

단일사례설계는 개인, 가족 및 소집단 등을 대상으로 문제해결을 위한 개입의 효과를 과학적으로 입증하기 위해 통제된 환경하에서 개입하기 전과 후의 변화를 반복해서 개입의 효과성을 측정하는 조사설계 방식을 말한다. 즉, 클라이언트에 대한 개입 및 결과의 인과관계를 살펴보기 위해 통제된 환경에서 개입 전·후의 변화를 시계열적으로 반복해서 측정하여 평가하는 것이다. 대부분 한 사람, 하나의 집단, 하나의 가족, 하나의 기관 등이 평가의 대상이 되지만, 때로는 집단 전체의 평균이나 빈도 등으로 요약되어 하나의 사례로 적용될 수도 있다(이태희 외, 2023: 300).

1970년대 심리학자들이 고안한 방법으로 사회복지실천에서 집단설계를 수행하는 과정에서 생기는 한계를 극복하기 위해 도입된 방법으로 개입 초기의 자료로 기초선(baseline)을 설정하고, 이를 기준으로 후속적인 변화를 측정하여 개입의 효과를 측정하는 것으로 임상실천에서 주로 사용하고 있다.

(2) 단일사례설계의 특정

단일사례설계의 일차적 목적이 표적행동에 대한 개입의 효과성을 분석하는 것으로 경향과 변화 정도를 알기 위해 반복적 관찰을 한다. 단일 클라이언트나 클라이언트체계를 대상으로 개입 전, 개입 동안, 개입 후를 반복적으로 관찰함으로써 변화를 평가할 수 있으며, 결과의 성취 정도뿐만 아니라, 그 변화가 개입으로 인한 변화인지 관찰을 통하여 기록·평가하기 때문에 사회복지실천에서 결과를 평가하고자 하면 부합되는 방법이다.

대면서비스 측면에서 본다면 관찰기록과 함께 단일사례설계의 평가방식을 사용할 경우, 효과성 평가를 유용하게 할 방법의 하나로 볼 수 있다. 이때 개입의 효과를 증명하기 위하여 단일사례설계는 시계열 측정방식을 도입하여 지속적인 반복측정을 통하여 변화를 주기적으로 파악하여 비교하며, 이를 개입과정에 반영함으로써 개입 효과를 높일 수 있다. 그러나 양적 연구에 적합한 사례 수를 확보하는 데 어려움이 있고, 통제집단에 대해서 의도적 개입을 하지 않는다는 점에서 사회복지실천상 윤리적 문제가 제기될 수 있다.

(3) 단일사례설계의 목적

사회복지실천평가에 있어서 단일사례연구설계를 사용하는 목적에 대하여 다음의 네 가지로 제시하고 있다(이태희 외, 2023: 301).

① 시간의 변화에 따른 사건과 사람의 변화를 점검하고, 사례 상황을 사정
② 표적사건에 긍정적 또는 부정적 변화가 일어났는지를 평가
③ 실천가의 개입이 변화와 원인적으로 연결되는가를 평가
④ 실천가가 개입 간의 효과를 비교

연습문제

1. 사례관리가 필요하게 된 배경이 아닌 것은?
   ① 임상적 치료모델에 대한 욕구 증가
   ② 서비스전달체계 간 조정기능 부재
   ③ 복합 문제를 가진 클라이언트의 증가
   ④ 중복 서비스를 제공하는 전문기관의 확대
   ⑤ 시설 퇴소인의 지역사회 보호 필요성 증대

2. 사례관리에 관한 설명으로 옳지 않은 것은?
   ① 복합적이고 장기적인 욕구를 가진 취약계층을 대상으로 한다.
   ② 궁극적 목적은 클라이언트의 자립과 자활을 위한 사회기능의 회복이다.
   ③ 서비스 제공의 범위는 사례관리자가 속한 기관의 범주 내에서 이루어진다.
   ④ 간접 개입과 직접 개입 모두 이루어진다.
   ⑤ 비공식적 자원의 활용도 중요시한다.

3. 사례관리자에 대한 역할로 옳지 않은 것은?
   ① 중개자, 연결자, 조정자, 옹호자 등의 역할을 수행한다.
   ② 기관의 자원 기준에 맞추어 클라이언트의 문제를 사정하고 서비스를 제공한다.
   ③ 상담자와 치료자의 역할을 수행한다.
   ④ 사례관리자의 역할은 클라이언트의 욕구에 따라 업무가 달라질 수 있다.
   ⑤ 평가자로의 역할을 수행한다.

4. 다음 〈사례〉에 해당하는 단일사례설계의 유형은?

   > 노인복지관 사회복지사가 어르신들의 우울감 개선 프로그램을 계획하였다. 프로그램 시작 전에 참여하는 어르신들의 심리검사를 행하였고, 2주간의 정서지원 프로그램 실시 후 변화를 측정하였다. 1주일 후에는 같은 어르신들을 대상으로 2주간의 명상 프로그램을 진행하여 우울감을 개선하고자 한다.

   ① AB   ② BAB   ③ ABA   ④ ABAB   ⑤ ABAC

5. 다음 〈사례〉에 해당하는 단일사례설계의 유형은?

> 독거노인의 우울감 해소를 위해 5주간의 전화상담(주 1회)에 이어 5주간의 집단활동(주 1회)를 진행했다. 참가자 5명을 대상으로 프로그램 시작 3주 전부터 매주 1회 우울증검사를 실시했고, 프로그램 시작 전, 5주 후, 10주 후에 삶의 만족도를 조사했다.

① AB 설계　　② ABC 설계　　③ ABAB 설계
④ ABAC 설계　　⑤ 다중(복수)기초선설계

6. 다음에 해당하는 단일사례설계의 유형은?

> 친구를 사귀는 데 어려움을 가진 여름이와 겨울이는 사회복지기관을 찾아가 대인관계 향상 프로그램에 참여하게 되었다. 먼저 두 사람은 대인관계 수준을 측정하였으며, 여름이는 곧바로 대인관계 훈련을 시작하여 변화정도를 측정하고 있다. 3주간 시차를 두고 겨울이의 대인관계 훈련을 시작하고 그 변화를 관찰하였다.

① AB　　② BAB　　③ ABC
④ ABAB　　⑤ 다중기초선설계

7. 다음의 〈사례〉에서 사용한 사회복지실천기술은?

> 클라이언트 : "아버지께 화내서 너무 죄송해요. 왜냐하면 아버지께서 당뇨를 앓고 계시거든요. 더구나 당뇨관리가 제대로 안 되어 다리 절단의 위기에 처해 있는데도 술을 계속 드실 때에는 화를 내게 돼요. 나는 왜 우리가 잘 지내지 못하는지 모르겠어요."
> 사회복지사 : "아버지를 걱정하고 관계가 향상 되길 바라지만 때때로 아버지와 함께하는 것이 매우 어려운 것 같군요."

① 재명명(reframing)　　② 탐색 (probing)　　③ 환언 (paraphrasing)
④ 지시 (direction)　　⑤ 해석 (interpretation)

정답　1. ①　2. ③　3. ②　4. ⑤　5. ②　6. ⑤　7. ③

참고문헌

1. 국내 자료

감정기 외(2010). 『사회복지의 역사』. 경기: 나남.
강문희 외(2018). 『가족상담 및 가족치료』. 서울: 신정.
강영걸 외(2018). 『사회복지조사론』. 경기: 정민사.
강장미 외(2023). 『사회복지개론』. 서울: 박영스토리.
강종수 외(2023). 『사회복지조사론』. 경기: 공동체.
고명석 외(2018). 『인간행동과 사회환경』. 서울: 동문사.
고명수 외(2018). 『인간행동과 사회환경』. 경기: 정민사.
고명수 외(2019). 『사회복지실천기술론』. 경기: 정민사.
곽미정 외(2016). 『사회복지실천론』. 서울: 창지사.
구혜영(2015). 『인간행동과 사회환경』. 서울: 신정.
권향임 외(2018). 『사회복지실천론』. 서울: 창지사.
금기윤 외(2012). 『사회복지조사방법론』. 경기: 공동체.
금기윤 외(2013). 『사회복지실천기술론』. 경기: 공동체.
길귀숙 외(2015). 『사회복지실천기술론』. 경기: 양서원.
길귀숙 외(2018). 『사회복지실천론』. 경기: 양서원.
김규수 외(2010). 『가족치료 이론과 실제』. 경기: 양서원.
김동기 외(2014). 『사회복지실천론』. 서울: 학지사.
김명숙 외(2021). 『정신건강론』. 서울: 조은.
김명숙 외(2024). 『노인복지론』. 서울: 조은.
김미영 외(2023). 『사회복지개론』. 서울: 박영스토리.
김민경(2017). 『사회복지실천기술론』. 경기: 양서원.
김보기 외(2019a). 『사회복지실천론』. 경기: 양성원.
김보기 외(2019b). 『인간행동과 사회환경』. 경기: 양성원.
김보기 외(2020). 『상담이론과 실제』. 서울: 하나의학사.
김보기 외(2021a). 『가족상담 및 가족치료』. 서울: 조은.
김보기 외(2021b). 『사회복지실천기술론』. 서울: 정원.
김보기 외(2022a). 『사회복지정책론』. 서울: 박영스토리.
김보기 외(2022b). 『복지국가론』. 서울: 동문사.
김보기 외(2023). 『심리학』. 서울: 박영스토리.
김보기 외(2024). 『사회복지와 문화다양성』. 서울: 동문사.

김석용(2012). 『조사연구방법론』. 서울: 탑북스.
김성철(2017). 『사회복지실천기술론』. 경기: 양성원.
김성철(2017). 『사회복지실천론』. 경기: 21세기사.
김수목 외(2021a). 『사회복지행정론』. 서울: 조은.
김수목 외(2022). 『인간행동과 사회환경』. 서울: 박영스토리.
김수목 외(2023). 『지역사회복지론』. 서울: 조은.
김영미 외(2022). 『사회복지실천론』. 서울: 동문사.
김용환 외(2018). 『인간행동과 사회환경』. 서울: 동문사.
김용환 외. 『사회복지실천기술론』. 서울: 동문사.
김용환 외(2023). 『사회복지실천기술론』. 서울: 동문사.
김우호 외(2019). 『사회복지실천기술론』. 서울: 동문사.
김정진(2019). 『사회복지실천기술론』. 서울: 학지사.
김지영 외(2017). 『가족상담 및 가족치료』. 경기: 양성원.
김철진 외(2016). 『사회복지실천론』. 서울: 형지사.
김태진(2012). 『사회복지의 역사와 사상』. 대구: 대구대학교출판부.
김현호 외(2017a). 『지역사회복지론』. 경기: 양서원.
김현호 외(2017b). 『사회복지실천기술론』. 경기: 정민사.
김혜란 외(2022). 『사회복지실천기술론』. 서울: 학지사.
김혜란 외(2023). 『사회복지실천론』. 서울: 동문사.
김혜숙(2020). 『가족치료 이론과 기법』. 서울: 학지사
김혜영 외(2023). 『사회복지실천기술론』. 서울: 학지사.
김효선 외(2018). 『사회복지실천론』. 경기: 공동체.
남연희 외(2023). 『사회복지실천론』. 서울: 공동체.
도광조 외(2018). 『사회복지실천론』. 경기: 양서원.
박경근 외(2023). 『심리학』. 서울: 박영스토리.
박광준(2013). 『사회복지의 사상과 역사』. 경기: 양서원.
박귀영 외(2017). 『사회복지기술론』. 경기: 양성원.
박미정 외(2021). 『정신건강론』. 서울: 조은.
박병금 · 최은희(2016). 『사회복지실천기술론』. 경기: 정민사.
박병현(2016). 『사회복지의 역사』. 경기: 공동체.
박원진 외(2018a). 『지역사회복지론』. 경기: 양성원.
박원진 외(2018b). 『사회복지행정론』. 경기: 양성원.

박종란 외(2020). 『노인복지론』. 서울: 교학도서.
박종란 외(2021). 『사회복지현장실습』. 서울: 조은.
박현승 외(2023). 『사회복지와 문화다양성』. 서울: 박영스토리.
박현승 외(2024). 『사회복지실천론』. 서울: 박영스토리.
박화상 외(2023). 『사회복지와 문화다양성』. 서울: 박영스토리.
박희숙 외(2018). 『사회복지실천론』. 경기: 공동체.
생각의 마을(2018). 『인간행동과 사회환경』. 경기: 공동체.
생각의 마을(2020). 『사회복지실천기술론』. 경기: 공동체.
서보준 외(2023). 『사회복지실천기술론』. 경기: 공동체.
서현자 외(2017). 『상담이론과 실제』. 서울: 하나의학사.
서현자 외(2017). 『인간행동과 사회환경』. 서울: 박영스토리.
서현자 외(2024). 『노인복지론』. 서울: 박영스토리.
서혜석 외(2017). 『사회복지실천론』. 경기: 정민사.
서혜석 외(2024). 『사회복지실천기술론』. 경기: 공동체.
성태제·시기자(2006). 『사회복지실천기술론』. 경기: 정민사.
손병덕 외(2019). 『인강행동과 사회환경』. 서울: 학지사.
송윤선 외(2019). 『다문화가족복지와 상담』. 경기: 공동체.
송한용 외(2023). 『사회복지실천론』. 서울: 동문사.
송형철 외(2018). 『발달심리학』. 경기: 양성원.
신성자 외(2017). 『사회복지실천기술론』. 경기: 양성원.
양옥경 외(2018). 『사회복지실천론』. 경기: 나남.
양철수 외(2018). 『노인복지론』. 경기: 수양재.
양철수 외(2018). 『인간발달』. 파주. 경기: 양성원.
양철수 외(2020). 『사회복지와 문화다양성』. 서울: 교학도서.
엄명용 외(2018). 『사회복지실천의 이해』. 서울: 학지사.
오봉욱 외(2020). 『사회복지실천기술론』. 서울: 동문사.
운경원 외(2020). 『사회복지실천기술론』. 서울: 동문사.
원석조 외(2018). 『사회복지조사론』. 경기: 공동체.
원석조(2019). 『사회복지발달사』. 경기: 공동체.
원석조(2023). 『사회복지역사』. 경기: 지식터.
유옥(2020). 『가족상담 및 가족치료』. 서울: 동문사.
윤경원(2020). 『사회복지실천기술론』. 서울: 동문사.

윤선오 외(2016). 『사회복지실천론』. 경기: 양성원.
이경준 외(2018). 『사회복지실천론』. 서울: 동문사.
이근홍(2015). 『인간행동과 사회환경』. 경기: 공동체.
이미선 외(2020). 『사회복지실천기술론』. 서울: 신정.
이승연 외(2023). 『사회복지실천론』. 경기: 공동체.
이영호(2018). 『인간행동과 사회환경』. 경기: 공동체.
이영호(2022). 『사회복지실천기술론』. 경기: 공동체.
이우언 외(2017). 『인간행동과 사회환경』. 서울: 동문사.
이원주(2016). 『지역사회복지론』. 경기: 공동체.
이인정 · 최해경(2020). 『인간행동과 사회환경』. 경기: 나남.
이태희 외(2023). 『사회복지실천기술론』. 경기: 지식공동체.
이태희 외(2024). 『청소년복지론』. 경기: 공동체.
이평화 외(2023). 『사회복지와 문화다양성』. 서울: 박영스토리.
이평화 외(2024). 『지역사회복지론』. 서울: 박영스토리.
장선아(2021a). 『사회복지행정론』. 서울: 조은.
장선아(2021b). 『사회복지조사론』. 서울: 조은.
장선아(2023a). 『사회복지와 문화다양성』. 서울: 박영스토리.
장선아 외(2023b). 『심리학』. 서울: 박영스토리.
장수미 외(2017). 『사회복지실천기술론』. 서울: 학지사.
장택윤(2012). 『사회조사방법론』. 서울: 커뮤니케이션북스.
전남련 외(2013). 『지역사회복지론』. 경기: 정민사.
전복희 외(2010). 『사회진화론과 국가사상』. 경기: 한울.
전은경 외(2023). 『사회복지학개론』. 서울: 박영스토리.
전재일 외(2018). 『사회복지실천론』. 경기: 공동체.
전희수 외(2018). 『사회복지실천기술론』. 경기: 양성원.
정문자 외(2019). 『가족치료의 이해』. 서울: 학지사.
정서영 외(2017). 『인간행동과 사회환경』. 경기: 양서원.
정서영 외(2018). 『상담심리학』. 경기: 양성원.
정서영 외(2020). 『상담이론과 실제』. 서울: 하나의학사.
정선영 외(2017). 『사회복지실천기술론』. 서울: 학지사.
정은(2014). 『인간행동과 사회환경(2판)』. 서울: 학지사.
조미숙 외(2018). 『사회복지실천론』. 서울: 동문사.

조미숙 외(2020). 『사회복지실천기술론』. 서울: 동문사.
조학래(2019). 『사회복지실천론』. 서울: 신정.
천정웅 외(2019). 『인간행동과 사회환경』. 고양. 경기: 양성원.
최규련(2020). 『가족상담 및 가족치료』. 고양. 경기: 공동체.
최덕경 외(2015). 『사회복지실천론』. 경기: 공동체.
최선희(2013). 『사회복지실천론』. 경기: 공동체.
최세영 외(2022). 『사회복지실천기술론』. 경기: 어가.
최옥채 외(2016). 『인간행동과 사회환경』. 경기: 양서원.
최옥채 외(2017). 『사회복지실천론』. 경기: 양서원.
최원규 외(2021). 『사회복지역사』. 서울: 학지사.
최윤정 외(2017). 『사회복지실천론』. 경기: 공동체.
최은희 외(2017). 『사회복지실천론』. 경기: 양성원.
최해경(2017). 『사회복지실천론』. 서울: 학지사.
최혜지 외(2014). 『사회복지실천론』. 서울: 학지사.
표갑수 외(2017). 『인간행동과 사회환경』. 서울: 신정.
한신애 외(2018). 『사회복지행정론』. 경기: 수양재.
한현지 외(2020). 『사회복지실천기술론』. 서울: 동문사.
허정철 외(2016). 『사회복지실천론』. 경기: 공동체.
현승일(2012). 『사회학』. 서울: 박영사.
홍봉수 외(2023). 『사회복지실천기술론』. 경기: 공동체.
홍봉수 외(2024). 『가족복지론』. 경기: 공동체.
황인옥 외(2023). 『사회복지실천기술론』. 경기: 공동체.

2. 외국 자료

Baker, R. L.(1991). The social work dictionary, Silver Spring. MD: National association of Social Workers.

Bales, R. F.(1969). Personality and interpersonal behavior. Holt, Rinehart, and Winston.

Barber, J. G.(1996). Science and social work: Are they compatible? Research and Social Work Practice, 6 : 379-388

Barker, C.(2003). Cultural Studies: Theory and Practice. London: Sage.

Barker, R. L.(2013). The social work dictionary (6th ed.). Washington. DC: NASW Press.

Bartle, E. E. et al.(2002). Empowerment as a dynamically developing concept for practice: an organizing ethnography. Social Work, Vol.47. No.1 : 32-44.

Bartlett, H. M.(1958). Toward clarification and improvement of social work practice: A working definition of social work practice. Social Work, 3(2) : 3-9.

Bartlett, H. M.(1970). The Common Base of Social Work Practice. Washington. D.C.: National Association of Social Works Inc.

Bartlett, H. M.(2003). Working Definition of Social Work Practice. Research on Social Work, 13(3) : 267-270.

Beaver, W. R. & Hampson, R. B.(1993). Measuring family competence The Beavers systems model. In F. Walsh (Ed.). Normal family processes (2nd ed.). N.Y.: Guilford Press.

Beck, B.(1983. Empowerment A Future Goal of Social Work. NY: Community Services Society Working Papers in Social Policy.

Becvar R. J., & Becvar, D. S.(2017) Systems Theory and Family Therapy: A Primer (3rd Edition). Hamilton Books.

Becvar, D. S., & Becvar R. J.(2013). Family Therapy: A Systemic Integration (8th edition). Boston: Pearson.

Becvar, D. S., & Becvar, R. J.(1996). Strategic approaches and the milan influence. In D. S. Becvar, & R. J. Becvar. Family therapy: A Systemic integration. Boston: Allyn & Bacon : 221-248.

Benjamin, A.(1969). The Helping Interview (2nd ed.). Boston: Houghton Mifflin.

Berg, I. K., & Miller, S. D.(1992). Working with the problem drinker: A solution-focused approach. New York: Norton.

Berg-Weger, M.(2020). The Practice of Generalist Social Work (5th Edition). Routledge.

Bertalanffy, L.(1968). General System Theory: Foundations, Development, Applications. New York: george Braziller.

Beveridge, W.(1942). Social Insurance and Allied Services. London: HMSO.

Beveridge, W.(1942, 1958). Social Insurance and Allied Services. London: Her Majesty's Stationery Office : 303-304.

Biestek, F. P.(1957). The Case Work Relationship. London: George Allen & Unwin.

Blau, P. M.(1964). Exchange and power in social life. New York: Wiley.

Blau, P. M., & Scott, W. R.(1962). Formal Organization. San Francisco: Handler.

Bobo, L.(1988). Attitude toward the black political movement: Trends, meaning, and effects on racial policy preferences. Social Psychology Quarterly, 51 : 287-302.

Boehm, W.(1959). Objectives of the social work education curriculum of the future, Curriculum Study. New York: Council on Social World Education.

Bogo, M.(2006, 2018). Social work practice: Concepts, processes, and interviewing. (2nd ed.). New York: Columbia University Press.

Borash, M.(2002). Treating the involuntary client: Storming their defenses will get you nowhere. Psychotherapy Networker, 26(March/April) : 21-22.

Bowers, S.(1949). The nature and definition of social casework. Journal of Social Casework, 30(8) : 311.

Brieland, D.(2013). Social work practice: History and evolution. In T. Mizrahi & L. E. Davis(Eds.). Encyclopedia of Social Work (20th ed.). Oxford University Press.

Brill, N. I., & Levine, J.(2002). Working with people: The helping process (7th ed.). Boston. MA: Allyn & Bacon.

Bronfenbrenner, U.(1971). Two Worlds of Childhood, USA and USSR. George Allen & Unwin.

Bronfenbrenner, U.(1979, 2009). The Ecology of Human Development: Experiments by Nature and Design. Cambridge. M.A.: Harvard University Press.

Bronfenbrenner, U.(1986). Ecology of the family as a context for human development: Research perspectives. Developmental Psychology, 22(6) : 723-742.

Bronfenbrenner, U.(1993). The Ecology of Cognitive Development: Research Models and Fugitive Findings. In R. H. Wozinak & K. Fischer(Eds.). Scientific Environments. Hillsdale, NJ: Erlbaum.

Bronfenbrenner, U.(1995). The bioecological model from a life course perspective. In P. Moen, G. H. Elder, & K. Luscher(Eds.). Examining lives in context. Washington. DC: American Psychological Association.

Brown, J. L. et al.(1992). Restoring control: Empowering older patients and their families during health crisis. Social Work in Health Care. SAGE Publications, Inc.

Brown, L., & Levitt, J.(1979), A Methodology for Problem: System Identification. Social Casework, Vol.60 : 408-415.

Browne, C. V.(1995). Empowerment in Social Work Practice with Older Women. Social Work, 40(3) : 358-364.

Bruce, AT., & Fedric, P.(1997), Behavioral and Cognitive Theories. in Theory and Practice in Clinical Case Studies. Harper & Row.

Buys, C. J.(1978). Humans would do better without groups. Personality and Social Psychology Bulletin, 4 : 123-125.

Carter, B., & McGoldrick, M.(1988). The Changing Family Life Cycle: A Framework for Family Therapy (2nd ed.). Boston: Allyn and Bacon.

Chwalisz, K.(2003). Evidence-based Practice: A Framework for Twenty-first-century Scientist-practitioner Training. The Counseling Psychologist, 31(A) : 497-528.

Coats, A. W.(1987). Patten, Simon Nelson, The New Palgrave. A Dictionary of Economics, 3 : 818-819.

Collins, D. et al.(2012). An introduction to family social work (4th ed.). Cengage Learning.

Compton, B. R. et al.(2004). Social Work Processes (6th ed.). Cengage Learning.

Compton, B., & Galaway, B.(1984, 1989). Social work processes (4th ed.). Homewood. IL: Dorsey.

Cooper, M., & Lesser, J.(2014). Clinical social work practice: An integrated approach (5th ed.). Pearson.

Cournoyer, B. R.(2016). The Social Work Skills Workbook (8th Edition). Cengage Learning.

CSWE(1994). Handbook of Accreditation Standards and Procedures. Alexandria.Va. : Author.

CSWE(Council on Social Work Education)(2008). From the Editor: A Dialogue on social justice. Journal of Social Work Education, 44(2) : 1-6.

Dale, O., & Smith, R.(2008). Human Behavior and the Social Environment: Social System Theory (7th ed.). N.Y.: Pearson.

Darwin, C. R.(1859, 2021). On the Origin of Species by Means of Natural Selection or the Preservation of Favoured Races in the Struggle for Life.

Dolgoff, R. et al.(1997). Understanding Social Welfare. Longman.

Dunham, A.(1938). Community Welfare Organization. New York: Thomas Y. Crowell Co.

Dunham, A.(1970). The New Community Organization. New York:

Thomas Y. Crowell Co.
Duvall, E. M., & Miller, B. C.(1985). Marriage and family development (6th ed.). New York: Harper & Row.
Dziegielewski, S. F. et al.(2002). Improving clinical record keeping in brief treatment: Evaluation of a documentation workshop. Brief Treatment, 2(1) : 1-10.
Elder, G. H. Jr., & Caspi, A.(1988). Human development and social change. In N. Bolger et al.(Eds.). Persons in context: Developmental processes. New York: Cambridge University Press.
England, H.(1986). Social Work as Art. London: Allen and Unwin.
Epstein, L.(1980). Helping People: The Task-Centered Approach. St. Louis' C. V. Mosby.
Epstein, L.(1985, 1988). Talking and Listening A Guide to the Helping Interviews. (2nd ed.). Merrill Pub. Co.
Erikson, E. H.(1963, 1978). Childhood and Society. New York: W. W. Norton & Co.
Farle, O. W. et al.(2000). Introduction to Social Work (12th ed.). Pearson.
Fellin, P.(2001). The Community and the Social Worker (3rd Edition F. E. Peacock Publishers.
Fellin, P.(2008). Understanding American Communities. In Jack Rothman et al.(eds.). Strategies of Community Intervention (7th Edition). Illinois: F. E. Peacock Publishers. Inc.
Finn, J. L.(2020). Just Practice: A Social Justice Approach to Social Work (4th Edition). Oxford University Press.
Fortune, A. E.(2015). Terminating with clients. In A. R. Roberts & G. J. Greene (Eds.). Social workers desk reference (3rd ed.). New York: Oxford University Press.
Frankel, A. J., & Gelman, S. R.(2012). Case management: An introduction to concepts and skills (3rd ed.). Chicago, Il: Lyceum Books. Inc.
Franklin, C. et al.(2008). School social work. In B. W. White(Ed.). Comprehensive handbook of social work and social welfare Vol. 1.

Hoboken, NJ: John Wiley & Sons. Inc.

Franklin, C.(2006). The future of school social work practice: Current trends and opportunities. Advances in Social Work, 6(1) : 167-181.

Frumkin, N., & Lloyd, G. A.(1995). Social work education. In R. L. Edwards & J. G. Hopps(Eds.). Encyclopedia of Social Work. Washington, D.C.: NASW Press : 2238-2247.

Fulcher, L. C.(2003). The working definition of social work doesn't work very well in China and Malaysia. Research on Social work practice, 13(3) : 376-387.

Gambrill, E.(2012). Social work practice: A critical thinker's guide (6th ed.). New York: Oxford University Press.

Garland, J. A. et al.(1965). Explorations in Group Work. Boston University.

Garvin, C. D. & Seabury, B. A.(1997). Interpersonal practice in social work (2nd ed.). Needham Heights. M.A.: A Viacom Company.

Garvin, C. D.(1997). Contemporary group work (3rd ed.). Boston. M.A.: Allyn and Bacon.

Gehlert, S.(2006). The conceptual underpinnings of social work in health care. In S. Gehlert & T. A. Browne(Eds.). Handbook of Health Social Work. NJ: WILEY : 3-23.

Gelman, S.(1992). Risk management through client access to case records. Social Work, 37 : 73-79.

Germain, C. B.(1973). An ecological perspective in casework practice. Social Casework, 54(6).

Germain, C. B.(1979). Ecology and social work. In C. B. Germain(Eds.). Social work practice: People and environments. NY: Columbia University Press : 1-22.

Germain, C. B.(1984). Social Work Practice in Health Care-An Ecological Perspective. New York: The Free Press.

Germain, C. B.(2002). An ecological perspective on social work in the schools. In R. Constable, S. McDonald & J. P. Flynn(Eds.). School social work: Practice, policy, and research perspectives (5th ed.).

Chicago: Lyceum : 25-35.
Germain, C. B., & Gitterman, A.(1980). The life model of social work practice. NY: Colombia University Press.
Germain, C. B., & Gitterman, A.(1987). Ecological Perspectives. In Minanhan et al.(Eds.). Encyclopedia of Social Work. MD: National Association of Social Workers.
Giddens, A.(2009, 2017, 2021). Sociology (8th ed.). Cambridge: Polity Press.
Gilbert, N.(2012). Dimensions of Social Welfare Policy (8th edition). New York: Pearson.
Goldstein, H.(1973). Social Work Practice: A Unitary Approach. Columbia: Univ. of South Carolina Press.
Gordon, J. E.(1984). Creating Research-based Practice Principles : A Model. Social Work Research and Abstract, 3-6.
Greenberg, L.(2002). Integrating an emotion-focused approach to treatment into psychotherapy integration. Journal of Psychotherapy Integration, 12(2) : 154-189.
Grief, G.(1986). The ecosystems perspective meets the press. Social Work, 31 : 225-226.
Gutierrez, G.(1992). Poverty from the perspective of the liberalization theory. in Hubert Campfens(ed.) New Reality of Poverty and Struggle for Social Transformation. Vienna, International Association of Schools of Social Work.
Haley, J. D.(1971). Changing families: a family therapy reader. Grune & Stratton.
Haley, J. D.(1973, 1993). Uncommon therapy: The psychiatric techniques of Milton H. Erickson, M.D. New York: W. W. Norton & Company.
Haley, J. D.(1976, 1991). Problem-Solving therapy. Jossey-Bass.
Haley, J. D.(1977). Techniques of family therapy. Jason Aronson.
Haley, J. D.(1990). Strategies of psychotherapy. Crown House Pub.
Haley, J. D.(1997). Leaving Home: the therapy of disturbed young people.

London: Routledge.

Haley, J. D.(2007, 2012). Directive family therapy. London: Haworth Press.

Haley, J. D., Richeport-Haley, M.(2003). The art of strategic therapy. London: Routledge.

Hartford, M.(1972). Groups in Social Work. New York: Columbia University Press Hartman, A., & Laird, J.(1983). Family-Centered Social Work Practice (10th ed.). New York: The Free Press.

Hartman, A.(1995). Diagrammatic assessment of family relationships. Families in Society, 76 : 111-122.

Hartman, A.(1995). Diagrammatic assessment of family relationships. Families in Society, 76 : 111-122.

Healy, K.(2005). Social Work Theories in Context. Palgrave Macmillan.

Heitkamp, T. et al.(1998). Working with communities. In H. Johnson(ed.). The Social Services: An Introduction. Wadsworth Publishing.

Hepworth, D. J. et al.(1986, 2018). Direct Social Work Practice: Theory and Skills. Rawat.

Hetherington, E. M.(1981). Children of divorce. In R. Henderson (Ed.). Parent-child interaction. New York: Academic Press.

Hollis, F.(1964, 1999). Casework: A Psychosocial Therapy (5th Edition). McGraw-Hill Humanities.

Holman, A. M.(1983). Family Assessment. Beverly Hills: Sage Publication.

Holosko, M. J.(2003). The history of the working definition of practice. Research on Social Work Practice, 13(5) : 271-283.

Hunt, L.(1978), Social Work and Ideology. in N. Timms & D. Watson (eds.). Philosophy in Social Work. London: Routledge and Kegan Paul : 7-25.

Hurvitz, N.(1975). Interactions Hypothesis in Marriage Counseling. in A. Gurman & D. Rice(eds.). Couples in Conflict. NY: Jason Aronson, 225-240.

IFSW(International Federation of Social Workers)(2000). Definition of social work.

Johnson, F. E. et al.(1997). Chapter 3 'Rapport empathy, and reflection. In M. Hersen & V. Van Hasselt(eds.). Basic Interviewing: A Practical Guide for Counselors and Clinicians. Mahwah, NJ: Lawrence Erlbaum Associates Pub.

Johnson, L. C. & Yanca, S. J.(1989, 2006, 2015). Social Work Practice: A Generalist Approach (10th eds.). Boston: Pearson Education, Inc.

Johnson, P. J., & Rubin, A.(1983). Case management in mental health: A social work Domain? Social work, 28(1).

Kadushin, A., & Kadushin, G.(1983, 2013). The Social Work Interview (5th ed.). New York: Columbia University Press.

Kagle, J. D., & Kopels, S.(2008). Social Work Records (3 edition). Waveland Pr. Inc.

Kemp, S. P.(1995). Practice with communities.

Kicnardson, A.(1983). The diversity of self-help groups. In Hatch, S. & Kickbusch, R.(eds.). Self-Help and Health in Europe. Geneva: World Health Organization.

Kirst-Ashman, K. K.(2013). Introduction To Social Work & Social Welfare Critical Thinking Perspectives. Cengage.

Kirst-Ashman, K. K. et al.(1993, 1999). Understanding Generalist Practice. Chicago: Nelson-Hall Publishers

Levinson, H.(1977). Termination of Psychotherapy: Some Salient Issues. Social Casework, Vol. 58 : 480-489.

Levy, C.(1973). The Value Base of Social Work. Journal of Education for Social Work, Jan. : 34-42.

Levy, C.(1976). Social Work and Ethics. Human Science Press.

Long, D. D. et al.(2006). Macro Social Work Practice: A Strengths Perspective. Belmont. CA: Brooks Cole.

Longres, J. F.(1996). Human Behavior in the Social Environment. Itasca, IL: Peacock.

Lowenberg, F., & Dolgoff, R.(1998). Ethical Decisions for Social Work Practice. Itasca: F. E. Peacock.

McGoldrick, M. et al.(2020). Genograms: Assessment and Treatment (4th edition). W. W. Norton & Company.
Maguoire, L.(1983). Understanding Social Networks. SAGE Publications. Inc.
Maguoire, L.(1991). Social Support Systems in Practice: A Generalist Approach. Natl Assn of Social Workers Pr.
Maguoire, L.(2001). Clinical Social Work: Beyond Generalist Practice with Individual, Group and Families. Cengage Learning.
Martin, G. L., & Pear, J.(2003). Behavior Modification: What it is and how to do it (7th ed.). NJ: Pearson Prentice Hall.
Mattaini, M. A., & Meyer, C. H.(Eds).(1999). The foundations of social work practice. NASW Press.
Mattessich, P. W. et al.(1997). Community building: What makes it work: A review of factors influencing successful community building. Fieldstone Alliance.
McDonell, J.(2006). Behaviorism, social learning, and exchange theory. SP Robbins, P. Chatterjee, and ER Canda. Contemporary human behavior theory: a critical perspective for social work. Pearson : 349–385.
McGoldrick, M. et al.(2008). Genograms: Assessment and Intervention (3rd ed.). New York: W. W. Norton & Company. Inc.
McGoldrick, M., & Gerson, R.(1986, 2008). Genograms in family assessment. New York: W. W. Norton & Company. Inc.
McMahon, M. O.(1996). The general method of social work practice: A generalist perspective (3rd ed.). Boston. MA: Allyn & Bacon.
McNeil, C. F.(1954). Community Organization for Social Welfare. Social Work Year Book.
Meyer, Carol H. et Mattaini, Mark A. (sous la direction), The Foundations of Social Work Practice. Washington, DC: NASW Press.
Miley, K. K. et al.(1995, 2016). Generalist social work practice: An empowering approach. New York: Pearson.

Miller, J. B.(1976). Toward a New Psychology of Women. Hamonds Worth : penguin.

Miller, S. et al.(1995). "No more bells and whistles". The Networker, 19(2).

Minuchin, S. et al.(2013, 2021). The Craft of Family Therapy: Challenging Certainties. Routledge.

Minuchin, S.(1974, 2009). Families and Family Therapy (1st Edition, Kindle Edition). Routledge.

Minuchin, S., & Fishman, H. C.(1981, 2009). Family Therapy Techniques (Kindle Edition). Harvard University Press.

Minuchin, S., & Nichols, M. P.(1998). Family Healing: Strategies for Hope and Understanding (Kindle Edition). Free Press.

Moore, S. T.(1992), Case Management & the Integration of Services: How Service Delivery Systems Shape Case Management. Social Work, Vol.31 : 290-299.

Morris, R.(1977), Caring for vs. Caring About People. Social Work, Sep. : 353-359.

Moxley, D. P.(1989). The Practice of Case Management. Thousand Oaks, CA: Sage.

Murphy, B. C., & Dillon, C.(1997, 2014). Interviewing in action: Relationship, process, and change (5th ed.). Cengage Learning.

NASW(1958). Commission on Social Work Practice, Working definition of social work practice, reprinted in Donald Brieland. Historical Overview. Social Work.

NASW(1973). Standard for Social Service Manpower. Washington D.C: NASW press.

NASW(1974). Social Casework: Generic and Specific(A Report of the Milford Conference of 1929). reprinted in National Association of Social Worker Classics Series. Washington. D.C.: NASW.

NASW(1978). Encyclopedia of Social Work.

NASW(1981). Standards for the Classification of social work practice, Silver Spring. MD : Author.

NASW(1982). Standards for the Classification of Social Work Practice. Washington. DC: NASW Press.
NASW(1984). Standards and Guidelines for Practice. Washington. DC: NASW Press.
NASW(1987). Encyclopedia of practice model of case management: The case managemocia. Work. 10.
NASW(1994). National Association of Social Workers Code of Ethics. Washington. D. C.: Author.
NASW(1995). Encylopedia of Social Work. Maryland: NASW.
NASW(Natioml Association of Social Workers), Commission on Social Work Practiced(1958). Working definition of social work practice. Social Work, 3(2).
Nelson, J. C.(1983). Family treatment: An interactive approach. NJ: Prentice Hall Inc.
Nichols, M. P.(2020). The Essentials of Family Therapy (6th Edition). Pearson Education, Inc.
Nichols, M. P., & Davis, S.(2016). Family Therapy Concepts and Methods (12th Edition, Kindle Edition). Pearson.
Nichols, W. C., & Everett, C. A.(1986). Systemic family therapy: An integrative approach. NY: Guilford Press.
Norlin, J. M. et al.(2008). Human Behavior and the Social Environment: Social System Theory (6th ed.). N.Y.: Pearson.
Northen, H., & Kurland, R.(2001). Social Work with Groups (3rd ed). Columbia University Press.
Olson, D. H., Russell, C., & Sprenkle, D. H.(1983). Circumplex model of marital and family systems: VI. Theoretical update. Family Process, 22 : 69-83.
Olson, D. H., Russell, C., & Sprenkle, D. H.(1989, 2014). Circumplex model: Systemic assessment and treatment of families. Routledge.
Papell, C. P., & Rothman, B.(1980). Social group work models: Possession and heritage. In A. Alissi(ed.). Perspectives on social group work

practice. New York: The Free Press.

Parsons, T.(1937, 1964). The Social Structure & Person. NY: The Free Press.

Parsons, T.(1949, 2012). The Structure of Social Action (2nd ed.). Vol. 1: Marshall, Pareto, Durkheim. New York: The Free Press.

Parsons, T.(1951, 2012). The Social System. Quid Pro.

Parsons, T.(1951a, 2001). Toward a General Theory of Action: Theoretical Foundations for the Social Sciences. Transaction Publishers.

Parsons, T.(1965). Sociological Theory and Modern Society. New York: Free Press.

Parsons, T.(1965). Theories of Society. NY: Free Press.

Parsons, T.(1971). The System of Modern Societies (Foundations of Modern Sociology). Columbus. OH: Prentice Hall.

Parsons, T.(2015). American Society: Toward a Theory of Societal Community (The Yale Cultural Sociology Series). New York: Routledge.

Payne, M. S.(1991). Modern social work theory: A critical introduction. London: Macmillan.

Pearson Gilgun, J.(2005). The four cornerstones of evidence-based practice in social work. Research on Social Work Practice, 15(1) : 52-61.

Perlman, (1974, 1986, 2017). The problem-solving model. In F. Turner (Eds.). Social Work Treatment: Interlocking theoretical approaches (6th ed.). Oxford University Press.

Perlman, H. H.(1957, 2011). Social casework: A problem solving process. Rawat.

Perlman, H. H.(1974). Perspectives on Social Casework. Temple University Press.

Perlman, H. H.(1979). Relationship: The Hean of Helping People. Chicago: University of Chicago Press.

Perlman, H. H.(1986). The problem-solving model. In F. Turner(Eds.).

Social Work Treatment: Interlocking theoretical approach (3rd ed.). NY: Free Press.

Phillips, H.(1957). Essentials of Social Group Skills. New York: Columbia University Press.

Pincus, A.(1973). Social Work Practice: Model and method. E. Peacock Publishers. Inc.

Reamer, F. G.(1988). The Philosophical Foundations of Social Work. N.Y. : Columbia University Press.

Reamer, F. G.(1992). Ethical Dilemmas in Social Service (2th ed.). NY: Columbia University Press.

Reamer, F. G.(1993, 2018). Social Work Value and Ethics (5th ed.). N.Y.: Columbia Univ. Press.

Reamer, F. G.(2005). Documentation in social work: Evolving ethical and risk-management standards. Social Work, 50(4) : 325-334.

Reamer, F. G.(2013). Ethical Dilemmas in Social Service (4th ed.). New York: Columbia Univ. Press.

Reid, K. E.(1996). Social Work Practice with Groups: A Clinical Perspective (2nd ed.). Pacific Grove, CA: Brooks Cole.

Reid, W. J., & Epstein, L.(ed.)(1972, 1977). Task-Centered Practice. NY: Columbia University Press.

Rhodes, S. L.(1980). A Development Approach to the Life Cycle of the Family. In M. Bloom (ed.). Life Span Development. N.Y.: Macmillan.

Richmond, M. E.(1917, 2015a). Social diagnosis. Andesite Press.

Richmond, M. E.(1922, 2015b). What is Social Case Work? an Introductory Description. Palala Press.

Roberts, R., & Nee, R.(1970). Theories of Social Casework. Chicago: The University of Chicago Press.

Roberts-DeGennaro, M.(1993). Generalist Model of Case Management Practice. Journal of Case Management, 2(3).

Robinson, J. P., & Shaver, P. R.(1973). Measures of Social Psychological

Attitudes. Michigan: Institut for Social Research.

Rodwell, M. K.(1998). Social work constructivist research. New York: Garland Publishing.

Rogers, C.(1961). On Becoming a Person. Boston : Houghton Mifflin.

Rose, S. M.(1991). Introduction: Case Management and Social Work Practice-History and Context. In S. M. Rose(ed.). Case Management and Social Work Practice. New York: Longman : v-x.

Rose, S. M., & Moore, V. L.(2010). Case Management. In R. L. Edwards, J. G. Hopps, & L. D. Bernard et al.(eds.). Encyclopedia of Social Work. Washington: NASW Press : 335-340.

Ross, M. G.(1955). Community Organization: Theory and Principles. New York: Harper & Brothers.

Ross, M. G.(1967). Community Organization: Theory, Principles, and Practice (2nd ed.). New York: Harper & Brothers.

Rothman, J.(1995, 2005). Approaches to community intervention. In J. Rothman, J. L. & Erlich, J. E. Tropman (Eds.). Strategies of community intervention. Itasca, IL: F. E. Peacock.

Rothman, J.(2007). Multi Modes of intervention at the macro level. Journal of community practice, 75(4) : 11-40.

Saleebey, D.(1996, 2008). The strengths perspective in social work practice (5th edition). Pearson.

Saleebey, D.(2012). The strengths approach to practice: Beginnings. In D. Saleebey(Ed.). The strengths perspective in social work practice (6th ed). Boston: Pearson Education : 93-107.

Salzberger-Wittenberg, I.(1970). Psychoanalytic Insight and Relationships : A Kleinian Approach (Library of Social Work). Routledge & Kegan Paul Books.

Seligman, M. E. P. & Peterson, C.(2003). Positive clinical psychology. In L. G. Aspinwal & U. M. Staudinger(Eds.). A psychology of human strengths. Washington. DC: American Psychological Association.

Shazer, S.(1985). Clues: Investigating Solutions in Brief Therapy. New

York: Norton.

Sheafor, B. W. et al.(1997, 2017). Techniques and Guidelines for Social Work Practice (10th ed.). New York: Pearson.

Sheafor, B. W. et al.(2011). Social Work: Profession of Many Faces (12th ed). Pearson.

Shebib, B.(2003). Choices: Counseling Skills for Social Worker and Other Professionals. New York Allyn and Bacon.

Shulman, L.(1979, 2015). The Skills Helping: Individuals, families and Groups (8th Edition). Cengage Learning.

Shulman, L.(1990, 2015). Interactional Social Work Practice: Toward an Empirical Theory. NASW Press.

Simon, B. L.(1995). The Empowerment Tradition in American Social Work : A History. New York: Columbia University Press.

Simon, R A.(1971). Decision Making and Organizational Design, In Organization Theory. New York: Penguin Books.

Siporin, M.(1975). Introduction to social work practice. New York: MacMillan.

Siporin, M.(1980). Ecological Systems Theory in Social Work. Journal of Sociology & Social Welfare, 7.

Siporin, M.(1980). Marriage and Family Therapy in Social Work. Social Case Work, Jan. FSAA.

Skidmore, R. A.(1994). Social Work Administration: Dynamic Management and Human Relationship (3rd Edition). New York: Pearson Education.

Skidmore, R. X. et al.(1991). Introduction to Social Work (5th. ed.). NJ: Prentice-Hall.

Smally, R. E.(1967). Theory for Social Work Practice. New York: Columbia University Press.

Smith, B. N. et al.(2004). Transformational and servant leadership: Content and contextual comparisons. Journal of Leadership and Organizational Studies, 70(4) : 80-91.

Smith, J.(1986). The Paradox of Women's Poverty: Wage-earning Women and Economic Transformation. In Novak, C. C. & Strober, M. H.(Eds.). Women and Poverty. Chicago: The University of Chicago Press.

Specht, H.(1998). New directions for social work practice. Englewood Cliffs, New York: Prentice-Hall.

Stream, H.(1978). Clinical Social Work Theory & Practice. N.Y.: The Free Press.

Studt, E.(1968). Social Work Theory and Implications for the Practice of Methods. Social Work Education Review.

Swain, P.(2002). In the shadow of the law: The legal context of social work practice. Sydney: The Federation Press.

Tomm, K.(1988). Interventive interviewing: Part III. Intending to ask lineal, circular, reflexive and strategic questions? Family Process, 27 : 1-15.

Tönnies, F.(1887, 2020). Gemeinschaft und Gesellschaft. Forgotten Books.

Toseland, R. W. & Rivas, R. F.(2017). An Introduction to Group Work Practice (8th ed.). N.Y.: Pearson.

Tracy, E. M., & Whitaker, J. K.(1990). The social network map: Assessing social support in clinical practice. Families in Society, 71(8) : 461-470.

Turner, F.(2017). Social Work Treatment: Interlocking theoretical approached (6th ed.). Oxford University Press.

Warren, R. L.(1963, 1987). The Community in America (3 edition). UPA.

Weick, A. et al.(1989). A Strengths Perspective for Social Work Practice. Social Work, 37 : 350-354.

Weil, M., & Karls, J.(1985, 1991). Case Management in Human Service Practice: A Systematic Approach to Mobilizing Resources for Clients. San Francisco: Jossey-Bass.

Whitaker. W. H., &. Federico, C.(1977). Social Welfare in Today's World. N.Y.: McCraw-Hill.

Wilson, J.(1976). Recording: Guidelines for Social Works. New York: The Free Press.

Woodside, M., & McClam, T.(1994, 2017). Generalist Case Management: A Method of Human Service Delivery (5th ed.). Cengage Learning.

Yanca, S. J.(2016). Social work practice A generalist approach. New York: Pearson.

Zastrow, C. H.(1987, 2008). Social Work with Groups A Comprehensive Workbook (7th Edition). Brooks Cole.

Zastrow, C. H.(2013). Empowerment Series: Social Work with Groups: A Comprehensive Workbook (8th Edition). Brooks Cole.

Zastrow, C. H.(2015). The Practice of Social Work (10th ed.). Brooks Cole.

Zastrow, C. H., & Hessenauer, S. L.(2021). Generalist Social Work Practice (12th Edition). Oxford University Press.

Zastrow, C., & Kirst-Ashman, K. K.(2012). Understanding Human Behavior in the Social Environment (9th ed.). Belmont: Brooks/Cole.

저자소개

장미리
가천대학교 경영대학원 석사
상명대학교 경영학 박사(Ph.D cand.)
동방문화대학원대학교 경영학 박사(Ph.D)
대한신학대학원대학교 사회복지학과 석사(M.A), 박사(Ph.D)
미리요양보호사교육원 대표 / 대성교육신문 대표
글로벌문화예술연맹 경기도 회장 / 청운대학교 사회복지과 겸임교수
열린사이버대학교 특임교수 / 장원사이버평생교육원 운영교수
서정대학교 글로벌융합복지과 겸임교수 / 명지대학교 복지경영학과 특임교수
명지대학교 대학원 복지경영학과 지도교수
〈저서〉 사회복지실천기술론, 사회복지학개론, 사회복지실천론, 인간행동과 사회환경
　　　　지역사회복지론, 상담심리학

김현숙
명지대학교 복지상담경영학과 학사
명지대학교 대학원 복지경영학과 석사
제이더블유비 협동조합 이사장
우리동네복지사 운영이사
서울사랑상담복지연구소 수석연구원 / 지엠통상 이사
사)한국적성찾기국민실천본부 위원
〈저서〉 사회복지실천기술론

맹소영
수원과학대학교 간호학과 졸업
한국방송통신대학교 간호학과 졸업
명지대학교 대학원 복지경영학과 석사
스마튼병원 수간호사 / 서울스타병원 외래 팀장
오정본병원 수간호사 / 디딤병원 간호사
〈저서〉 사회복지실천기술론

박은미
명지대학교 복지경영학과 학사
명지대학교 대학원 복지경영학과 석사
다보 대표
웰다잉 전문강사
한국상담복지학회 책임연구원
〈저서〉 사회복지기술론

사회복지기술론

인쇄일 2024년 9월 5일

발행일 2024년 9월 5일

지은이 장미리 · 김현숙 · 맹소영 · 박은미

발행인 김화인

펴낸곳 중앙북스

편집인 김진순

주소 서울 중구 을지로20길12 405호(인현동1가, 대성빌딩)

전화 (02)2273-2408

팩스 (02)2272-1391

출판등록 2023년 3월 31일 신고번호 제2023-000046호

ISBN 979-11-982811-5-9

정가 24,000원

copyright@ 장미리 · 김현숙 · 맹소영 · 박은미, 2024, Printed in Korea

♠ 잘못된 책은 바꾸어 드리겠습니다
♠ 이 책의 내용은 신저작권법에 의하여 국제적으로 보호받고 있습니다.
♠ 전재 및 복제를 할 수 없습니다.
♠ 강의자료(PPT) 신청 : skk33333@naver.com